21世纪经济管理新形态教材·工商管理系列

人力资源服务管理

高 霞 孙兆刚 陈冠君 李城伟 ◎ 编著

清华大学出版社

北 京

内 容 简 介

2021年,《关于推进新时代人力资源服务业高质量发展的意见》(人社部发〔2021〕89号)对推动人力资源服务业高质量发展提出了明确要求,推出了创新举措。本书从十四个方面阐述了人力资源服务管理,介绍了人力资源服务的概念、性质和影响要素,提出了人力资源服务的分类方法,从系统论的角度探讨了人力资源服务管理的历史演进。随后,以服务管理为基础,从人力资源服务的战略管理、供求管理、客户管理、参与管理、等待管理、流程管理、质量管理、接触管理、品牌管理、收益管理、设施管理、失败管理、创新管理等方面进行了论述。本书紧紧把握时代的脉搏,围绕人力资源服务的业务流程进行系统梳理与设计,运用理论归纳、事实描述、逻辑推理、学科交叉等方式,全面展现了人力资源服务业满足客户价值的一系列活动,以期为人力资源管理相关专业学生、人力资源服务从业者及相关研究领域的学者提供参考。

本书封面贴有清华大学出版社防伪标签,无标签者不得销售。
版权所有,侵权必究。举报: 010-62782989, beiqinquan@tup.tsinghua.edu.cn。

图书在版编目(CIP)数据

人力资源服务管理/高霞等编著. —北京: 清华大学出版社,2023.7
21世纪经济管理新形态教材. 工商管理系列
ISBN 978-7-302-64120-9

Ⅰ. ①人… Ⅱ. ①高… Ⅲ. ①人力资源－服务业－教材 Ⅳ. ①F249.1

中国国家版本馆CIP数据核字(2023)第131433号

责任编辑: 左玉冰
封面设计: 汉风唐韵
责任校对: 宋玉莲
责任印制: 曹婉颖

出版发行: 清华大学出版社
网　　址: http://www.tup.com.cn, http://www.wqbook.com
地　　址: 北京清华大学学研大厦A座　　　邮　编: 100084
社 总 机: 010-83470000　　　邮　购: 010-62786544
投稿与读者服务: 010-62776969, c-service@tup.tsinghua.edu.cn
质量反馈: 010-62772015, zhiliang@tup.tsinghua.edu.cn

印　装　者: 北京鑫海金澳胶印有限公司
经　　销: 全国新华书店
开　　本: 185mm×260mm　　印　张: 14.75　　字　数: 338千字
版　　次: 2023年9月第1版　　　　　　印　次: 2023年9月第1次印刷
定　　价: 49.00元

产品编号: 095748-01

编 委 会

主编：高 霞 孙兆刚 陈冠君 李城伟

编委会成员：

张永生 吴 杰 樊 慈 朱杰华 夏友胜

郭大庆 闫 伟 庞 东 田发波 郝耘琦

王喻晓 刘向阳 衣景春 杨明宇 杨银芝

前言

人力资源管理专业学生毕业后,大多数人在企事业单位从事招聘、人力资源开发、考核、薪酬管理、员工培训、办公室文秘等工作,主要有人事专员、人事主管、人事助理、人力资源专员、招聘专员、人力资源经理、人力资源主管、人事经理、人事文员、行政助理、行政人事专员等岗位。绝大部分人力资源管理专业学生都有专业情结,轻易不会跳出自己的专业。近年来,越来越多人力资源管理专业学生选择进入人力资源服务业。2020年年底,我国各类人力资源服务机构有4.58万家,从业人员84.33万人,年营业收入2.03万亿元,更多毕业生在人力资源服务业步入"快车道"的过程中有了更多的选择。然而,毕业生对人力资源服务行业缺乏整体认识,为了让毕业生尽快适应人力资源服务的发展,很多高校均开设专题进行讲述,但缺少可供教学使用或参考的教材。

随着我国经济步入新常态,人力资源服务业迎来了新时代,并已形成一个服务种类较为齐全、规模快速扩大、竞争日益激烈的新兴服务产业。我国人力资源服务机构逐渐从提供现场招聘、人事代理、档案管理、社会保障经费代收代缴等传统、单一的产品,向提供多层次、分类别、多样化的产品转变,人力资源服务业的产业化进程不断加速,发展规模不断扩大。目前,我国人力资源服务业的市场竞争主体已经形成了国有机构、民营企业、中外合资企业"三分天下"的格局,不仅涌现出中智、上海外服、北京外企、国投人力等一批规模化发展的国有企业,而且产生前程无忧、中华英才、智联招聘、BOSS直聘、万宝盛华等一大批实力日渐壮大的民营和中外合资企业,多元化的人力资源市场服务体系初步形成。但是,我国人力资源企业规模小,实力弱;专业化程度不高,产品结构不合理;服务功能单一,产品同质化严重;人力资源信息不共享,信息化建设滞后;国内一些人力资源服务企业存在违规操作行为,损害了行业的信誉。因此,市场急需提高人力资源服务业的整体水平。

《中共中央关于深化人才发展体制机制改革的意见》强调,健全市场化、社会化的人才管理服务体系。积极培育各类人才中介服务机构,充分运用云计算和大数据等技术,为用人主体和人才提供高效便捷服务。《人力资源服务业发展行动计划》明确要求,发展人力资源服务业要坚持"市场主导、政府推动,融合创新、集聚发展,促进交流、开放合作"的原则。在"精准施策"的同时,培育、建设一批有规模、有辐射力、有影响力的国家级人力资源服务产业园和有特色、有活力、有效益的地方产业园。在新时代下,人力资源服务行业正在面临剧烈的变化,在未来的发展过程中,是否能够运用好资本、技术和新的商业模式,将成为能否占有一席之地的关键。人力资源服务行业亟待高级的人才、敏捷的速度、创新的方法找到最佳位置,整合有效资源,持续提高能力。

人力资源服务行业的人才队伍整体较年轻,针对上海的调查显示,63%以上机构的员工年龄在35岁及以下的占所在机构人数一半以上。从行业从业人员整体素质来看,本科及大专学历仍为从业队伍的主力,其中受访机构40%以上为本科或者大专学历的人员占所在机构总人员数的83%,60%以上为本科或者大专学历的人员占所在机构总人员数的75%,这表明从业者基本受到过良好的教育,人力资源服务业整体学历较高。员工接受过人力资源专业培训的机构比例也较为一致,46%的受访机构表示公司超过一半的员工得到过专业培训教育。现在上海人力资源服务机构,在学历方面基本上处于大学及大专的水平,文化素质普遍良好,高学历(硕士及以上学历)的人数少。行业中近一半的从业人员仍没有受过专业的培训或者拥有相应的资格证书。二、三线城市的人力资源服务行业人才队伍相对于上海还有较大的差距。因此,人力资源管理专业增加关于人力资源服务的知识和技能板块具有现实需求,也符合专业发展的需求。

"一带一路"倡议的实施、建设及国家各行业龙头企业、跨国企业开展国外市场扩张与收购活动,给人力资源服务行业的离岸业务带来新的发展机遇。它要求人力资源服务行业具备全球视野和战略眼光,拥有境外劳务服务资质,充分开发利用国内外人才资源,完善开放、灵活的人才培养策略,打破国内外界限,大力开展离岸业务,不唯地域引进人才,确保人才"引得进、留得住、流得动、用得好"。培养和引进人力资源服务高端人才,鼓励新技术、新知识在人力资源服务中的运用,促进人力资源服务业与其他产业深度融合,拓展人力资源服务领域。完善政策咨询、就业和创业指导、就业援助、就业失业登记、职业介绍、职业培训、信息网络、人力资源社会保障事务代理、高校毕业生就业、流动党员管理、人才招聘、人才公招公选、区域人才开发合作等基本公共就业服务和人才服务产品。大力发展高级人才访聘、人才招聘、人才测评、培训、薪酬设计及核算发放、劳动关系、用工风险、人力资源规划、人力资源服务外包、人力资源管理咨询、网络招聘、人力资源派遣、信用调查、心理援助、人事诊断等新兴业态和产品。

以服务机构为主体,以社会需求为导向,推进人力资源服务领域管理创新。引导人力资源服务企业建立现代企业制度,提升现代管理水平。加强高级管理人员研修培训,提高经营管理能力。健全从业人员职业资格制度体系,加大从业人员职业技能培训力度,提高从业人员素质。鼓励高等院校设置人力资源服务行业学科、专业,培养行业发展所需专业人才。在此背景下,我们尝试基于人力资源管理专业毕业生的需求,加大培养力度,打造一支素质优良、结构合理的人力资源服务业后备人才队伍。

编著者

2023年3月

目 录

第一章 人力资源服务管理导论 …………………………………………………… 1

    第一节 人力资源服务的内涵与特征 ……………………………………… 1
        一、人力资源服务的概念 …………………………………………… 1
        二、人力资源服务的性质 …………………………………………… 4
        三、人力资源服务影响要素 ………………………………………… 8
    第二节 人力资源服务的分类 ……………………………………………… 10
        一、人力资源服务一维分类方法 …………………………………… 10
        二、人力资源服务二维分类方法 …………………………………… 12
    第三节 人力资源服务管理的发展 ………………………………………… 14
        一、人力资源服务管理的历史演进 ………………………………… 14
        二、人力资源服务的系统性 ………………………………………… 17

第二章 人力资源服务战略管理 …………………………………………………… 21

    第一节 人力资源服务战略观 ……………………………………………… 21
        一、人力资源服务战略观 …………………………………………… 21
        二、人力资源服务战略导向 ………………………………………… 23
        三、人力资源服务战略要素整合 …………………………………… 24
        四、人力资源服务战略制定思路 …………………………………… 26
    第二节 人力资源服务的战略形式 ………………………………………… 28
        一、总体竞争战略 …………………………………………………… 28
        二、成本与效率战略 ………………………………………………… 31
        三、定制化与个性化战略 …………………………………………… 33
    第三节 人力资源服务企业的扩张战略 …………………………………… 36
        一、全球化 …………………………………………………………… 36
        二、连锁化 …………………………………………………………… 38
        三、智能化 …………………………………………………………… 39

第三章 人力资源服务供求管理 …………………………………………………… 42

    第一节 人力资源服务需求分析 …………………………………………… 42
        一、人力资源服务的客户期望 ……………………………………… 42

二、人力资源服务的客户心理需求 …… 44
　　三、人力资源服务需求的波动规律 …… 45
 第二节　人力资源服务企业的供需 …… 46
　　一、人力资源服务供应能力 …… 46
　　二、需求与供应能力的关系 …… 49
　　三、需求与供应的平衡策略 …… 50
 第三节　人力资源服务有形展示 …… 51
　　一、人力资源服务有形展示的内涵 …… 51
　　二、人力资源服务的场景功能 …… 51
　　三、人力资源服务的场景设计 …… 53
 第四节　人力资源服务角色设计 …… 54
　　一、人力资源服务中的员工角色 …… 54
　　二、人力资源服务中的客户角色 …… 56

第四章　人力资源服务客户管理 …… 58

 第一节　客户管理的意义 …… 58
　　一、客户的参与管理 …… 59
　　二、客户的行为影响 …… 60
 第二节　客户选择 …… 61
　　一、客户的感知价值 …… 61
　　二、客户的分类管理 …… 63
　　三、合适客户的选择 …… 64
 第三节　客户的参与管理策略 …… 65
　　一、客户自助人力资源服务策略 …… 66
　　二、指导和教育客户策略 …… 67
　　三、客户组合管理策略 …… 67

第五章　人力资源服务渠道管理 …… 70

 第一节　人力资源服务渠道设计 …… 70
　　一、人力资源服务渠道管理方式 …… 70
　　二、人力资源服务渠道结构设计 …… 71
　　三、人力资源服务渠道推广设计 …… 72
 第二节　人力资源服务渠道管理内容 …… 73
　　一、人力资源服务渠道管理步骤 …… 73
　　二、人力资源服务渠道管理内容 …… 75
　　三、人力资源服务渠道管理方法 …… 76
 第三节　人力资源服务渠道管理岗位 …… 77
　　一、渠道管理工作描述 …… 77

二、渠道工作人员管理 …………………………………………………… 78
　　三、渠道管理风险控制 …………………………………………………… 79

第六章　人力资源服务等待管理 …………………………………………… 82

第一节　人力资源服务等待 …………………………………………………… 82
　　一、等待心理学 …………………………………………………………… 82
　　二、等待经济学 …………………………………………………………… 85
　　三、等待时间管理 ………………………………………………………… 86

第二节　人力资源服务等待设计 ……………………………………………… 87
　　一、等待规则 ……………………………………………………………… 87
　　二、客户到达 ……………………………………………………………… 89
　　三、排队结构 ……………………………………………………………… 90

第三节　延迟满足效应 ………………………………………………………… 91
　　一、延迟满足心理 ………………………………………………………… 91
　　二、等待与不满足感 ……………………………………………………… 92
　　三、等待的管理学 ………………………………………………………… 93

第七章　人力资源服务流程管理 …………………………………………… 95

第一节　人力资源服务流程管理思想 ………………………………………… 95
　　一、人力资源服务流程的类型 …………………………………………… 95
　　二、人力资源服务流程的要素 …………………………………………… 96
　　三、人力资源服务流程的组织 …………………………………………… 97

第二节　人力资源服务系统管理 ……………………………………………… 99
　　一、人力资源服务系统的构成 …………………………………………… 99
　　二、人力资源服务管理整体框架 ………………………………………… 100
　　三、人力资源服务管理流程再造 ………………………………………… 102

第三节　人力资源服务流程蓝图设计 ………………………………………… 103
　　一、人力资源服务系统设计 ……………………………………………… 104
　　二、人力资源服务蓝图设计 ……………………………………………… 105
　　三、人力资源服务蓝图要素 ……………………………………………… 107

第八章　人力资源服务质量管理 …………………………………………… 111

第一节　人力资源服务质量的内涵 …………………………………………… 111
　　一、人力资源服务质量的概念 …………………………………………… 111
　　二、人力资源服务质量的差距 …………………………………………… 113
　　三、人力资源服务质量战略 ……………………………………………… 114

第二节　人力资源服务质量的控制 …………………………………………… 115
　　一、人力资源服务质量的设计 …………………………………………… 115

二、人力资源服务质量的改进 …………………………………………… 117
　　三、人力资源服务质量的成本 …………………………………………… 119
第三节　人力资源服务质量设计 …………………………………………… 119
　　一、人力资源服务设计的战略意义 ……………………………………… 119
　　二、人力资源服务质量设计方法 ………………………………………… 121
　　三、人力资源服务质量设计步骤 ………………………………………… 122

第九章　人力资源服务接触管理 …………………………………………… 125

第一节　人力资源服务接触概述 …………………………………………… 125
　　一、人力资源服务接触的含义 …………………………………………… 125
　　二、人力资源服务接触的方式和程度 …………………………………… 126
　　三、人力资源服务接触的影响因素 ……………………………………… 128
第二节　人力资源服务接触管理策略 ……………………………………… 130
　　一、人力资源服务接触的客户工作 ……………………………………… 130
　　二、人力资源服务接触的客户管理 ……………………………………… 131
　　三、人力资源服务接触的客户管理组合 ………………………………… 132
第三节　人力资源服务接触的业务管理 …………………………………… 134
　　一、人力资源服务接触中的工作规范化 ………………………………… 134
　　二、人力资源服务接触中的员工规范化 ………………………………… 135
　　三、人力资源服务接触中的管理规范化 ………………………………… 136

第十章　人力资源服务品牌管理 …………………………………………… 139

第一节　人力资源服务品牌管理基础 ……………………………………… 139
　　一、人力资源服务品牌的内涵对象 ……………………………………… 139
　　二、人力资源服务品牌的理念建立 ……………………………………… 140
　　三、人力资源服务品牌的管理定位 ……………………………………… 145
　　四、人力资源服务品牌的管理要素 ……………………………………… 147
第二节　人力资源服务品牌的传播 ………………………………………… 148
　　一、基于客户价值的品牌传播 …………………………………………… 148
　　二、客户体验驱动的品牌传播 …………………………………………… 151
　　三、基于品牌关系的品牌传播 …………………………………………… 154
第三节　人力资源服务品牌的整合管理 …………………………………… 156
　　一、人力资源服务整合管理的原则 ……………………………………… 156
　　二、人力资源服务整合管理的方式 ……………………………………… 158
　　三、人力资源服务整合的保证类型 ……………………………………… 159

第十一章　人力资源服务收益管理 ………………………………………… 162

第一节　人力资源服务企业盈利模式 ……………………………………… 162

一、人力资源服务利润链 …………………………………………………… 162
　　二、人力资源服务利润环节 ………………………………………………… 164
　　三、人力资源服务的效率 …………………………………………………… 166
　第二节　人力资源服务的收益设计 …………………………………………… 167
　　一、收益管理的基本思想 …………………………………………………… 167
　　二、收益管理的基本策略 …………………………………………………… 169
　　三、收益管理的主要模式 …………………………………………………… 170
　第三节　人力资源服务的定价管理 …………………………………………… 172
　　一、人力资源服务定价的特殊性 …………………………………………… 172
　　二、人力资源服务定价的影响因素 ………………………………………… 173
　　三、人力资源服务定价的基本策略 ………………………………………… 177

第十二章　人力资源服务设施管理 …………………………………………… 182

　第一节　人力资源服务设施管理的理论 ……………………………………… 182
　　一、人体工程学 ……………………………………………………………… 182
　　二、视觉识别理论 …………………………………………………………… 183
　第二节　人力资源服务场所的设计 …………………………………………… 185
　　一、人力资源服务场所的定位 ……………………………………………… 185
　　二、人力资源服务场景的营造 ……………………………………………… 186
　　三、人力资源服务空间的设计 ……………………………………………… 189
　第三节　人力资源服务设施的体验设计 ……………………………………… 190
　　一、人力资源服务的体验经济 ……………………………………………… 190
　　二、人力资源服务流程体验 ………………………………………………… 192
　　三、人力资源服务体验的建议 ……………………………………………… 193

第十三章　人力资源服务失败管理 …………………………………………… 195

　第一节　人力资源服务失败 …………………………………………………… 195
　　一、人力资源服务失败的原因 ……………………………………………… 195
　　二、人力资源服务失败的影响 ……………………………………………… 197
　　三、人力资源服务失败的反响 ……………………………………………… 197
　第二节　客户抱怨行为 ………………………………………………………… 198
　　一、人力资源服务承诺 ……………………………………………………… 198
　　二、客户抱怨行为类型 ……………………………………………………… 200
　　三、客户抱怨行为因素 ……………………………………………………… 200
　第三节　人力资源服务补救 …………………………………………………… 201
　　一、人力资源服务补救的内涵 ……………………………………………… 201
　　二、人力资源服务补救的管理 ……………………………………………… 203
　　三、人力资源服务补救的策略 ……………………………………………… 205

第十四章　人力资源服务创新管理 …… 207

第一节　人力资源业务创新 …… 207
一、人力资源服务创新的内涵 …… 207
二、人力资源服务创新的途径 …… 209
三、人力资源服务创新的源泉 …… 210

第二节　人力资源内部服务创新 …… 211
一、内部人力资源服务的内涵 …… 211
二、内部人力资源服务的过程 …… 213
三、内部人力资源服务的内容 …… 214

第三节　人力资源服务文化创新 …… 215
一、人力资源服务文化及其功能 …… 215
二、人力资源服务文化的结构 …… 217
三、人力资源服务文化的塑造 …… 218

参考文献 …… 220

后记 …… 221

第一章

人力资源服务管理导论

第一节 人力资源服务的内涵与特征

一、人力资源服务的概念

服务是一个非常模糊的概念。服务是帮助,是照顾,是贡献,是一种形式。服务是由服务人员与客户构成的一种活动,活动的主体是服务人员,客体是客户。服务是通过人际关系而实现的,这就是说没有服务人员与客户之间的交往就无所谓服务了。所谓的服务是一种态度,是一种想把事情做得更好的欲望,服务人员要时时站在客户的立场,设身处地为客户着想,及时去了解与提供客户的所需。服务是一项活动或一项利益,由一方向另一方提供本质无形的物权转变。服务的产生,可能与某一实体产品有关,也可能无关。

服务是在一定的空间或时间里为客户提供一切物资、精神生活等方面需要的总和。服务的特性有六个方面:①在一定空间和时间里;②是人与人之间的作业;③有先后过程(程序化、科学、标准);④产品生产与产出是同步进行的;⑤服务对象的感受程度是直接衡量服务质量的优劣标准;⑥服务的基础是"礼"——人与人之间交流的基础。服务质量是企业的生命线,是竞争的需要,是检验管理水平的标尺。客户是企业生存发展的基础。

服务业指生产和销售服务产品的生产部门和企业的集合,是现代经济的一个重要产业。服务业的分类一般有两种:一种是分为传统服务业、新兴服务业和现代服务业;另一种是分为生活性服务业和生产性服务业。

传统服务业是指运用传统的生产方式经营,并且在工业化前就存在的服务业,是为人们日常生活提供各种服务的行业;新兴服务业是指在工业化发展到一定阶段后,伴随着信息技术的发展、知识经济的出现、社会分工的细化和消费结构的升级,用现代化的新技术、新业态和新的服务方式改造提升传统服务业而产生的,主要包括后工业化时期出现并迅速发展的教育、医疗、娱乐、文化和公共服务等;现代服务业是在工业比较发达的阶段产生的,主要是依托于信息技术和现代管理理念发展起来的,是信息技术与服务产业结合的产物,如信息服务、健康产业,以及银行、证券、信托等行业。

生活性服务业属于消费领域,其发展可以体现在人民的生活水平、生活质量、生活内容的改善和充实上,主要包括商贸服务业、文化产业、旅游业、房地产业等;生产性服务业则是指为保持工业生产过程的连续性、促进工业技术进步、产业升级和为提高生产率提供保障服务的服务行业,包括金融服务业、交通运输业、现代物流业、电子商务行业等。服务业的形态和特征是动态变化的,随着信息化和全球化程度的不断加深,世界服务业将适应新的形势向纵深发展,呈现出新的特点及趋势,成为推动全球经济加速发展的基础性力量。

服务业是利用技术、工具、场所、信息和技能为社会提供服务的业务。它包括代理业、酒店业、饮食业、旅游业、仓储业、租赁业、广告业和其他服务业。①代理业,是指代委托人办理受托事项的业务,包括代购代销货物、代办进出口、介绍服务和其他代理服务。代购代销货物,是指受托购买货物或销售货物,按实购或实销额进行结算并收取手续费的业务。代办进出口,是指受托办理产品或劳务进出口的业务。介绍服务,是指中介人介绍双方商谈交易或其他事项的业务。其他代理服务,是指受托办理上列事项以外的其他事项的业务。②酒店业,是指提供住宿服务的业务。③饮食业,是指通过同时提供饮食和饮食场所的方式为客户提供饮食消费服务的业务。饭馆、餐厅及其他饮食服务场所,为客户在就餐的同时进行的自娱自乐形式的歌舞活动所提供的服务,按"娱乐业"税目征税。④旅游业,是指为旅游者安排食宿、交通工具和提供导游等旅游服务的业务。⑤仓储业,是指利用仓库、货场或其他场所代客储放、保管货物的业务。⑥租赁业,是指在约定的时间内将场地、房屋、物品、技术或设施等转让他人使用的业务。

根据世界贸易组织统计和信息系统局(Statistics and Information System Department,SISD)的国际服务贸易分类表,国际服务贸易分为11大类150多个服务项目,这个分类表基本上包括了服务业的范围:商业服务是指在商业活动中涉及的服务交换活动,包括专业服务、计算机及其有关服务、研究与开发服务、房地产服务、无经纪人介入的租赁服务及其他的商业服务,如广告服务等;通信服务包括邮政服务、快件服务、电信服务、视听服务;建筑及有关工程服务包括建筑物的一般建筑工作、安装与装配工作、建筑物的完善与装饰工作等;销售服务包括代理机构的服务、批发贸易服务、零售服务、特约代理服务及其他销售服务;教育服务包括初等教育服务、中等教育服务、高等教育服务、成人教育服务及其他教育服务;环境服务包括污水处理服务、废物处理服务、卫生及其相关服务、其他的环境服务;金融服务包括保险及与保险有关的服务、银行及其他金融服务(保险除外);健康与社会服务包括医院服务、其他人类健康服务、社会服务及其他健康与社会服务;与旅游有关的服务包括宾馆与饭店、旅行社及旅游经纪人服务社、导游服务等;娱乐、文化与体育服务包括娱乐服务、新闻机构的服务、图书馆、档案馆、博物馆及其他文化服务、体育及其他娱乐服务;运输服务包括海运服务、内河航运服务、空运服务、空间运输服务、铁路运输服务、公路运输服务、管道运输服务及所有运输方式的辅助性服务。

人力资源服务是一个行动,一次表演,一项努力。人力资源服务主要是不可捉摸的,往往在生产的同时就被消费。人力资源服务是一种可独立出售或与物品共同出售的能产生有价值的利益和满足的行为和活动,这些活动是客户本身不能完成或本身不愿意去完成的。人力资源服务是一方给另一方提供的一种无形的行为或利益,它不会导致任何所有权的转移,它的生产(提供)过程可能会与物质产品相联系,也可能不与它们相联系。人力资源服务是事件、过程和结果。人力资源服务是一种易逝性的无形体验过程。这些定义虽然反映出了人们对人力资源服务理解的深化过程和现代管理学的一些先进理念,但是仍然难产生一个被大家公认的统一定义,其根本原因在于人们对人力资源服务的本质缺乏统一的认识。

要理解人力资源服务的本质,必须从人力资源服务产生的根源出发。人力资源服务作为一种存在于人力资源服务提供者和人力资源服务客户之间的一种经济活动,产生于客户的需求,也就是说,只有当人力资源服务客户自身不能完成或本身不愿意去完成时,才需要人力资源服务提供者提供人力资源服务,人力资源服务才能产生。行为是人力资源服务的核心,人力资源服务行为是人力资源服务产品的核心。基于这种认识,我们建立了一个以人力资源服务行为为核心的多层次人力资源服务概念体系,如图1-1所示。

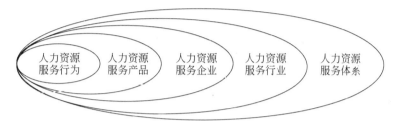

图1-1 人力资源服务概念体系

在这个概念体系中,人力资源服务行为是最根本的,它是构成其他概念的核心和基础;每一个低层级概念是构成比它高一层级概念的基础,且只有每一个低层级概念在高层级概念中占主导地位时,高层级概念才会产生。

人力资源服务行为是一方为另一方提供人力资源服务的活动。一方有某一方面的需求,自己没有能力实现或不方便实现或不愿意亲自去实现,而是通过交易方式请求另一方帮助或代替自己去实现,这就是人力资源服务行为产生的本质。简而言之,从客户的角度讲,就是花钱请别人解决问题;从人力资源服务提供者的角度讲,就是通过替别人解决问题来赚钱。

人力资源服务行为表现为人力资源服务的活动过程,包括人力资源服务活动进行的地点、时间、方式及客户感受等。人力资源服务作为一种行为,它所提供的内容不仅包括劳务,还包括专业技能、知识、信息、情感等要素,是体力劳动、技能劳动、情感劳动的综合。人力资源服务行为是以客户需求为起点的,注重的应该是情感要素。不同的人力资源服务行业、不同的人力资源服务企业、不同的人力资源服务活动所提供的人力资源服务要素所占的比例有所不同。

当代人力资源服务业的工作性质、工作方式、收入水平等有很大的差异,人力资源服务人员不仅要掌握基本的人力资源服务技能(如招聘、面试、甄选等,如图1-2所示),还要学会如何使用现代化的技术,以及如何在提供服务产品的同时,增加客户的体验和提高客户的满意度。客户接受人力资源服务时,满意度主要依靠其经验和对企业品牌的信任进行判断。当客户不具有人力资源专业知识或接受难以做出准确判断的服务产品时,主要依据的是信任特性,其次通过消费经验(直接经验或间接经验)或寻找各种有形线索来加以识别。

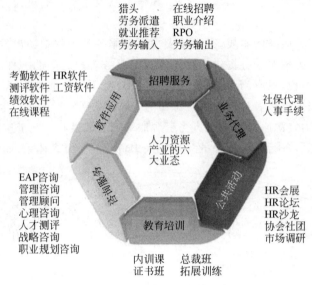

图 1-2 人力资源服务的形态

二、人力资源服务的性质

人力资源服务分成两部分：一部分是客户可见的，另一部分是客户不可见的。可见部分需要不可见部分来提供支持，不可见部分也会影响到可见部分。可见部分又可以分为两个部分：一部分是人力资源服务的实体环境，另一部分是提供人力资源服务的员工。客户在接受人力资源服务时，是一种互动的过程。一般来说，人力资源服务的性质是与有形产品相较而言的。

（一）无形性

人力资源服务是一种行动和绩效，不是具体的实物，人力资源服务不能像有形产品那样可以看到、感觉到或触摸到。在进行企业咨询服务之前，是无法感知具体咨询效果的。例如，客户在前往培训地点接受汽车培训之前，不可能确切预知培训效果。产品可以根据搜寻、经验和信任三种特性进行分类。所谓搜寻特性，是指客户能在接受服务产品之前判定的性质，如内容、格式、价格、感觉所具有的搜寻特性，因为客户在接受服务之前可以对它们做出评价。所谓经验特性，是指客户只有在接受服务过程中才能感觉到的东西，像劳务外包服务就具有明显的经验特性，因为客户只有在接受服务后才能对它们做出评价。所谓信任特性，是指客户即使在接受服务后也不可能做出准确评价的性质，如企业战略规划咨询服务，客户缺乏相应的专业知识，即使在实施方案后，客户也很难对战略咨询服务的真正效果做出评价，因此，在产品的三种特性中经验性和信任性的成分更大。

人力资源服务的无形性导致其无法储存，不能提前存储起来应对需求高峰期的需求。例如，招聘公司无法将平时较为空闲的劳动力储存起来，以供用工高峰期的不时之需。人力资源劳务输出企业受到能力的严重制约，经常在淡季时不能充分输出劳务工人，在旺季时则经常高费用招聘劳务工人。人力资源服务不能受到知识产权保护，不具有独占权，服务方式、服务流程、服务设施、服务渠道很容易被竞争者模仿，很难有秘密可言。人力资源服务的无形性使得企业无法直观地向客户传递人力资源服务价值和展现人力资源服务带来的利益，客户对人力资源服务的质量和绩效评价也很困难。例如，人力资源培训，客户看不见它，在接受培训之前也不能尝试。人力资源服务的交互行为表现出一种运动形态的使用价值，无形无质，不能被感觉到或者触摸到。

人力资源服务产品的无形性特征使企业很难向客户进行正确的展示和陈列，无法试货、转售和退货。人力资源服务企业利用高科技手段，使人力资源无形服务有形化，为其无形的人力资源服务产品提供有形线索以便客户识别，让客户有据可依地接受服务产品。

（二）同步性

人力资源服务的生产与消费往往是同时进行的，大部分是先进行销售，再进行生产和消费，因而人力资源服务与消费具有可分离性。生产与消费的同步性，意味着客户参与了人力资源服务的生产过程，客户会因情况不同而进行不同程度的参与。例如，在接受培训服务时，客户必须出现在现场；远程培训时，则不必要求客户到达现场，但要求客户的精神参与；人力资源业务外包则要求客户在开始和结束时到场。客户的这些参与不仅会影响人力资源服务的产出和质量，还将导致客户之间的相互影响。例如，培训现场的学员可能会影响彼此对培训的体验，培训场所通常禁止大声喧哗正是为了避免听众之间的不良影响，这就要求对客户之间的相互影响进行有效管理。

制造企业可以利用库存来分离生产工序，把没有完成的产品继续留在生产线，第二天接着完成；而有些人力资源服务企业的工序间断意味着客户的等待和排队，这是不允许的，也是不可想象的。例如，员工培训的过程中，不应该中断培训去咖啡厅喝咖啡。制造企业可以利用库存来分离生产与销售，先生产后销售，销售的产品也许是一个季度生产的，如电视、洗衣机；而人力资源服务企业只有在客户提出需求后才能进行生产，人力资源服务的过程也是客户接受服务的过程。如猎头公司为高管准备的雇主情况、外包公司为客户制作的流程、咨询公司的诊断报告和方案等。通常情况下，人力资源服务的生产与消费是同步进行的。

由于人力资源服务与消费的同步性，人力资源服务企业的生产与传递的速度和节奏一定要符合客户消费的速度和节奏，该快则快，该慢则慢。虽然人才测评公司强调客户的快速流动，但也必须讲究测评的节奏。正是这同步性，为人力资源服务企业的员工提供了现场服务的机会，有助于其及时获得客户的反馈信息。同时，员工的素质和能力将直接影响到客户对人力资源服务质量的感知和评价，因此，他们应当见机行事，不要失去宣传公司业务和品牌的机会，并给予客户更多的适时关照，以便提高客户满意度，增强客户的体验感。如果不能及时处理随时可能出现的失败和客户抱怨，将可能使客户与企业之间的关系恶化。

人力资源服务企业是按照客户需求进行生产的，人力资源服务产品在生产之前就已经被卖出去了，人力资源服务企业的产值就是人力资源服务企业的销售收入。因此，对于人力资源服务企业而言，其生产能力的利用意味着增加收入，生产能力的闲置意味着资源浪费。例如，培训公司的教室当日未能利用，意味着这间教室当日的价值将无法实现，明天还有明天的任务。社保代缴代扣公司的系统一旦错过截止时间，该客户没有代缴代扣的员工社保便失去了机会。为了提高生产能力的利用效率，减少生产能力的浪费，人力资源服务企业应当加强对客户需求的反应能力，提高人力资源服务的及时性。每个人力资源服务提供者的产量都很有限，而客户在人力资源服务过程中的参与，意味着如果客户对某特定服务感兴趣的话，就必须有一方到达现场，使人力资源服务无法像有形产品那样顺畅地提供地理上分散的目标客户群。

（三）异质性

人力资源服务是在企业员工与客户之间的互动过程中提供的，互动具有随机性，必须融入情感成分，人力资源服务的产出质量会因人力资源服务员工的不同而不同，也会因客户的不同而不同。客户在不同时间、不同地点是很难感受完全一样的人力资源服务体验的，即便是在同一地点与同一人力资源服务员工互动，也可能因为客户心情、人力资源服务员工的情绪等原因而导致不同的人力资源服务经历和体验。另外，无论是招聘服务、测评服务、咨询服务、培训服务、猎头服务还是外包服务，客户对人力资源服务行为的需求除了追求基本的效用之外，往往还关注人力资源服务给客户带来的精神满足。精神需求的满足主要依赖人力资源服务提供者仪式性的展示。实际上，人力资源服务行为中的展示本身就是人力资源服务行为的一部分。人力资源服务行为表现为两部分：一部分隐藏在后台，客户看不见，这部分行为只要能做到及时满足质量要求即可；另一部分表现在前台，展现在客户面前，会直接影响客户的感受和体验，因此要求人力资源服务人员的人力资源服务行为具有展示功能。

客户需求是人力资源服务行为的起点，人力资源服务工作是按照客户需求进行的。客户投入是人力资源服务活动的充分必要条件，因此只有客户提出人力资源服务需求后，人力资源服务行为过程才能开始，这种关系就是定制，即按照客户需求开始、进行和结束的。因此，定制性要求人力资源服务行为一定要对客户需求做出及时的反应。人力资源服务人员直接与客户接触，人力资源服务接触质量的好坏将直接影响客户的评价。人力资源服务的提供与客户满意程度取决于员工的行为，人力资源服务时间、组织和各人的异质性给人力资源服务管理带来直接的挑战，使确保一致性的人力资源服务质量成为企业很难实现的愿望。由于上述复杂因素，人力资源服务企业很难确切地知道人力资源服务是否按原来计划和宣传的那样提供给客户，这给控制人力资源服务质量带来巨大挑战。

（四）易逝性

易逝性是指人力资源服务不像有形产品那样可以存入仓库后再出售，人力资源服务若卖不出去就会马上消失。比如，某劳务输出公司如果接到客户订单，不可能存起来供后续使用。不过，对于培训服务来说，储存一部分培训业务是可以的。例如，猎头公司可以在一定时间内先把掌握的高端人才资源保存起来。人力资源服务的易逝性所带来的直接挑战是，大多数不能存货，很难将人力资源服务需求和人力资源服务供给进行有效匹配。由于对客户需求不容易做出精确的预测，任何企业都有淡季和旺季的区分，人力资源服务也常常会出现短时间内异常拥挤的情况,人力资源服务企业的需求分析和产能利用也是一项重大挑战。人力资源服务是一个过程,客户在感觉人力资源服务质量不佳时,服务消费就已经结束了,且无法要求退货。

人力资源服务产品是以活动过程为核心,以服务结果为目标,具有动态性或过程性,客户对人力资源服务产品的"使用"是以"接受"方式进行,产品质量的好坏取决于客户的消费感知,具有很大的差异性。

作为交易对象,人力资源服务产品具有使用价值,客户通过接受人力资源服务,获得了效用、满足了需求。人力资源服务行为的过程性、加工对象的特殊性、行为表现的不可逆性导致无法重复消费,下一次的消费和上一次的消费完全是两回事。不同的客户接受同一种人力资源服务的效果和品质往往存在显著差别,原因还在于人力资源服务提供者的技术水平、人力资源服务态度往往因人因时因地而异。客户基本情况、参与程度、个性化需求等都影响其对人力资源服务质量的评价。人力资源服务构成、质量水平、外部环境因素经常发生变化,很难统一界定。尽管同一类人力资源服务具有统一的标准和要求,但人力资源服务产品具有很大的不稳定性和随意性,多个方面的差异难以反映特殊的、个别的需要,质量好坏通常取决于客户的感受。

（五）组合性

任何一项人力资源产品都可以被看作是一个包含人力资源服务运营活动的系统,它是一个业务包,包括人力资源服务的设施、辅助物品、显性人力资源服务与隐性人力资源服务等要素数据的输入处理,然后对所有的要素进行最后的"总装",将人力资源服务产品传递给客户可以看得到的,或者说是显而易见的东西,其他部分有时则被隐藏在所谓的技术核心内部。例如,其核心内容是根据企业盈利能力、企业成长等目标,制定相应的人力资源服务战略、关系战略和过程战略。客户作为参与人力资源服务过程中的一部分,与服务过程的不同部分进行互动,涉及客户的个体需求、价值预期、以往体验及人力资源服务企业的形象、口碑、外部传播和沟通等。

人力资源服务质量在人力资源服务管理中具有决定性意义和地位,与人力资源服务传递过程、人力资源服务消费过程是不可分的。它不是一种客观决定的质量,而是客户对人力资源服务的一种主观感知,是客户体验和期望的函数,包括客户感知质量、感知价值、客户满意、客户忠诚;它还是由一系列的关键时刻、人力资源服务接触、互动关系累积而成的。人力资源服务涉及企业所有人员的贡献和影响,与客户接触的众多员工对利润链、生产率等都有不可推卸的责任,也离不开辅助部门员工从各个方面对他们的支持与帮助。

人力资源服务管理就是开发和维护良好、持久的客户关系,在客户需要的时候,与客户接触的员工必须分析客户在接受人力资源服务阶段的不同需求、价值、期望和愿望,保持以顾问的身份用客户期待的方式承担控制质量的责任,提供人力资源服务,并时刻考虑对客户使用这些技术、系统和有形资源的能力和意愿将会产生什么样的影响,考虑人力资源服务企业员工能力和意愿的影响,并从组织结构和规章制度方面进行有效的引导、支持和鼓励,使员工有足够的动力为客户提供优质的人力资源服务。

三、人力资源服务影响要素

人力资源服务企业的经营活动主要涉及客户因素、客户参与程度、时间因素、空间因素、劳动力因素和渠道因素等方面。

（一）客户因素

从客户提出需求到人力资源服务过程结束,客户都会以不同的方式参与人力资源服务活动,而且参与程度也是不同的。客户参与方式可以分为态度参与(动心)、意见参与(动嘴)、行为参与(动手)、情感参与(动情)四种。

态度参与是指客户对人力资源服务企业提供的人力资源服务产品、方式、过程及态度等表现出的一种基本姿态,如是否愿意接受、是否愿意配合等。客户的态度参与要求人力资源服务企业在为客户提供服务之前,必须认真理解客户的需求,包括需要什么、什么时候需要、以什么方式提供等,了解客户的情绪状态,争取客户以积极的态度配合人力资源服务过程,接受人力资源服务产品。

客户的意见参与就是提出需求或建议,表明自己的看法。客户的意见参与要求人力资源服务企业及时关注客户意见,工作人员倾听和沟通,尊重客户的意见,并及时采取,主动修正客户的意见和建议。

客户的行为参与是指以实际行为参与人力资源服务过程中,亲自到场进行互动。如人力资源战略咨询、绩效和薪酬方案设计、测评服务、招聘服务、猎头服务、培训服务、法律纠纷处理、业务外包、代缴社保、代发工资、心理咨询、员工援助、会务服务等,都需要客户的行为参与。客户的行为参与要求人力资源服务企业优先考虑客户的安全需求和情感需求,合理安排工作人员与客户互动的每一个细节,艺术化地设计人力资源服务场所并营造一种安全、舒适和富有文化情调的氛围,采取多种方式实施客户教育,使客户顺利进行参与,最终提高客户的满意度和体验价值。

客户的情感参与是指客户把情感投入人力资源服务过程中,享受着一种精神上的愉悦。例如,在心态培训和员工援助过程中,客户的心理和情绪被演出活动的内容牵引,实现自我尊重的需求。人力资源服务企业本身具备安稳、舒适的环境,为客户提供体验的机会。客户参与人力资源服务过程有利有弊。有利的一面是:态度参与可以使人力资源服务过程更顺利;意见参与可以使人力资源服务更加到位,可以提升人力资源服务价值和提高顾客满意度;客户行为参与可以增加客户的体验,并降低劳动力成本;情感参与可以增加客户的体验和人力资源服务价值。不利的一面是,客户参与意味着人力资源服务系统输入的不稳定,可能会增加人力资源服务企业管理的难度,导致人力资源服务产品质量的不稳定,甚至出现意想不到的人力资源服务失败。此外,由于客户参与而逐渐熟悉了业务,因此,客户可能会放弃人力资源服务企业提供的人力资源服务,转向自己为自己提供人力资源服务。客户参与的另外一个缺点就是,有可能把客户培养成潜在的竞争者,使客户从事同样的人力资源服务业务。

（二）客户参与程度

在不同的人力资源服务业务中，客户的参与水平是不同的。在人力资源服务中，只要求客户出现在人力资源服务现场，人力资源服务员工将完成全部人力资源服务工作，此为低水平参与。在另外一部分人力资源服务中，要求客户进行一定的参与，以帮助人力资源服务企业完成人力资源服务，此为中等水平的参与。例如，培训，客户可以选择培训内容和方式，提出一些相关要求。还有部分人力资源服务，实际上被卷入了人力资源服务的生产过程，没有客户的参与，人力资源服务几乎是不可能完成的，此为高水平的参与。以员工培训为例，如果员工不努力学习，不积极与培训师互动，培训效果是不会好的。再如，人力资源管理诊断，客户如果不按照咨询师的要求提供信息，那么也不会取得理想的效果。在设计人力资源服务流程时，需要认真考虑以下几个问题：让客户参与的目的是什么？客户能够从参与中得到什么利益，他们理解这些收益吗？在什么环节可以让客户参与？让客户以什么方式参与？客户什么时候参与？客户参与到什么程度？如何实施客户教育，使客户能够顺利参与人力资源服务过程？如何发挥客户参与的积极作用，控制或消除客户参与的消极影响？不同性质的人力资源服务活动，答案是不同的。

（三）时间因素

时间因素对于人力资源服务企业具有不同的含义。在人力资源服务企业的经营过程中，时间因素对于客户需求、服务能力、服务产品等方面都是一个关键因素。对所有人力资源服务活动而言，客户需求都呈现出随时间的波动性和随机性。例如，制造业一般在春节后和学生暑假后有较大的用工需求，新建企业和业务拓展型企业对猎头业务比较急迫。一般情况下，我们可以按照日、周、月、季、年等时间单位来分析客户需求随时间的波动周期。为了应对客户需求的波动性和随机性，人力资源服务企业一般可以采取以下三种策略。调节客户需求以适应服务能力。例如，通过储备劳动力的方式把高峰时段的客户需求转移到低峰时段，通过各种培训、兼职等优惠方式吸引客户。调整服务能力以适应客户需求波动规律，可以通过延长工作时间、培养多技能员工、机器人租赁等方式来提高人力资源服务能力。如果既不调节需求，也不调整服务能力，则让客户排队等待。此时需要做的是照顾好排队等候的客户，以避免造成客户流失和不满意。

（四）空间因素

企业的本性决定企业的首要目标就是赚取利润。因此，企业的任何运营活动都必须考虑运营成本和收入两个方面的因素。制造企业选择城市郊区甚至更偏远的地方建厂，主要是因为地价和建筑成本较低。制造企业生产出产品后，可以用汽车或其他交通工具很方便地运输到仓库或商场。当然，制造企业选址也要考虑一些其他因素，如运送的方便性和效率、劳动力成本、政策限制和优惠、环境污染、是否靠近原材料产地等。那么，企业对人力资源服务场所的要求又如何呢？是否所有类型的人力资源服务企业都应该开在繁华的市区呢？未必。实际上，人力资源服务企业的位置选择主要取决于人力资源服务企业处理的对象，即客户投入的内容。对于处理客户有形类投入（人体和财物）的人力资源服务企业,如劳务输出、员工体检、拓展训练、业务培训等,大多数情况下要求客户必须亲临人力资源服务现场。因此,场所距离目标客户群越近越好;对于处理客户无形类投入(精神和信息)的人力资源服务企业,如工资代发、社保代缴、薪酬设计、绩效方案等,不需要客户亲到人力资源服务场所,因此,如果从成本和方便角度权衡,这些人力资源服务公司可以选择远离繁华市区的位置。以门店式经营为特征的人力资源服务连锁企业,选址已经成为一项复杂、紧迫和极具挑战性的工作。随着市场竞争的加剧,"黄金位置"都各已有所属,能否发现和选择到合适的营业场所位置,逐渐成为连锁企业发展过程的一个制约性因素。

(五)劳动力因素

传统的人力资源服务企业,从业人员素质偏低,服务流程不规范,服务机构鱼龙混杂。制造企业的劳动力密集程度与生产作业的机械化、自动化程度有关;人力资源服务企业的劳动力密集程度与人力资源服务业务的性质及信息化程度有关。在现代社会中,涌现出大量现代人力资源服务业,知识密集程度或者资本密集程度很高,如咨询公司、测评公司、广告公司、律师事务所、人力资源软件公司等。网络信息技术的发展,不仅使现代人力资源服务企业越来越知识化,而且也在一定程上改变着传统人力资源服务企业的人员结构和劳动力密集程度。

(六)渠道因素

人力资源服务产品有与实物产品不同的服务渠道。实物产品的销售一般经历若干实体的服务渠道,即产品从生产厂家,经过若干个批发环节,再到零售店,最后到客户手中;而人力资源服务的服务渠道将依据人力资源服务类型的不同而不同。对于有形类的身体人力资源服务和财产服务,一般需要客户到店接受人力资源服务或者人力资源服务人员专门提供人力资源服务,对于员工职业生涯规划和劳动关系纠纷处理而言,其服务渠道为一级服务渠道。对于无形类的精神人力资源服务和信息人力资源服务,完全可以通过电子渠道来完成人力资源服务产品的服务任务。计算机和通信技术,特别是互联网的发展使任何基于信息的人力资源服务要素都具有及时向世界各地传送的潜力。

第二节 人力资源服务的分类

一、人力资源服务一维分类方法

对人力资源服务进行分类有助于提供战略性的见解,并从中提取出那些看似不同的人力资源服务所共有的特征,同时有助于了解它们在人力资源服务管理中的应用。因此,对人力资源服务进行战略性分类,不仅有利于打破行业障碍,也有利于企业从其他人力资源服务中借鉴先进的管理经验。

(1)按照产业的分类。人力资源服务业同样可以被划分为不同类别。人力资源服务业由以往国民经济行业分类(GB/T 4754—2017)中的1个中类、5个小类,拓展为5个大类、17个中类、46个小类，全面涵盖了人力资源要素的开发利用、流动配置、评聘管理、服务保障全过程、各领域。人力资源服务产业范围包括人力资源就业服务、人力资源提升服务、人力资源专业服务、人力资源支撑服务、其他人力资源服务5个大类。

（2）按照服务企业的分类。按照人力资源服务企业划分类型，可以分为提供就业服务，包括就业信息、求职招聘、人力资源交流等人力资源服务业务的企业；提供就业创业指导、职业技能培训、专业技术人员继续教育、人才评价、职称评定评审等人力资源服务业务的企业；提供档案管理、人事代理、劳务派遣、人力资源外包、咨询等人力资源服务业务的企业；提供人力资源园区管理、平台建设、信息软件、公共服务等人力资源服务业务的企业；以及提供员工背调、员工测评、员工体检、员工援助等人力资源服务其他业务的企业。

（3）按照服务活动性质的分类。根据人力资源服务是针对人还是针对物，以及人力资源服务是有形的还是无形的两个标准，可以把人力资源服务分为四种类型。其一是作用于客户的有形活动的员工培训、员工关系纠纷处理等，客户需要在场接受人力资源服务；其二是作用于客户有形活动的人力资源诊断、薪酬方案设计、绩效考核方案设计等，被处理的对象必须在场，但客户本人则不一定需要出现在人力资源服务现场；其三是作用于客户思想的无形活动，如员工培训和拓展训练等，客户的意识必须在场，客户本人可以通过在设施内，或者通过广播信号或电子通信方式在异地接受这种人力资源服务；其四是作用于客户无形活动的社保代缴、工资代发，只要人力资源服务开始实施，客户就无须参与其过程。

（4）按照客户关系服务的分类。企业越来越重视与客户建立关系，而客户参与人力资源服务过程的特点为企业创造了有利的条件。根据客户是否与企业建立正式的会员关系，以及人力资源服务传递的持续性两个标准，可以把人力资源服务分为间断交易的会员关系、间断交易的非正式关系、持续传递的会员关系、持续传递的非正式关系四种类型。与客户建立长期关系是人力资源服务企业追求的目标，企业可以通过建立客户数据库，充分利用客户的相关数据信息，给予不同客户特别的关注，使客户从人力资源服务过程中获益。客户与企业之间不同关系的识别和建立，将有助于建立客户忠诚度，使客户重复消费，保持企业的稳定发展。

（5）按照服务产品的分类。在当代经济活动中，为了提高客户的利益和价值，企业向客户提供服务时，经常伴随着一些附加服务，或者包含一些辅助物品。因此，把有形产品和无形产品完全割裂开是很困难的，客户每次的接受服务总会包含不同比例的有形产品（物品）和无形产品（人力资源服务）。按照人力资源服务的重要性在一个连续谱上划分产品组合，从近乎纯物品的智能机器人到近乎纯人力资源服务的心理咨询，无论是以人力资源服务为主导的产品组合还是以物品销售为主导的产品组合，这两种产品组合都可以称为人力资源服务产品，这样一来，每一种人力资源服务产品组合都可以看作一种类型。

（6）按效果的持久性分类。持久性通常与接受服务频率密切相关，对于制定服务策略、沟通策略、客户忠诚策略具有重要意义。大多数情况下，人力资源服务利益持续时间短暂的那些服务很难建立起客户对品牌的忠诚，而利益持续时间很长的人力资源服务就比较容易建立客户对品牌的忠诚。

(7) 按客户接触程度分类。按照客户接触程度可以把人力资源服务划分为高接触人力资源服务和低接触人力资源服务，或者划分为软人力资源服务和硬人力资源服务。软人力资源服务强调的是人与人之间的相互作用，硬人力资源服务强调的是人与软件之间的相互作用。

(8) 按人力资源服务传递的持续时间分类。在人力资源服务传递过程中，人力资源服务企业将给予客户什么样的关注。一般规律是，如果要求客户在场，那么人力资源服务传递时间越长，人力资源服务企业给予客户的关注将越多。例如，员工拓展训练需要在场几个小时甚至几天，人力资源服务企业就要为客户安排住宿、饮食和娱乐活动，提供茶水、报纸和舒适的休息场地。

(9) 按运营方式的特点分类。按照人力资源服务运营方式的特点可以把人力资源服务分为以下三种类型。第一，项目型。接受客户委托，按项目运行，项目数量不多，每个项目的运营时间长而各有特点，如管理咨询、系统软件设计。第二，批量型。面向大众消费，运营时间短，需求量大，定制化产品，如员工体检和员工测评。第三，流程型。没有明显的运营开始与结束，是一个持续性的过程，如工资代发和社保代缴。

在上述不同分类中，打破了人力资源服务企业的行业界限，不同行业的企业可能属于某种分类中的同一类型，不同人力资源服务行业之间存在着共同的服务特性和服务行为，也说明不同行业之间可以相互借鉴，取长补短。

二、人力资源服务二维分类方法

(1) 按照定制和判断服务的分类。人力资源服务企业提供的人力资源服务实质上是针对个人的，都要在一定程度上适应不同个性和不同需求的客户。同时，在这种个性化的人力资源服务过程中，人力资源服务人员必须对具体的人力资源服务接触和人力资源服务过程拥有一定程度的自行决策权，他们需要对具体的情形做出自主判断。根据允许定制的人力资源服务特性，以及人力资源服务人员在人力资源服务过程中所需判断的程度，可以将人力资源服务分为服务人员行使判断的高程度＋服务特性定制的高程度、服务人员行使判断的低程度＋服务特性定制的低程度、服务人员行使判断的低程度＋服务特性定制的高程度、服务人员行使判断的高程度＋服务特性定制的低程度四类。人力资源服务在很多情况下难以控制，很难实现人力资源服务的一致性，但同时也说明人力资源服务的定制化是必需的、可能的。然而，定制化需要人力资源服务人员具有更高的素质，同时也需要更多的成本。因此，人力资源服务企业必须根据客户需求和企业能力，在客户定制化和服务人员判断能力两个维度上取得平衡。

(2) 按照供需性质的服务分类。由于人力资源服务能力无法保存，根据需求和供给的波动程度，可以将人力资源服务分为人力资源服务需求随时间波动程度大且高峰期需求能够及时满足的服务、人力资源服务需求随时间波动程度小且高峰期需求不能够及时满足的服务、人力资源服务需求随时间波动程度小且高峰期需求能够及时满足的服务、人力资源服务需求随时间波动程度大且高峰期需求不能够及时满足的服务四类。根据供需波动进行的人力资源服务分类，可以使人力资源服务企业更好地在供给能力和需求水平之间取得平衡。为缓解需求波动，企业可以鼓励客户改变自己的意愿，通过提供特殊的价格折扣,激发淡季期间的客户需求。

(3) 按照传递方式的服务分类。人力资源服务传递方式可以从地理因素和与客户交互作用的程度两个方面进行分析。地理因素是指人力资源服务企业的服务物理空间数量,是单一物理空间,还是多个物理空间。与客户交互作用的程度是指人力资源服务人员是否与客户发生直接接触,如果不需要,那么人力资源服务企业就可以进行远距离人力资源服务传递。人力资源服务的传递方式不仅会影响客户人力资源服务经历的过程,也会影响客户获取人力资源服务的成本。对于客户必须到场的情况,人力资源服务企业的地理位置就显得非常重要。企业应想方设法为客户提供消费便利,以降低客户的费用。对于需要作用于客户的大型设施或不动产的人力资源服务,人力资源服务企业需要到客户那里进行人力资源服务。

(4) 按照劳动力密集程度和定制化程度分类。劳动力密集程度是指劳动力成本与资本成本的比率,低劳动力密集意味着高资本密集。定制化程度是指客户个人影响人力资源服务传递的能力,定制化程度低意味着客户个人影响人力资源服务传递的能力小,意味着标准化程度高。按照劳动力密集程度和定制化程度两个运营特征,可以把人力资源服务业划分为劳动力密集程度高+定制化程度高的服务、劳动力密集程度低+定制化程度低的服务、劳动力密集程度低+定制化程度高的服务、劳动力密集程度高+定制化程度低的服务四类。也就是说,有的人力资源服务企业面对的是资本投资较高,需要提供标准化的人力资源服务。有的需要较高的资本投资,但需要考虑投资决策、需求管理、技术手段、成本控制、客户参与的互动和定制问题。有的面对的是劳动力密集程度高,但需要差别的人力资源标准化服务。有的是需要特殊训练的专家提供的个性化人力资源服务,如人力资源诊断和咨询。

(5) 按照客户定制和员工判断分类。在人力资源服务过程中,存在客户、员工和制度三方互动的力量,他们都尝试按照自己的出发点来确定人力资源服务过程。然而,哪一方力量发挥主导作用,取决于人力资源服务业务的性质,这就形成了员工判断程度高客户定制程度高的模式(如咨询服务)、员工判断程度低客户定制程度低的模式(如员工体检)、员工判断程度低客户定制程度高的模式(如员工援助)、员工判断程度高客户定制程度低的模式(如培训服务)四种模式的存在。

(6) 按照商客关系和交易持续性分类。根据人力资源服务供应商同客户之间的关系,可以被划分为正式关系(也被称"会员制"关系)和非正式关系两类;根据"交易持续性"可以被分为人力资源服务的持续传递和分散交易两类。按照这两个指标交叉分类可以把人力资源服务业分为四类。"会员制"关系是一种双赢的关系:它可以使人力资源服务供应商知道谁是他现在的客户,这些客户如何使用他的人力资源服务;它还可以使会员客户获得比不具有会员资格的客户更多的好处。人力资源服务的持续传递代表着客户的行为忠诚度,在充分市场化的情况下,需要努力维持商客关系或提高客户的满意度。

(7) 按照人力资源服务传递方式和服务地点分类。人力资源服务传递方式和传递地点是人力资源服务管理策略的基本内容,它不仅会影响客户对人力资源服务的体验,还会影响人力资源服务供应商和客户双方的交易成本。如果需要客户亲自到人力资源服务供应商处接受人力资源服务(如劳务输出),就对人力资源服务供应商的接待设施提出了很高的要求;如果要求人力资源服务供应商派人员到客户处提供人力资源服务,那么预约、路途成本、客户财产安全及人力资源服务供应商如何让客户知晓自己的联系方式等将成为很重要的问题。单是地点供应就面临着极大的挑战,因为它无法获得多地点带来的成本优势。多地点经营需要格外关注网点布局、集中管理、统一标准等问题。所以,可以分为客户到人力资源服务供应商处、人力资源服务供应商到客户处、是通过远距离交易及单地点和多地点,互相交叉组合共六种模式。

(8) 按照核心人力资源服务与附加人力资源服务的不同分类。人力资源服务产品组合(人力资源服务包)常被划分为核心产品和附加人力资源服务。核心产品是客户接受服务的直接目标。附加人力资源服务是围绕核心人力资源服务而增加的系列服务活动,它可能是有助于客户享受核心人力资源服务所必需的外围服务要素,也可能是用来提高人力资源服务价值并供客户选择接受服务的要素。附加人力资源服务主要包括信息服务、订单处理、保管服务、账单清算、咨询服务、招待服务、例外服务等。不同的人力资源服务企业,不同性质的人力资源服务业务,都可能会提供许多不同类型的附加人力资源服务。

(9) 按照内部人力资源服务与外部人力资源服务的不同分类。外部人力资源服务就是我们通常所说的人力资源服务,是人力资源服务企业为客户提供的服务。内部人力资源服务是指组织内部各部门之间的相互支持,特别是作业链条中前一环节为后一环节提供的人力资源服务支持。引入内部人力资源服务的概念,主要是为了把现代人力资源服务理念"客户永远第一",引入组织内部,上一环节要把下一环节当作客户,二线要把一线当作客户,管理人员要把业务人员当作客户,使组织在人力资源服务导向思想的指导下理顺工作关系,提高工作效率和质量。强调内部客户的地位与"流程再造""客户关系管理""价值链管理"等密切相关。

第三节 人力资源服务管理的发展

一、人力资源服务管理的历史演进

从全球经济来看,世界范围内的经济增长促进了人力资源服务部门的发展,人们生活水平不断提高,拥有了更多可支配的收入和更多的闲暇时间,不再局限于基本生活需求,更高层次的享受需要和发展需要逐渐成为人们消费的主导方面。人们的消费需求日益复杂化、个性化,个人、家庭和工作生活的许多方面都涉及各种各样的人力资源服务。同时,许多社会、文化趋势也不断促进人力资源服务业的发展。例如,人们对人力资源服务的需求正成为客户地位的一种象征。旅游和休闲、美丽和健康,及当代高等教育在人们心中已在一定程度上取代了耐用消费品的地位,它们促进了旅游业、美容业和教育业的快速发展。而人们对于安全的日益重视,则开拓了保险和投资等人力资源服务市场。人们对于健康的日益关心,又使健身俱乐部和医疗人力资源服务的需求不断增加。随着人们生活方式的改变,人们对各种人力资源服务需求的强劲增长,人力资源服务业得到快速发展。

国外的私营职业介绍机构出现在19世纪末。这些机构为失业人员提供收费的职业介绍服务,由于利益驱动,也出现了许多违法经营、强迫劳动和压榨剥削劳工等不法行为。

当时的观念认为劳动力不是产品,不应该将为劳动者介绍工作作为商业行为进行牟利。因此,公共部门有责任为劳动者提供无偿的、平等的职业介绍服务。由此,很多国家不认可,甚至全面禁止私营职业介绍机构。然而,由于私营就业服务的发展有其自身特点并满足了市场的需求,它的一些工作领域是公共就业服务无法替代的,因此并没有因为政府禁止而消失。同时,围绕私营职业介绍存废问题的争论一直没有停止过。对关于私营就业服务机构的国际劳工标准也多次进行修订和调整。例如,1919年提出了《失业公约》和《失业建议书》,1933年的《收费职业介绍所公约》和《职业介绍所建议书》,1948年的《就业服务公约》,1949年的《收费职业介绍所公约(修订)》,1997年的《私营职业介绍所公约》和《私营职业介绍所建议书》。

第二次世界大战以后,特别是20世纪六七十年代私营就业服务业有了进一步发展,业态也更加丰富。如何因势利导,如何发挥私营就业服务机构在扩大就业、减少失业方面的作用成为国际劳工组织和一些国家政府关注的问题。国际劳工组在20世纪90年代初对20多个国家的情况进行调查,开展了一系列深入研究,直到1997年通过《私营职业介绍所公约》(第181号),才确立了私营就业服务机构的合法地位,私营就业服务业进入了快速发展阶段。总体来说,国外人力资源服务业发展的历史早期是政府主办的公共就业服务占主导地位。国际劳工组织早期制定的公约和一些国家的法律和政策提供和鼓励公共就业服务,而私营就业服务机构经历了从被限制、废除、放松限制到多元化发展,再到合法化,最后被社会认可和接受,并得到政府和国际社会肯定和鼓励其发展四个发展阶段。

第一,1919—1933年:禁止私营职业介绍机构的阶段。第一次世界大战结束后,经济凋敝,民不聊生。为了进行经济重建,解决失业问题,国际劳工组织于1919年制定了《失业公约》(第2号)和《失业建议书》(第1号),全面禁止了私营职业介绍所,确立了公共职业介绍所的垄断地位。

第二,1933—1949年:对私营职业服务结构放松限制的阶段。1929—1933年,全球经济危机爆发,失业问题又一次全面出现。过去十余年间,尽管国际劳工标准主张禁止收费职业介绍所,但各国的收费职业介绍所作为一种职业中介始终存在。其原因主要有两个:一是经济利益驱动;二是收费职业介绍所在人力资源市场确实起到了沟通劳动力供求双方、满足双方需求的作用。面对这一现实,国际劳工组织采取了比较务实的办法,不再坚持公共职业介绍所的国家垄断地位,只是强调其主导地位,同时允许收费职业介绍所与公共职业介绍所并存。1948年通过的《就业服务公约》(第88号)规定:主管当局有必要采取一些措施,促进公共职业介绍所和营利性的私营职业介绍所之间进行有效合作。

第三,1949—1997年:私营就业机构业态多元化阶段。1949年,国际劳工组织制定了《收费职业介绍所公约(修订)》(第96号)。该公约被认为是关于就业服务的劳工标准从国家垄断的概念向承认多元化概念的一个里程碑,标志着国际劳工组织基本上放弃了废止收费职业介绍所,把重点放在了提出防止其弊端的对策方面。20世纪六七十年代,随着产业结构调整(欧美发达国家的制造业衰落,第三产业兴起)和劳动力市场迅速发展变化,与职业介绍相关的各种行业业态都在发展。同时,凯恩斯主义经济政策带来的"滞胀问题"使失业现象加剧,各国都在逐步放开对私营就业服务的限制,以加大就业安置力度。快速的技术变革要求企业具备更大的灵活性,制造业的衰落导致了失业人数的上升,第三产业的兴起也对劳动力市场产生了非常大的冲击。短期合同、临时合同、工程项目合同、非全日制工作开始大量出现,为多个雇主工作、自由职业、自营就业、计件工作成为常见的工作形式。激烈的市场竞争使企业和个人迫切需要获取必要的劳动力市场信息。私营就业服务机构创造性的运作方式、快速反应能力和更大的行动自由使它具有很大的活力,因此瑞典、丹麦、芬兰、奥地利、葡萄牙等国家先后解除了对私营职业中介的禁令。

第四,1997年至今:鼓励私营就业机构发展阶段。1997年,第85届国际劳工大会通过了《私营职业介绍所公约》(第181号)。这标志着经过一个世纪的曲折历程,私营就业服务业终于被国际社会认可,取得了合法地位。《私营职业介绍所公约》(第181号)的主要内容包括四个方面:第一,私营职业介绍所合法化,取消公共职业介绍所的垄断地位;第二,经营范围扩大至包含劳务派遣等新型就业形式;第三,经营环境更加宽松;第四,加强对劳动者的保护。1990年至2020年的30年间,日益灵活的劳动力市场促进了私营就业服务的蓬勃发展。私营就业机构在当代劳动力市场中发挥着重要作用,主要体现在两个方面:对雇主来说,私营就业机构使企业在增加和减少劳动力方面具有更大的灵活性;对劳动者来说,私营就业机构保证了劳动者的工作机会和就业标准,也有助于改善工作条件。

我国人力资源行业的发展与改革开放同步。20世纪70年代末,统包统配的人力资源配置制度开始被打破,企业开始实行劳动合同制;1992年至2000年,《中共中央关于建立社会主义市场经济体制若干问题的决定》《加快培育和发展我国人才市场的意见》《职业介绍规定》和《人才市场管理暂行规定》的出台,确立了劳动力市场和人才市场,民营性质的人力资源服务机构取得较快的发展,外资开始进入我国人力资源服务领域;2001年至2006年,劳动部门和人事部门都进行了所属服务机构的体制改革,政府管理职能开始从"办市场"向"管市场"、为市场发展创造良好环境转变;2007年至2012年,人事和社会保障部门合并,统一规范灵活的人力资源市场建设全面展开;2013年以来,制定法规政策提速,政府管理转向政策制定、产业引领和营造环境,统一规范的人力资源市场体系形成。

第一,萌芽期(1978—1991年)。1979年北京外企人力资源服务公司(FESCO)成立;1983年沈阳市人才服务公司成立;1984年劳动人事部成立全国人才交流咨询中心,之后各地纷纷建立类似的人力资源服务机构;1987年浙江温州出现第一家民营人才职业介绍机构;1990年国务院制定下发《劳动就业服务企业管理规定》,劳动部下发《职业介绍暂行规定》;1991年人事部下发《关于加强人才招聘管理工作的通知》。

第二,成形期(1992—2000年)。1993年《中共中央关于建立社会主义市场经济体制若干问题的决定》,首次明确提出劳动力市场的概念;同期国内第一家猎头公司北京泰来猎头咨询事务所成立;1994年智联招聘成立;1995年《职业介绍规定》出台,建设银行上海分行开始使用劳务派遣工;1996年《人才市场管理暂行规定出台》,科锐国际成立;1997年中华英才网成立;1998年前程无忧成立。

第三,改革期(2001—2006年)。2002年、2003年,《境外就业中介管理规定》和《中外合资人才中介机构管理暂行规定》先后出台;2003年年底,中共中央、国务院下发《关于进一步加强人才工作的决定》,为建立统一规范的人力资源市场定调;同期"首届跨地区人力资源派遣研讨会"在上海召开,是国内人力资源派遣外包领域第一个行业论坛。

第四,统筹期(2007—2012年)。2007年《关于加快发展服务业的若干意见》印发,首次将人才服务业作为服务业中的一个重要门类;同期《中华人民共和国就业促进法》首次在国家法律层面明确提出"人力资源市场"的概念;2008年,原人事部与原劳动和社会保障部合并组建了人力资源和社会保障部,《中华人民共和国劳动合同法》实施;2012年《服务业发展"十二五"规划》首次提出建设人力资源服务体系;2010年上海建立第一个国家级人力资源服务产业园。

第五,发展期(2013年至今)。人力资源社会保障部2013年颁布《关于加快推进人力资源市场整合的意见》;2014年颁布《人力资源社会保障部　国家发展改革委　财政部关于加快发展人力资源服务业的意见》《劳务派遣暂行规定》;2017年颁布《"十三五"促进就业规划》《人力资源服务业发展行动计划》;2018年颁布《人力资源市场暂行条例》,首次从立法层面明确了政府提高人力资源服务业发展水平的法定。

从人力资源服务业对国民经济的贡献来看,中国改革开放以来,人力资源服务业产值在国内生产总值中的比例不断提高。近年来,在国民经济持续发展,产业不断升级变革的背景下,我国人力资源服务行业快速发展。2018年我国人力资源服务机构共3.57万家,从业人员达到64.14万人,同比分别增长18.2%和9.8%。2018年中国内地人力资源服务行业的市场规模达4085亿元,同比增长18.96%,2014—2018年复合增速达20.9%,增速领先世界整体水平。近年来,人力资源服务在社会经济中的地位不断提高,这主要体现在服务业对社会经济总体的贡献份额不断增加,以及人力资源服务业所提供的大量就业机会等方面。

二、人力资源服务的系统性

人力资源服务企业将客户看作是企业的一种投入,通过人力资源服务过程被转化为具有一定满意程度的产出,客户是人力资源服务企业的合作生产者。在制造业中,输入包括原材料、劳动力、能源、信息、资金等要素,均由供应商(者)提供。输出的主要是产品,输出的产品主要对客户有价值,并能赢得客户接受服务的意愿。系统内部的转化过程就是制造活动的过程,也是产品的增值过程。制造系统的主要管理目标是产品质量和生产效率。而人力资源服务业,客户既是系统的输入要素,也是系统的输出结果,客户作为输入要素类似于原材料,作为输出要素类似于产品。人力资源服务系统将一个初始的客户(输入)加工(或转化)为一个具有一定满意度的客户(输出)。例如,客户去一家企业打工,进入目标企业前和客户沟通,经过一段时间后,客户成为具有一定物质收入和精神收入的客户。同时,目标企业也是客户,他们通过人力资源服务企业的人力资源引入,完成了订单任务,实现价值增值。两个方面都是人力资源服务企业的客户。

正是由于客户的投入,使人力资源服务系统成为一个开放系统,客户成为系统的一部分。按照客户需求经营,人力资源服务企业没有完全的控制力,不能想停就停。人力资源服务系统具有明确的人力资源服务对象——客户,并按照客户提出的需求进行经营,对输出的评价主要依据客户的感受。人力资源服务系统加工客户,实际上是加工客户的投入。不同的客户投入,加工方式不同。因此,对客户投入内容的分析是深刻理解业务活动的一个重要环节。为此,我们举例说明在一些人力资源服务活动中客户的投入情况。

第一，人力资源咨询。在人力资源服务过程中，客户的投入主要有两种：一是客户自己，即一个经营管理需要提升或者调整的组织；二是他们的信息，如发展历史、症状、人员结构、经营状况等。

第二，劳务外包服务。在人力资源服务过程中，客户的投入主要有三种：一是客户的智力和体力；二是客户的有关信息，如社保等；三是客户自己，客户亲自到工厂进行工作。

第三，员工体检服务。在人力资源服务过程中，客户的投入主要有三种：客户自己、身体部位及对体检的要求，目的在于对客户自己的特定部位进行某种判断。

第四，员工培训服务。针对培训活动所提供的包含需求研究、开发、实施、管理等服务的支持工作。目的是帮助培训机构、企业培训部等顺利运行，准确执行培训任务。

在一些特定的人力资源服务业务中，除了处理好客户的主要投入，还要关注客户的一些次要投入。投入内容的特性决定了人力资源服务操作的特性，对有形投入（人体、有形资产）的操作也是有形的（或可触摸的），对无形投入的操作也是无形的（或不可触摸的）。实际上，很少有单纯的人力资源服务，因为人是有感情、有思想的，人力资源服务经常伴随着精神服务。也很少有单纯的精神服务，因为精神服务也经常通过信息服务来实现。

为了体现人力资源服务产品的系统性、组合性和整体性，通常把以人力资源服务为主导的产品组合称作人力资源服务系统。人力资源服务系统有四类要素：支持设施、辅助物品、显性人力资源服务及隐性人力资源服务。显性人力资源服务是客户真正接受服务的内容，其余三者只起辅助作用，前两者为有形要素，后者为无形要素。在人力资源服务外包中，客户接受服务的主要内容是企业提供的人力资源服务，我们称之为显性人力资源服务。在客户接受服务和消费显性人力资源服务的过程中，还要消费起辅助作用的物品，我们称之为辅助物品。此外，为了使企业能够开展人力资源服务活动，同时为了给客户提供一个良好的场所和氛围，人力资源服务企业需要拥有必要的人力资源服务设施技术，我们称之为支持设施。为了使人力资源服务活动顺利展开，并赢得客户的信任和满意，还需要开展一些必要的带有辅助性的人力资源服务工作，我们称之为隐性人力资源服务。

第一，支持设施。支持设施是在开展人力资源服务活动之前必须到位的物质资源，包括空间、物理环境和基本技术等，也常常被称为人力资源服务设施。

第二，辅助物品。客户在接受人力资源服务的过程中，涉及的服务和物质产品。例如，测评量表和工具、授课课件或资料、法律文件、咨询报告等。

第三，显性人力资源服务。客户接受人力资源服务产品的直接目的和本质利益，是人力资源服务产品的核心要素。它表现为人力资源服务活动的结果或效用，客户可以用感官直接感觉到。例如，客户在培训过程中的顿悟享受，管理咨询后对方案的认可，招聘过程中的自我认知，猎头服务过程中对目标的满意度等。

第四，隐性人力资源服务。客户在消费显性人力资源服务的过程中，所体验的模糊的精神感受具体表现在消费人力资源服务的过程中。例如，人力资源服务人员友好的态度和关照，轻松、愉快的氛围，排队等待过程中的关照等。尽管隐性人力资源服务既不是人力资源服务产品的核心要素，也不是客户接受人力资源服务产品的主要目的，但是它同样会影响客户对人力资源服务产品的评价，影响客户再次接受人力资源服务的选择。

人力资源服务企业向客户提供的产品是以人力资源服务系统的形式出现的，其产品设计需要考虑到构成人力资源服务系统的每一个方面。虽然显性人力资源服务是客户真正要接受服务的内容或实质利益，而支持设施、辅助物品和隐性人力资源服务只起辅助或媒介作用，但是客户接受的服务和体验到的是一个完整的人力资源服务系统，人力资源服务系统的每一个方面都会影响客户对人力资源服务产品的总体感受和总体评价。

人力资源服务系统中是有形要素更重要还是无形要素更重要，人力资源服务企业和客户的看法可能有很大的不同。培训公司经理可能认为他们提供的培训内容和培训方式等有形要素是第一位的；客户可能会认为培训效果、实用性、态度等无形要素更重要。即使在人力资源服务企业内部，不同岗位的工作人员对同一问题的看法可能也不一样。咨询公司经理可能认为咨询方案的科学性和先进性是最终目标，而咨询公司业务人员认为服务和文化（无形要素）更重要。如何认识人力资源服务系统的有形要素和无形要素，一切都由客户说了算，所以人力资源服务企业绝对不能完全按照自己的利益来设计服务，而应为客户提供与客户期望尽可能一致的人力资源服务。

显性人力资源服务和隐性人力资源服务两个要素哪个更重要，在人力资源服务企业中常常也会有激烈的争论。由于客户去人力资源服务企业主要接受的服务是显性人力资源服务（结果），而不是隐性服务（过程），所以隐性人力资源服务永远不能代替显性人力资源服务，即过程永远不能代替结果。如果客户不需要你的产品或人力资源服务，那么你的笑容再灿烂也无济于事。培训师的微笑永远无法代替让每一个受训人员素质提升的目标。这并不是说隐性人力资源服务不重要，当人力资源服务行业内众多的显性服务都做得很好（能够满足客户需求）的时候，那么隐性人力资源服务要素就会成为人力资源服务企业之间竞争的关键。因此，显性人力资源服务是基础，隐性人力资源服务是特色，哪个更重要，要看企业和行业的具体情况，不能一概而论。对于人力资源服务行业，结果和过程已经很难分得清楚了，因此，结果和过程哪个更重要，已经没有争论的意义了。

显性人力资源服务与隐性人力资源服务有时是很难完全区分的。例如，咨询师的高素质与咨询方案的科学性，对于某些客户来说，是直接消费的项目或目标，即属于显性人力资源服务要素；但对某些客户来说，只是变得更加方便或增加了附加值，即属于隐性服务要素。支持设施与辅助物品之间有时也是难以区分的。例如，员工体检技术和体检方案既可以被看作具有支持性功能，也可以被看作辅助物品被使用。隐性人力资源服务中的"体现身份和地位"在很多场合是一个非常重要的要素。人力资源服务企业对待客户"身份和地位"问题存在一个很有趣的现象，虽然我们强调"客户是上帝"，但是人力资源服务企业经常是"看人上菜"的。通过特定工具包装出来的"身份和地位"带给客户的不仅是心理满足，还会有实质性的利益。

人力资源服务企业多数属于营利性服务组织，但在社会上还存在部分非营利人力资源服务企业，如人才交流中心、人才市场等。营利性服务组织代表着一种发展趋势。本书虽然主要研究营利性人力资源服务企业的经营管理，但是绝大多数内容对于非营利人力资源服务企业同样具有重要的参考价值。

思考题

1. 我国制造业的发展与人力资源服务业之间有什么关系？人力资源服务业的发展

对充分就业有什么影响?
2. 人力资源服务业产值不断上升的主要原因是什么?
3. 人力资源服务业发展的影响因素是什么?
4. 阐述一下你所了解的所在区域的人力资源服务状况。
5. 简单列举一下你所了解的具体人力资源服务业态。
6. 人力资源服务的新方法、新概念和新理论体系有哪些?
7. 人力资源服务受到时间上的约束吗?简单说明一下。
8. 人力资源管理和人力资源服务之间的关联性有哪些?

第二章

人力资源服务战略管理

第一节 人力资源服务战略观

战略是企业与其所处环境之间的动态适应过程,人力资源服务战略和人力资源服务定位也有着其内在的特殊性。优秀的人力资源服务企业往往能够在总体战略指导下,确定自身的合理定位,有效配置企业内外资源,满足目标客户的人力资源服务需求。在这种与环境间的动态平衡关系的基础上,人力资源服务战略造就企业的动态竞争优势。

一、人力资源服务战略观

人力资源服务战略是为达成人力资源服务企业与人力资源服务环境之间动态平衡关系的一种长远规划。随着竞争环境的加剧变化,人力资源服务战略的时间跨度也逐渐缩短,人力资源服务战略也将随之变化。在竞争过程中,一些人力资源服务企业赢得了客户,也赢得了利润。同时,也有一些人力资源服务企业遭受失败。不同的竞争结局,根源在于人力资源服务企业是否在特定的竞争环境中实施了特定、有效的竞争战略和策略,而后者又取决于人力资源服务企业是否具有正确的人力资源服务战略理念和框架。人力资源服务战略观是"市场细分—人力资源服务定位—人力资源服务理念—价值/成本的杠杆作用—运营战略—运营战略与传递系统的整合—人力资源服务传递系统"这么一个互动的过程结构。

人力资源服务战略观可以看作一个封闭的系统,如图 2-1 中的虚线箭头所示。也就是说,在人力资源服务传递系统之后,即客户对企业人力资源服务质量做出评价之后,人力资源服务企业应该进一步分析目标市场选择问题,如果需要调整,那么此后的人力资源服务定位、人力资源服务理念、运营战略等都需要做出相应的调整。

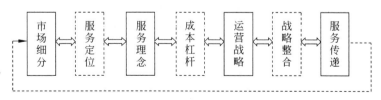

图 2-1 战略人力资源服务观的系统结构

人力资源服务战略观的整体结构分为基本要素和整合要素两个层面,其中基本要素包括目标市场细分、人力资源服务理念、运营战略和人力资源服务传递系统四个方面,如表 2-1 所示;整合要素包括人力资源服务定位、价值/成本的杠杆作用、运营战略与传递系统的整合三个方面,即图 2-1 中的虚线框环节。

表 2-1 人力资源战略服务观的基本要素

要素名称	要素的内容
目标市场细分	重要的细分市场的共同特征是什么?人口划分吗? 哪些维度可用来进行市场细分?心理划分吗? 不同市场的重要性如何?每个细分市场的需求如何? 这些需求满足程度如何?是如何满足的?是由谁来满足的?
服务理念	就为顾客提供的结果而言,服务的重要元素是什么? 目标市场、总体市场、员工及其他人对这些元素的感知如何? 公司的服务概念是如何被感知的? 如何服务设计性、传递性或销售性公司,应作何努力?
运营战略	战略的重要元素是什么?投资的方向在哪里? 运营、财务、营销、组织、人力资源、控制,其中最需要努力的是哪一项?质量和成本如何控制?通过测评、诱因,还是奖励呢? 如何对抗竞争对手?通过服务质量、成本核算、生产率、服务人员的士气及忠诚度吗?
服务传递系统	该系统有哪些重要组成部分?包括人员的角色、技术设备、设施布局、程序吗? 提供的服务有哪些?正常条件和高峰期分别有哪些?上述指标所达到的程度如何:确保质量标准?与竞争对手的差别?为竞争对手的进入设置障碍?

第一个基本要素是目标市场细分。由于人力资源服务的不可分性和异质性,人力资源服务的提供往往是与具体的客户紧密联系的。因此,市场细分对于人力资源服务企业具有更为重要的意义。市场细分的主要变量有统计变量和心理变量。常用的统计变量有年龄、性别、收入、受教育程度、职业情况、地理位置等。心理变量是指客户的思维方式和行为方式。在心理变量中,人力资源服务企业尤其要重视客户的感知风险分析。对客户来说,接受人力资源服务比接受有形产品具有更高的不确定性,客户的感知风险更高。一般来说,客户的感知风险有六种特定类型,包括财务、绩效、物质、社会、心理及时间风险。人力资源服务可分为搜寻型、经验型、信任型三大类产品,客户对这三类产品的感知风险依次提高,因为客户很难对人力资源服务质量做出评价。只有充分了解客户对不同人力资源服务的心理感知,人力资源服务企业才能真正理解客户的需求心理和行为。在市场细分的基础上,人力资源服务企业可以选择目标市场。目标市场选择的总体原则,可以从外部市场与企业内部两方面考虑:一方面,目标市场应具有良好的现实营利性和未来营利性,这种营利性必须建立在客户终身价值分析的基础上;另一方面,企业应具有相对的竞争优势,能为该目标市场客户提供所需的人力资源服务。

第二个基本要素是人力资源服务理念。人力资源服务理念是指企业为客户提供的核心人力资源服务内容及方式。一旦客户需求确定下来,人力资源服务企业就必须清晰界定自己的概念,并将人力资源服务理念中的关键元素传递给客户,便于客户评估企业所提供的人力资源服务,从而降低客户的感知风险。然而,客户感知是一种主观的判断,不同客户之间的感知可能差异很大。因此,企业要努力做到对外传播的人力资源服务理念与客户感知一致,这样才能避免客户期望与实际感知之间出现过大的差距,从而影响到客户对人力资源服务质量和人力资源服务结果的最终评价。

第三个基本要素是运营战略。运营战略是指实现人力资源服务理念的途径,它体现在运营、财务、人才、控制等具体决策方面。由于人力资源服务企业的资源与能力是有限的,不可能在每个方面都优于竞争对手。因此,人力资源服务企业应当将有限的资源和能力集中到某一方面,如法务、成本核算、结算、咨询、培训、外包等,重点突出自己的局部优势,形成企业的差异化特色。

第四个基本要素是人力资源服务传递系统。人力资源服务传递直接影响人力资源服务质量,尤其是人力资源服务过程的质量。设计良好的人力资源服务传递系统,应该具有清晰的目标和流程,并将人力资源服务人员配置到合适的工作岗位上。而人力资源服务企业的技术、设施等与工作流程相配合,从而有效满足客户的需求。设计良好的人力资源服务传递系统,能够降低客户的感知风险,保证提供人力资源服务的质量,进而在客户心目中形成差异化优势,在与对方的竞争中获得优势。

二、人力资源服务战略导向

战略分析方法强调企业要把生产产品和提供人力资源服务的特殊能力当作企业的核心能力,只有这样才能赢得竞争优势。波特(Porter,1980)在企业目标市场和战略优势两个层面进行不同组合,提出了三种总体竞争战略,分别是成本领先战略、差异化战略和集中战略。低成本和差异化是竞争优势的两大主要源泉。它们的共同观点是,企业应该根据所生产的产品和提供的人力资源服务来制定战略。人力资源服务战略观中,价值/成本杠杆作用强调了企业要拥有辨析自身相对于竞争对手的优势和能力,并结合客户需求,从低成本和差异化两方面来制定企业的运营战略。

人力资源服务企业战略导向强调的是:基于自身的产品和能力来满足客户的需求。如果自身的核心能力与目标客户的需求关联不大,那么,人力资源服务企业不可能通过吸引和维护客户来实现自己的战略目标。但人力资源服务产品的资格要素、赢得订单的要素和失去订单的要素三类关键要素发挥的作用非常重要。资格要素是产品进入某个市场达到的基本要求或资格条件。赢得订单要素是激励客户选择产品要素,如企业人力资源管理师的学历和资历、企业的品牌和信誉、价格优惠、人力资源服务人员的热情等。当人力资源服务企业提供的人力资源服务产品在这些要素上达不到要求时,在激烈的市场竞争中人力资源服务企业就很难赢得客户的青睐。失去订单要素是企业容易失去客户的一些要素。也就是说,当产品在这些要素上达不到一定要求时,非常容易引起客户的不满,进而失去客户。以上三类要素并不是完全分开的,有一些产品要素,如服务便利程度、企业口碑形象、企业内部氛围、服务技能、及时程度、服务态度、沟通能力、可靠性、特色、价格、优惠等既可能赢得订单要素,也可能失去订单要素。

人力资源服务企业的战略导向从客户需求出发,强调客户人力资源服务需求和客户服务感知的重要性,将客户需求作为人力资源服务企业的战略基石,那么,客户需求就决定了人力资源服务的形式和内容。人力资源服务战略的本质就是向客户提供价值,成功的人力资源服务战略必须找到比竞争对手更新、更有效的方法满足客户的需求和期望。

向客户提供的价值才是人力资源服务战略制定的基础。客户导向的人力资源服务战略的关键是找到企业在市场上如何独特定位的方法,这种定位能为人力资源服务企业带来即期和未来的盈利,能有效提升人力资源服务企业的客户资产。

在利用这些战略工具时,人力资源服务企业必须牢记以客户为中心的导向和观念,要突出人力资源服务企业与客户之间更紧密的关系。这意味着人力资源服务战略应该被看成是企业向客户提供利益和价值的一个过程。虽然人力资源服务企业可以有不同的人力资源服务战略选择,但无论哪种战略,都必须确立客户导向,尽量为客户创造优异的价值。只有依靠有效满足客户期望和需求的人力资源服务战略,企业才可能保持长久的竞争优势。

从人力资源服务传递成本和传递质量(差别化)两方面看,人力资源服务企业战略类型可划分为以下三大类。第一,低成本人力资源服务战略。在低成本人力资源服务战略方面,人力资源服务企业可以采取多种战略形式来实施这一战略,包括寻求低成本客户、客户人力资源服务标准化、减少人力资源服务传递过程中的人员因素、降低垄断性等。第二,高差别化人力资源服务战略。人力资源服务企业采取多种形式来实施这一战略,具体包括在无形人力资源服务中引入有形特征、在人力资源服务中实施客户定制化、注重培养员工价值创造能力、影响客户期望质量、控制质量等。第三,高差别化低成本人力资源服务战略。在综合应用不同战略组合方面,人力资源服务企业可以将人力资源服务差别化战略和人力资源服务低成本战略结合起来,并采取多种战略形式予以实现,包括"自助式"的客户定制化、标准化控制、减少人力资源服务传递过程中的个人判断、管理人力资源服务供需关系、充分发挥高价值技能的效应、新兴技术的选择应用、集中于某种人力资源服务水平或客户类型等。

三、人力资源服务战略要素整合

人力资源服务战略观的整合要素是指连接人力资源服务战略观基本要素的三个环节,即定位、价值/成本的杠杆作用、战略与系统的整合,如表 2-2 所示。

表 2-2　人力资源战略服务观的整合要素

要素名称	要素的内容
定位	如何使服务概念与消费者需求相吻合?竞争对手如何满足这些需求? 企业服务如何与竞争对手形成差异化?这些差异化的重要性如何? 好服务指的是什么?设想的服务概念能提供好的服务吗? 如何努力使顾客期望与服务能力相一致?
价值/成本的杠杆作用	如何使顾客的感知价值和成本间的差异最大化? 特定因素的标准化、特定因素的定制化? 强调易于发挥优势的服务,如何优化供需管理? 质量的控制手段:奖励、可见的监管?同事间的协同、让顾客参与、有效利用数据所做的这些努力,能给竞争对手的进入造成多大的障碍?
战略与系统的整合	在企业内部,战略与传递系统间的一致性程度如何运营系统? 能否满足战略要求?如果不能,如何改进运营战略或是传递系统? 运营战略和传递系统的协调,在多大程度上保证了高质量、高生产力、低成本、员工的高士气和忠诚度?这种整合能在多大程度上给竞争对手的进入制造障碍?

第一个整合要素是定位,它是连接目标市场细分与人力资源服务理念的整合环节。定位是指人力资源服务企业期望在客户心目中形成的形象和地位,如高价格、好品牌、优质团队、高端方案等,或者低价格、便利性、区域文化融合性等。一般来说,由客户、公司和竞争者(Customer、Company、Competitor,3C)构成的"战略三角",是企业定位的依据。人力资源服务企业首先要切实了解客户的需求,而客户经常是根据对不同人力资源服务的感知差异来进行选择的;另外,人力资源服务企业应该分析和了解企业与竞争者的不同优势和劣势,这样才能找到自己特殊的位置。或许企业形成竞争优势的基点并不在于核心的人力资源服务,因为核心人力资源服务可能是行业中所有企业都能提供的。相反,非核心因素却可能成为客户选择的决定性因素。例如,在人力资源外包业务中,人员的数量和质量到达客户所在地是最核心的人力资源服务元素,如果竞争企业没有发生过甩单的情况,那么甩单问题就可能不再是影响客户选择的决定性因素;相反,往返的便利性、人力资源服务人员的态度、后勤管理流程的严格等差异,却可能成为影响客户偏好的决定性因素。因此,对客户而言,人力资源服务企业必须明确哪些是保健因素,哪些是激励因素。企业在人力资源服务产品及定位上,要在保证保健性服务的基础上,突出自己的激励性服务,以赢得客户的青睐。这样,在目标市场细分基础上,才可能对人力资源服务企业进行合理定位,进而形成自己清晰的服务概念。

第二个整合要素是价值/成本的杠杆作用,它是连接人力资源服务理念与运营战略的整合环节。价值/成本的杠杆作用是指以最少的人力资源服务成本获得最大的人力资源服务效果,实现客户感知价值与成本间的差额最大化,使企业在满足客户需求与期望的基础上,创造出可观的利润。人力资源服务企业实施价值/成本杠杆作用的方法有多种,如综合运用标准化和客户定制,即在标准化的人力资源服务类型中,为不同的客户推荐不同的人力资源服务,这样既可以通过人力资源标准化服务降低成本,又可以通过差异化人力资源服务满足不同客户的差异需求;或者强化突出某些能发挥关键作用的人力资源服务成分,在企业的人力资源服务组合中,有些人力资源服务并不能为企业带来多少利润,而某些辅助的人力资源服务却可能具有更强的利润效应,如在员工测评服务中,职业生涯规划服务可能成为企业的主要利润来源;或者通过管理人力资源服务供需关系,使企业达到75%左右的效能水平,以发挥最好的人力资源服务效果,这要求企业在人力资源服务需求的高峰期和低峰期,对企业供给和市场需求进行有效的调节;或者加强质量控制,虽然人力资源服务质量要保持长期的一致性并不容易,但企业若能够通过严格的质量控制,保持人力资源服务质量的一致性,就可以创造出高价值的人力资源服务形象;或者鼓励客户参与人力资源服务过程,如自助人力资源服务等形式,使客户成为企业的临时生产资源,这将相对减少企业的员工投入,从而达到降低成本的目的。如此种种,人力资源服务企业就可能根据价值/成本杠杆效应,将人力资源服务理念转化为具体的人力资源服务产品,并设计相应的人力资源服务运营战略予以实施。

第三个整合要素是运营战略与人力资源服务传递系统的整合,它是连接运营战略与人力资源服务传递系统的整合环节。人力资源服务企业在制定运营战略之后,其关键任务就是将人力资源服务产品传递给客户,满足终端客户的需求与期望。然而,人力资源服务企业的传递系统是否能够保障运营战略的有效实现,则取决于二者之间的协调一致性。

这一整合环节的目的,在于检查运营战略与人力资源服务传递系统之间的一致性问题。即使企业制定了优秀的运营战略,但若缺乏行之有效的人力资源服务传递系统,那么企业的运营战略也将无法实现。企业在必要时应对运营战略或人力资源服务传递系统做出相应的调整,以保证企业的运营战略能得到有效实施,进而确保良好的人力资源服务质量。

四、人力资源服务战略制定思路

一般情况下,人力资源服务战略的目标就是为人力资源服务企业创造有别于竞争对手的竞争优势,这种竞争优秀是人力资源服务企业具有区别于其竞争对手的特定能力。按照竞争位势理论,这种特定能力就是人力资源服务企业的一种位势,这种位势被人力资源服务企业的目标客户认可,并成为创造企业利润的重要源泉。为此,人力资源服务企业需要确立明确的人力资源服务战略。

(一)制定人力资源服务战略的宗旨

制定人力资源服务战略的宗旨是为了在特定的竞争环境中,使企业的资源与客户的需求达成一致,充分发挥企业业务优势,构建企业的核心竞争力。换言之,制定人力资源服务战略是为了在企业已有资源的基础上,形成自身的核心能力。这正是资源理论和核心能力理论观点的有机结合。

企业资源理论认为,不同的企业都拥有大量的资源与能力,但这些资源和能力又存在着本质上的差异。企业是一个资源的集合体,是构成企业经济效益的稳固基础。由于企业的许多资产和能力是长期积累起来的,因此企业的战略选择必然受到现有资源存量及获取或积累新资源速度的限制,这就造成了不同企业之间的资源差异。在资源的差异能够产生收益差异的假定下,企业资源理论认为企业之所以盈利,是因为企业内部有形资源、无形资源及积累的知识在企业间存在差异,而企业可以利用这些资源差异形成低成本优势或差异化优势,从而由资源优势转化成企业竞争优势。因此,资源是战略的实质,是持久竞争优势之本,它们能够创造独特的竞争优势,资源是企业的战略基础和企业回报的基本。

根据"资源支撑持续竞争优势"这一论断,企业必须清晰地识别和评估自己的资源,分辨这些资源是优势资源还是劣势资源,来决定哪些资源可以作为企业持续竞争优势的源泉。一般来说,资源大体上可以分成三大类,即有形资产、无形资产和组织能力。而作为战略性的资源,通常具有三个重要属性:一是能为客户创造价值,而且能比竞争对手的资源更好地满足客户需求,否则这种资源就失去了市场的认可和市场价值;二是稀缺性,不为众多企业所拥有,否则就不是战略性资源;三是可获得性,这种资源必须是企业现有,或能通过其他途径可获取的,否则对企业来说只是空谈。因此,企业的战略资源就是指具有独特价值的、不易模仿和代替的、能够产生竞争优势的资源。

企业作为一个能力体系或能力团队,能力是企业生存的前提,它表现为行为流程或有潜在特点的智力资本、资源等。企业的目标就是改善企业内部的能力配置,形成异质性核心能力,在市场竞争中获取优势。不过,并不是企业所有的资源、知识和能力都能形成持续的竞争优势,只有当这些资源、知识和能力具有稀缺性、价值性、异质性、难以模仿性等特性时,它们才能构成企业的核心能力。由于核心能力的上述独特性,它能够大幅度地增加价值或降低成本,进而转化成企业的竞争优势。因此,它不仅是企业竞争优势的源泉,也是企业战略竞争制胜的焦点。

企业战略资源在运动过程中,通过借助企业的吸收能力、创新与整合能力、延伸能力将企业资源转化成为核心能力,从而将战略性资源转化成了企业的战略性能力,即核心能力,或核心竞争力,这也是人力资源服务企业战略管理的宗旨。

(二)制定人力资源服务战略的总体思路

按照一般的战略管理文献来说,波特提出的SCP(结构structure、行为conduct、绩效performance)模型,具有普遍的适用意义。20世纪80年代以来,以波特为代表的哈佛学派提出了以客户、供应方、竞争者、替代产品、潜在竞争者五种产业结构力量为元素的竞争力量模型,该竞争战略理论成为当时企业战略管理的主流。该理论认为,企业制定战略与其所处的市场环境高度相关,而企业所处的产业环境最为关键。对于不同产业而言,上述五种竞争力量的综合作用是不同的,导致了不同产业或同一产业在不同发展阶段具有不同的利润水平,进而影响了企业战略的制定。

该理论将产业组织理论引入企业战略管理研究领域,侧重从企业所处的行业环境切入,将竞争分析的重点放在企业的外部环境上,认为行业的吸引力是企业盈利水平的决定性因素,即市场结构是决定行业内部和行业间的绩效差异的主导力量,市场结构分析是企业制定竞争战略的主要依据。因此,人力资源服务企业竞争优势也来源于人力资源服务企业所处的特定行业结构,及由此而来的人力资源服务企业的具体战略行为。人力资源服务行业的结构限定了人力资源服务企业的行业条件;另外,人力资源服务企业的资源和能力决定了企业可采取的战略主张。上述两方面共同决定了企业的战略决策,进而决定了人力资源服务企业相对于竞争对手为客户所创造的不同价值。正是这两方面决定了人力资源服务企业的竞争优势,这两方面也就构成了人力资源服务企业战略制定的总体思路(图2-2)。

图2-2 人力资源服务企业的竞争战略制定框架

图2-2为人力资源服务企业战略制定提供了一条简明的逻辑思路。人力资源服务战略的目的是为人力资源服务企业创造竞争优势,人力资源服务企业竞争优势则取决于服务企业是否能够比竞争对手更好地为客户创造价值,而人力资源服务企业是否具备这种特殊的创造价值的能力又取决于人力资源服务企业是否制定了有效的竞争战略,而人力资源服务企业的竞争战略又受到人力资源服务企业所处行业结构及该企业的资源和能力的制约,后二者之间又存在着互动的影响关系。因此,人力资源服务企业战略制定的第一步,就是分析人力资源服务企业行业结构。

运用波特的行业五种力量模型,通过现有企业竞争者、潜在进入者、替代品、供应商及接受服务者五方面的分析,可以了解企业所面对的行业竞争力量。在此基础上,人力资源服务企业必须自我定位,利用相应的优势将企业与这五种力量隔离开来,超越竞争对手;同时,人力资源服务企业还必须识别行业中具体的细分市场,寻找有利的目标市场。此外,人力资源服务企业还可以通过具体的战略和策略,努力改变人力资源服务行业中的这五种力量,从而为企业创造可持续的竞争优势。

第二节 人力资源服务的战略形式

人力资源服务战略是人力资源服务企业在具体的竞争环境下,根据自身资源、能力的优劣,为企业制订适当的方案,以便企业能比竞争对手更好地为客户提供人力资源服务,进而为企业创造有效的优势。人力资源服务企业选择具体的人力资源服务战略形式,或称为人力资源服务策略,往往面临着多种关系的权衡(tradeoff)。例如,成本领先战略并不意味着人力资源服务企业将所有的精力花费在各项成本的领先上,因为忽视与客户间的互动关系,放弃人力资源服务过程的功能质量,将可能导致低成本战略毫无意义,客户最终会离企业而去。人力资源服务企业可以根据不同的战略维度,来选择不同的战略形式。人力资源服务企业可以根据自己的资源与能力,基于总体战略框架,选择成本领先战略或差别战略,前者具体表现为人力资源服务成本与效率战略,后者则体现为人力资源服务定制化与个性化战略。企业应当具有哪些基本的行业水平才能参与竞争,要取得竞争优势必须具有什么样的人力资源服务水平,而行业中出现人力资源服务失败的原因又在哪里,这分别就是人力资源服务的资格标准、人力资源服务优胜标准和人力资源服务失败标准。

一、总体竞争战略

竞争环境是人力资源服务企业制定竞争战略的前提,有五种作用力决定着企业的竞争环境:新竞争者的侵入、替代品的威胁、买方的讨价还价、卖方的讨价还价,以及现有竞争对手的竞争。企业制定竞争战略,不仅是为了对付现有竞争者,更重要的是,它必须综合考虑这五种力量,营建一个有利于自己发展的竞争环境和竞争规则。

第一,新竞争者的侵入。新竞争者的侵入意味着客户的流失、市场份额的减少和利润的下降。新竞争者的产生可能会来自多种原因:网络技术及其他高科技的飞速发展产生了新的手段、政策管制的放松吸引了新的投资、上游(或下游)企业向下(或向上)延伸业务、进入门槛的降低或原来门槛就很低等。很多人力资源服务产业在规模经济、专有技术、政策管制、投资规模等方面难以形成阻止新竞争者进入的门槛,人力资源服务产业的竞争都是非常激烈的,因而被称作"开关行业",即天天有开业的,天天有关门的。

第二,替代品的威胁。选择什么样的替代品取决于客户的需求和替代品成本。过高的替代成本常常会成为企业更换人力资源服务提供商的最大原因。一家企业如果雇佣一家软件公司为其开发了人力资源管理软件,如果这家企业想更换另一家软件公司,那么企业必将遭受很大的损失,这种损失包括数据的更换、人员的培训、正常营业的减缓,以及更换新软件给公司带来的不确定性风险等。

第三,买方的讨价还价。客户总是希望得到价廉、优质或更多的人力资源服务。特别是当有众多人力资源服务提供商可供客户选择时,客户的这种讨价能力就更强,这将为人力资源服务企业增加很大的压力。

第四,卖方的讨价还价。供应商也可能以较高的价格或较低的品质给人力资源服务企业造成压力,特别是在卖方市场(求大于供)的情况下。

第五,现有的竞争对手。当人力资源服务产业发展到一定阶段后,现有竞争对手之间的竞争表现为多种形式:价格战、广告、新技术的推出、会员制、改进人力资源服务产品、强化辅助服务等。

国内知名的北京外企人力资源服务有限公司(FESCO)设立了招聘事业部、人事档案中心、社保代理中心、住房公积金代理中心、健康管理部、企业年金中心、商务委托代理中心、留学服务中心、全国业务发展部、公共事务部、法律部、市场部、电子商务部、专项事务外包部、共享服务业务部15个部门。提出"一地签约、全国服务"的服务签约模式,并将服务内容扩展到了全国范围内的员工管理基础服务、基础认识福利流程外包、岗位外包、渠道终端派遣服务、实(见)习劳务外包、法定服务外包、人身意外及健康医疗保障、员工综合福利、弹性福利、企业年金、员工活动、旅游福利和国外企业的驻华员工的相关业务,包括保险代理、薪酬、家政、出入境、文体等活动,人员招聘、具体项目招聘、网上招聘等各方面招聘行为,人才测评、背景调查、薪酬外包、财务外包、商务代理、对外劳务合作、呼叫中心外包、商务礼品定制、外资企业建会咨询、法律咨询服务、培训服务、调研服务、定制或标准培训服务、大型综合项目、海外留学、人力资源俱乐部等方面。还针对人事和法定服务外包、员工福利、外籍人服务、招聘和测评、专业外包、专业咨询、企业培训和职业发展专门研发了一套系统,可以在系统上查到每个模块的内容,既方便管理,又为客户查询相关业务提供了便利。

第一,FESCO供应商讨价还价能力。在整个生产程序中,供应商是生产要素的提供者,也包括狭义和广义之分,从狭义上来说,仅包括基本的原材料的提供者,但是从广义上来说,还包括资金、劳动等非原材料的提供者。FESCO既是客户的供应商,同时自己也需要供应商,在为客户提供服务的时候,还需要向上游的企业购买相关的产品或者服务,所以FESCO也需要供应商。目前,供应商中政府的讨价还价能力很强,地方人力资源服务机构的议价能力一般,体检机构、银行等的议价能力较强,而EHR企业如甲骨文等的议价能力在逐渐增强。另一种供应商是为提供人力资源服务的系统支持,此类供应商的服务不易被替代,主要原因是此类供应商的数量相对于整个行业来说是很少的,所以其讨价还价能力较强。

第二,购买者讨价还价能力。从2000年开始,FESCO的服务对象也开始有了变化,将主要的服务对象从外资企业向国内的企业发展,包括国有企业和民办企业,经过FESCO的努力,大唐集团、中图银行、房地集团等企业陆续成为FESCO的客户。客户购买FESCO的服务产品,FESCO为其提供人力资源服务。从客户群体来看,FESCO目前服务的客户涉及各个领域,由于目前FESCO的主业是人力资源外包和人事代理劳务派遣,购买者数量少但购买量大,市场上提供相关服务的人力资源服务机构较多,FESCO的产品都是标准化的产品,不具备太多的差异性,很容易模仿,购买者变更服务供应商相对比较容易,可选择的余地越来越大。由于经验和知识的积累,购买者在要求更好地服务品质的前提下对价格越来越敏感,其中小型企业议价能力一般,大中型国企、外资企业的议价能力正逐步提升。

第三,潜在进入者的威胁。2014年《关于加快发展人力资源服务业的意见》的发布,意味着降低了进入人力资源服务行业的要求,这份文件的发布,促使着更多国内外企业进入服务市场。政府的政策将对人力资源服务发展产生巨大的影响,会吸引一些正准备进入中国或尚未进入中国的国外大型人力资源服务机构,这些企业具有历史悠久、全球调配资源的能力、客户资源丰富、服务水平先进的优势。具备超强的资源整合能力和充足的资金优势,拥有多种新的服务方式和专门建立的网上服务系统,吸引到了更多的客户,也更能联合未来的人力资源服务业的发展趋势。还有一些潜在竞争者是国内新成立的小型人力资源服务机构,一般都资金分散且库存不足,因此其竞争力和生命力不是很强,但在企业转型上更具备优势。目前,FESCO和政府关系及客户关系维系较为稳定,且已与德科集团合作,竞争力增强。这类潜在进入者对FESCO的威胁比较小。潜在竞争者还包括一些跨领域的其他大型集团,人力资源服务业的发展前景很好,越来越多的资金逐渐流入这个行业之中,导致整个行业的竞争力增大。

但是就目前我国人力资源服务业的形式来看,即使有大量的人力资源企业建立起来,短期内也很难打破目前的竞争格局,没有破坏现有价格秩序的能力。所以,人力资源服务行业的潜在进入者威胁并不是很大。

第四,替代产品或服务的威胁。随着国际人力资源服务企业逐渐进入中国市场,再加上信息技术的推动,BPO(Business Process Outsourcing,业务外包)、RPO(Recruitment Process Outsourcing,招聘外包)和e-HR(人力资源信息化系统)等的发展又进入一个新的阶段,各个产业之间的合作或合并,使得人力资源出现了越来越多的替代产品或者类似产品,这已经成了一种发展趋势。这种趋势对于技术落后或安于现状的企业来说是个极大的挑战,这要求企业需要进行产业结构调整,或是发展相关技术。这对整个公司发展来说,是十分有好处的。目前FESCO也在研究新产品,开发云平台,减少替代产品或服务带来的威胁。然而这种人力资源服务平台的销售价格较高,不能被购买者普遍接受。FESCO本身就是一个集团,有主业,也具备其他的业务能力,替代产品或服务的威胁对FESCO其实并不大。

第五,现有竞争者的竞争。在经济发展的推动下,我国人力资源服务行业迅速发展,行业销售快速增长。在这种激烈竞争中要扩大市场占有率,竞争会进一步加剧竞争对手的价格战,这对FESCO的影响较为明显。从行业内部来看,FESCO也要面对不同的竞争对手,不仅要面对本国其他企业的追赶,同时国外相关人力资源公司的发展也会使FESCO与国外企业的竞争更为激烈,利润呈现下滑趋势。FESCO面临着国外竞争者和本土竞争对手的双重压力。

首先,与国外企业的竞争。世界人力资源服务巨头德科、任仕达、万宝盛华、ADP(Automatic Data Processing Inc,安德普翰人力资源服务有限公司)先后进入中国市场,这四家公司是在人力资源外包和人才派遣方面非常有代表性的公司,无论是业务规模还是服务水准都遥遥领先。万宝盛华在中国建立了多家分公司,分布在我国22个主要城市中,专业招聘人员也增至 500 人。旗下品牌包括中国的合资公司锐旗人力、万宝盛华和西安外服。主营业务包括传统派遣、灵活用工、中高端人才访寻。万宝盛华的服务网络覆盖全国,弹性用工方案备受客户的认可。任仕达主营业务是中高端人才访寻、人力资源外包,其中人员招聘是该集团的核心业务,可以向提供一站式的人力资源解决方案。在中国的业务复合增长率连续 7 年保持市场平均增长 2~3 倍。德科集团于 2010 年与 FESCO 在上海成立了合资公司,不仅推动了 FESCO 的国际化发展,同时也打开了德科集团在中国发展的大门,实现了两方的共赢,吸引了大量企业并入。ADP 是年收入几百亿美元的美国 500 强企业,2006 年进入中国,在北京、上海设立办事处。ADP 最强的竞争优势在于软件提供的平台式业务流程外包模式,用户能够在一个不受地区和国籍限制的自由环境中享受顶级的人力资源政策与人力资源服务,其中包含统一的薪酬与待遇规定。Chinalink 于 2009 年 4 月并入了 ADP,成立了安德普翰人力资源服务(上海)有限公司,推动了为中国市场提供本地人力资源外包服务的发展。作为全球著名的综合性人力资源服务机构,这类竞争者的共同特征是:一站式全方位的人力资源服务、全球服务网络、拥有多年服务经验,并且在产品的差异性、成本的控制方面也具备相对的优势。FESCO 与世界人力资源服务三巨头相比,拥有自己的优势:本土作业能力优势、政府政策扶持和传统资源、外国企业也需要一个过程进行本土化;FESCO 的劣势表现在没有较早拥有国际化视野,不具备全球作业能力,网络信息技术和系统落后,服务理念有待更新。目前,这些跨国人力资源服务供应商与中国本土人力资源服务外包巨头之间形成既竞争又合作的关系。

其次,与本土企业的竞争。本土竞争者有中国国际技术智力合作公司(简称"中智")、上海外服等,这些占据了大部分人力资源服务市场的企业都具备丰厚的资金,并且经历了较长时间的市场考验,积累了大量的市场经验,在全国范围内的主要区域都有自己的服务分支机构,以满足客户跨地区的需求。中智作为中国最大的人力资源服务企业,是中央企业中唯一一家提供人力资源服务的企业,而且比 FESCO 更早有国际化视野,中智在全球作业能力上优于 FESCO。客户贯穿金融、电子、IT、汽车、医药、地产、建筑、物流、传媒、教育、环保等各个领域。在客户服务系统上积极开发创新,有一系列的在线服务平台和管理系统。上海外服(集团)有限公司属于东浩兰生集团,成立于 1984 年。构建了强大的全国服务网络,在全国有 18 家分支机构和 350 多个重点服务网点,独创"速立方"人力资源服务平台系统。前程无忧、智联招聘等以网络平台为基础,在资金实力和管理理念上较强但商业模式多年不变,面临需要转型的问题。

即使 FESCO 相比于上游供应商与客户具有较强的地位,在与同行内部机构的竞争,尤其是与国外知名的人力资源服务机构的竞争中也面临极大的挑战,生存空间受到挤压。目前业务也有被替代的风险,但是 FESCO 并没有因此而遭受较大的市场挤占。做出准确的市场定位,发挥特殊优势、令企业价值增值并保持持续竞争优势是 FESCO 公司发展的关键。

二、成本与效率战略

人力资源服务成本与效率战略是企业通过有效控制人力资源服务成本,提高服务效率，降低人力资源服务价格水平和客户的人力资源服务成本，让渡客户更高的价值，尽量降低客户的支出成本，使客户满意，使企业占据稳定的市场份额的战略。人力资源服务成本与效率战略的核心就是采取何种形式来控制人力资源服务成本和提高效率。成本领先战略是人力资源服务企业努力使自身的成本结构在整个行业中占据领先地位，通过降低人力资源服务总成本，使其以低于竞争对手的人力资源服务总成本吸引更多的客户，实现企业盈利。成本领先的战略逻辑体现在两方面：一是可以带来规模经济，这将有效降低人力资源服务总成本；二是低成本的人力资源服务，可以有效降低客户的人力资源服务支出，这是创造较高人力资源服务传递价值（客户价值）的基础。实施成本领先战略，人力资源服务企业就要成为行业内真正的成本领先者，与其他竞争对手相比应具备明显的成本优势。企业在整个行业中的成本结构及其地位，取决于企业的价值链效率。

人力资源服务企业要实施低成本战略，就必须提高企业的价值链效率。一般来说，价值链效率可通过以下两条途径来实现：一是从宏观上改善整条价值链；二是在价值链基本不变的前提下，对单个价值活动的效率予以改善。

成本领先战略的具体实施可以考虑以下方式。

第一，重组价值链。重组价值链是指企业对现有价值链进行大幅调整或重新设计，使其以不同于竞争对手的方式更高效地设计、生产或销售。重组价值链的方向：一是使价值活动的组合与排序更为合理；二是对价值活动的内容及性质做出大幅度的合理调整。

第二，控制价值链中部分环节。控制价值链中部分环节，就是瞄准占总成本比例大或比例在不断增长的价值活动，并对其进行有效改善。企业价值链中的成本，主要受到一些结构性因素的影响，这些因素也就是成本驱动因素。因此，企业要控制价值链部分环节，就是要对相关成本驱动因素进行有效控制。企业的某项价值活动，往往受到多个成本驱动因素的影响，其中对企业价值活动成本影响较大的驱动因素，就是企业控制成本驱动因素工作的重点。因此，企业要控制成本驱动因素，就要对关键的成本驱动因素进行控制，削减各成本驱动因素对企业价值活动的不利影响。

第三，寻找低成本客户。不同的客户往往人力资源服务成本也不相同，如果某些客户在同样的感知人力资源服务质量水平上，企业为他们提供人力资源服务的成本要比其他客户低，那么这些客户就可能成为人力资源服务企业的主要目标市场。人力资源服务企业可以根据这一战略原则来构造自己的成本与效率战略。具体来说，人力资源服务企业可以从以下几个不同角度来识别和寻找低成本的客户。一是考察客户的风险程度，客户的低风险可以降低人力资源服务企业的人力资源服务成本。二是考察客户在人力资源服务中的参与程度。如果客户参与人力资源服务程度较高，就可以减少人力资源服务人员的投入，客户作为企业的一种暂时性资源，弥补了人力资源服务企业的成本开支。三是考察客户人力资源服务的合作程度。如果客户经常与企业合作开展人力资源服务，那么就等于客户将自己的人力资源服务需求交由人力资源服务企业，这将有利于人力资源服务企业对总体人力资源服务的供需平衡进行有效管理，疏导客户服务需求。四是考察客户人力资源服务需求的特性。如果客户没有特殊的人力资源服务需求，企业就可以为他们提供大众化的人力资源服务，就可以有效降低企业的人力资源服务成本，如劳务外包和劳务派遣。

第四,实施人力资源标准化服务。人力资源服务标准化是与人力资源服务个性化相对的,其目的就在于通过人力资源服务和传递的技术,减少人力资源服务过程中人员与客户之间的互动,降低企业的人力资源服务成本。人力资源服务可以应用标准化技术,同时人们也越来越认识到人力资源服务与产品不同的特殊性。由于人力资源服务的标准化,人力资源服务企业可以在多个场所提供几乎相同的服务,实现人力资源服务企业的低成本扩张。

第五,减少人力资源服务中的人员互动。人力资源服务标准化的目的之一就是减少人力资源服务人员与客户之间的关系互动。这种策略与人力资源服务标准化策略一样,人力资源服务企业需要注意目标客户的具体需求。一般来说,这类人力资源服务形式适用于低接触性的人力资源服务需求,而对高接触需求的客户是不合适的。同时,企业还需要考虑由于新技术的应用,客户是否对这些新技术存在使用上的障碍,企业需要尽量降低客户使用的技术门槛,便于客户的使用,否则只能事与愿违,加大客户与企业之间的距离,造成疏远客户的后果,进而可能降低客户继续使用企业人力资源服务的意愿。

第六,采用非现场人力资源服务。人力资源服务的一个明显特性就是人力资源服务企业与客户消费的不可分性,也就是人力资源服务与客户消费通常是同时进行的,这势必增加人力资源服务现场中企业与客户间的互动,从而提高企业的人力资源服务成本。由于信息技术和交通设施的发展,企业与客户间的联系已经变得非常方便,这使企业有可能将一些人力资源服务的交易过程和作业过程进行分离,从而减少客户的参与和互动。将人力资源服务交易与人力资源服务作业进行分离,就使人力资源服务企业的运作像工业那样可以在后台高效率地进行,进而降低人力资源服务成本。

三、定制化与个性化战略

(一)定制化与个性化战略的内涵

定制化与个性化战略是人力资源服务企业通过对客户人力资源服务需求的差异化进行分析,为不同的客户提供不同的人力资源服务,提高客户对人力资源服务质量的感知,进而提高客户的利益所得,达到客户满意,使企业占据稳定的市场份额的战略。因此,人力资源服务定制化与个性化战略的核心,就是采取何种形式形成企业的人力资源服务差别化。

定制化与个性化战略是企业针对客户的独特需求,设计个性化的人力资源服务,以赢得客户的消费偏好,提高人力资源服务的传递价值和客户感知价值,从而实现企业盈利。随着社会的进步和经济的发展:一方面,由于技术的成熟和管理的完善,及这些技术与管理在不同企业之间的迅速扩散,使企业降低成本的空间日渐缩小;另一方面,对人力资源服务质量的要求也日益提高,非价格竞争的因素在争夺客户中所起的作用越来越重要。因此,差别化战略应用日益广泛。差别化战略的目标是发现客户的独特需求,并设法满足。

(二)定制化与个性化战略的背景

人力资源服务业的内在特性使人力资源服务定制化顺理成章,并支持将市场细分延伸到客户个体层次。因为人力资源服务是通过人力资源服务人员提供给客户的，所以人力资源服务很难标准化。况且其结果和过程在不同的提供者之间、不同的客户之间或在不同的时间都可能是不一致的。这意味着人力资源服务难以控制，很难实现人力资源服务的一致性。但同时也说明人力资源服务的定制化是必需的、可能的。实质上，人力资源服务就是一对一的定制化和个性化的过程，只不过并不是所有的人力资源服务企业都会意识到这一点。然而，将人力资源服务细分到每一个客户层面并不容易，但定制化和个性化人力资源服务对解决日益挑剔的客户却是非常有指导意义的。

客户定制化意味着客户直接参与人力资源服务的设计，定制化使客户成为企业的合作设计者，使客户能够利用人力资源服务企业的能力提出自己独特的解决方案，创造性地满足自己的需求。从某种意义上说，定制化使人力资源服务企业的品牌注入了客户的个性特征，使客户在满足结果质量需求之外，更得到了一种过程质量的满足，这种过程质量的满足蕴含了客户的心理愉悦。在客户定制化过程中，每一次交易都需要客户与企业之间直接互动，实质上就是一种密集的信息交流活动，这必然提高人力资源服务成本，这对于客户来说也必然是其接受服务决策的一个重要权衡因素。客户需要定制化，但他们更需要真正适合他们需求和愿望的人力资源服务。成功的企业应该强调适合性、功能性和低成本，而不只是限于定制化本身。

（三）定制化与个性化战略的实施

定制化与个性化战略的实施可以从以下四个方面加以考虑：一是认识独特性的来源。独特性可来自价值链上的每一个环节、每一个方面。企业在某种价值活动中的经营差别取决于一系列基本驱动因素的影响。企业只有辨认这些具体的驱动因素，才能从中找到创造经营差别化的新形式。二是识别客户的接受服务标准。人力资源服务的差别化，最终依赖客户的感知和认可。差别化不是简单的标新立异，而是建立在客户需要的基础之上的，它只能是符合客户接受服务标准的标新立异。客户的接受服务标准可分为使用标准和信号标准，前者是指企业在满足客户需求过程中创造价值的具体尺度，后者是指客户判断产品是否符合其使用标准的一组信号。人力资源服务企业应该充分理解和深入分析这两方面的标准，并以此作为企业生产、提供和传播的准则。三是获取满足客户需要的独特性。企业所提供的人力资源服务只有符合客户需要的独特性，才具有买方价值与市场价值，才能转化为企业的生产力。因此，人力资源服务企业必须在符合客户接受服务标准的前提下，才能获取满足客户需求的独特性，这正是人力资源服务企业进行有效人力资源服务和提供价值的基础。四是使客户感知并认同企业所提供人力资源服务的独特性价值。由于人力资源服务的无形性、异质性等特点，客户评价人力资源服务的难度比评价有形产品更大。同时，客户将面临更大的接受服务风险。为此，客户希望人力资源服务企业能提供一些简单明了的信息帮助其做出接受服务决策。人力资源服务企业在保证人力资源服务独特性和满足客户使用标准的同时，注重信号标准的建立与宣传，使客户容易感知人力资源服务的独特性价值，提高企业人力资源服务的独特性价值。

人力资源服务企业必须具有柔性系统和能力，能够在客户需求多样化和企业生产率之间取得平衡。大规模定制化将大规模化生产的效率、低成本和客户定制化的差异化优势有机结合起来。大规模定制化要求人力资源服务企业真正树立起客户关系管理观念，倾听客户的声音，满足客户内心的真实需求。互联网的发展，便利了客户与企业之间的直接沟通，这也是未来客户定制化的一个重要平台。

（四）定制化与个性化战略的选择

第一，非核心定制化人力资源服务。非核心定制化人力资源服务是人力资源服务企业在核心人力资源服务之外，为客户提供一些附加但对客户有重要意义的选择性人力资源服务。客户选择不同的附加人力资源服务，实质上就是接受了定制化人力资源服务。人力资源服务企业可以通过增加某些附加人力资源服务，或改变支付方式来迎合不同客户的需求，从而实现定制化。

第二，自我设计的定制化人力资源服务。设计定制化的人力资源服务是人力资源服务企业根据客户自己的设计需求，提供相应的人力资源服务，这样客户通过自己参与设计，享受了定制化人力资源服务。例如，通过互联网络提供的人力资源服务，客户可以根据自己的需求，在计算机上进行操作，输入特定的指令，计算机就会为客户提供相应的个性化人力资源服务。

第三，交付地点定制化的人力资源服务。交付地点定制化的人力资源服务是人力资源服务企业根据客户的需要，按照客户指定的地点进行人力资源服务，客户在自己方便的地点接受人力资源服务，就享受了定制化人力资源服务。这样，人力资源服务企业可以根据客户的便利性要求，通过现场或到客户所在地点提供人力资源服务，以满足客户需求。如员工体检、员工劳动关系纠纷处理等，人力资源服务人员通常就可以到客户的住所、单位等指定地点提供服务。

第四，模块组合定制化的人力资源服务。模块组合定制化的人力资源服务是人力资源服务企业根据自己所处行业特点，根据不同的客户需求，开发不同的人力资源服务模块，这些独特的人力资源服务模块可以进行不同的组合，最终形成不同的人力资源服务产品，供客户进行选择。客户选择不同的模块组合，就等于享受了定制化人力资源服务。例如，员工援助计划中的"福利套餐"就是服务组合，员工可以自主选择。

（五）定制化与个性化战略的市场标准

人力资源服务市场标准是客户对人力资源服务行业所提供人力资源服务的惯例要求，这种客户角度的要求往往也成为人力资源服务企业参与竞争的标准。通常客户在选择人力资源服务企业之前，首先会根据自己的基本需求，确定可选的人力资源服务企业范围。然后，对这些潜在的可选人力资源服务企业进行比较，进一步作出选择。最后，客户在接受人力资源服务之后，如果人力资源服务企业在某些方面未能有效满足自己的愿望，客户可能将该人力资源服务企业放在自己的选择清单之外，这样企业就出现了客户流失的情况。

第一，资格标准。人力资源服务企业要参与某一市场的竞争所必须具备的竞争实力。因为只有具有与其他竞争对手相近的实力时，客户才会考虑选择该企业的人力资源服务，该企业才会进入客户的选择清单之中。服务资格标准就是人力资源服务企业参与行业竞争的基本条件或"敲门砖"。

第二，优胜标准。人力资源服务企业在具备了人力资源服务资格标准之后，才会具备参与竞争及赢得客户吸引力的基本条件。这种吸引力可能表现在多个方面，如价格、质量、品牌等，它们主要体现为一种差别化特色。人力资源服务优胜标准通常是权变的。人力资源服务企业要深刻掌握不同客户的需求心理，以及同一客户的心理变化情况，在不改变企业人力资源服务定位的基础上，相应地推出自己的人力资源服务特色，吸引更多的客户，从而成为行业的优胜者。

第三，失败标准。它是人力资源服务企业在竞争过程中，导致客户流失的原因。不同行业客户流失的共同原因是客户期望没有得到满足，客户感知服务质量低于客户自己付出的感知成本，导致客户接受其他竞争对手的人力资源服务。人力资源服务失败标准可以有多种表现。它既可能是企业在人力资源服务资格标准方面出问题，也可能是在人力资源服务过程中的某一细节出问题；既可能是人力资源服务结果质量的问题，也可能是人力资源服务过程质量的问题。人力资源服务企业的管理者应该到处寻求能够适用于组织的思想方法。

第三节 人力资源服务企业的扩张战略

大数据、人工智能、移动互联、云计算、区块链等新兴技术对人力资源服务企业经营方式有深层次和全方位的影响。新兴技术不仅有利于人力资源服务企业提高人力资源服务传递效率和人力资源服务质量，也有利于人力资源服务企业打破时空界限进行运作。市场的全球化、经营模式的连锁化、经营手段的智能化已经成为人力资源服务业发展的三个主要趋势，也是人力资源服务企业发展的三个主要战略方向。

一、全球化

随着全球经济一体化的进程，跨国经营已经成为一种普遍现象。人力资源服务向平台化方向发展，服务形态更加丰富，新模式和新业态不断涌现。市场动力、竞争动力、技术动力、成本动力、政府动力促进了人力资源服务企业经营全球化的进程，每一种动力的相对重要性随人力资源服务种类的不同而不同，甚至随行业不同而不同。

第一，市场动力。世界各国客户的一些共同需求为一些公司的跨国经营提供了可能，全球性客户的需求带动了人力资源服务企业向全球化方向发展，他们希望在各个国家都能够得到一致的、标准化的人力资源服务，带动了跨国公司向相关人力资源服务领域拓展。

第二，竞争动力。当市场接近或处于饱和状态时，为了开辟新的市场，规避激烈的竞争，一些人力资源服务企业开始开拓海外市场。

第三，技术动力。新兴技术的发展改变了人力资源服务企业的运作方式，促进了人力资源服务企业的全球化发展。特别对于以"大智移云"为基础的人力资源服务，通过互联网渠道同时传输到世界各个角落，这样更有利于企业开展全球业务。

第四，成本动力。固定成本较高的人力资源服务企业，人力资源服务企业通过管理合同或特许授权的方式来开辟海外市场，可以大大降低人工、设施、技术等先期投资成本所导致的进入壁垒。

第五,政府动力。吸引海外投资、扩大本地就业、学习国际企业的先进管理经验和技术、激活当地经济等,是各级政府所希望的。各国、各地方政府出台了一些优惠政策,如减免税政策等,鼓励国际性企业落脚到本地。

在上述五种力量的推动下,人力资源服务向平台化方向发展,人力资源服务新模式和新业态不断涌现,人力资源服务企业积极构建全球服务网络。人力资源服务企业近几年更加侧重客户导向,更加注重开展细致的专业化分工,积极运用大数据、云计算、移动互联网等新一代信息技术提升服务质量、强化客户关系、降低交易成本,为终端用户提供更为精准的信息和更加个性化的服务。大数据、云计算、移动互联网推动了人力资源服务企业管理流程和服务方式的进步,推动了人力资源服务企业商业模式的演进。越来越多的人力资源服务企业将服务产品、服务项目综合起来,在专业化、标准化的基础上,打造功能更加完备的服务平台,为客户提供"一揽子"服务,满足客户多方面的需求。随着市场竞争环境的变化,传统的人力资源服务已经难以满足企业需求。各种为企业提供战略性服务、全面创造商业价值的人力资源服务新模式和新业态不断涌现,包括人力资源管理外包、职业社交网站、人才测评、人力资源服务跨境贸易、员工健康管理等。在全球化日益深化的背景下,不少人力资源服务企业通过开展并购重组等多种方式积极构建全球服务网络,提升国际竞争力。

人力资源服务企业在进行跨国经营时,需要考虑很多因素,如语言、文化、法律和政治体制、政府政策、货币、地理距离、时区变化、气候、管理人员和一般员工的教育背景、国家经济发展水平等。以文化这个关键因素为例,文化因素对跨国人力资源服务的影响表现在相反的两个方面:一方面是文化的传承性。人力资源服务企业在进行跨国经营时,总是希望把企业原有的文化传播到在东道国新开设的单位中。另一方面是文化的适应性。企业在尽力传播自己文化的同时,还必须适应东道国的文化。

人力资源服务企业在进行跨国经营时,通常采用多国扩张、进口客户、跟随客户、分解人力资源服务、超越时空等方式。

第一,多国扩张。多国扩张策略通常是基于各个国家客户具有同样的需求,人力资源服务企业采取特许经营、合同管理等方式实施全球化经营。人力资源服务企业利用自己成功的管理模式、人才网络等,吸引当地投资者,达到快速发展的目的。

第二,进口客户。人力资源服务机构无法出口人力资源服务,但可以进口客户,如吸引国际人才加盟国内企业,希望国外廉价劳务在国内工作。

第三,跟随客户。专业性人力资源服务机构的客户走向海外时,这些人力资源服务机构常常也被要求跟着"走出去"。这关系到文化适应问题,当地政府政策和法规问题,是否聘用当地专业人士问题,由于国家体制、法律法规、政府政策等方向差异的问题。

第四,分解人力资源服务。分解人力资源服务是指分解以前的价值链,人力资源服务企业将集中在价值链中的某一个环节。这个环节通常是信息密集或技术密集、在利润内通常不需要面对面接触客户的部分。特别是随着技术的发展,过去被认为复杂的环节,现在变得不那么难处理,这为人力资源服务企业拓展海外市场提供了机会。

第五,超越时空。人力资源服务企业可以借助信息手段进行跨时间和跨地区的协调运作,以此来提高工作效率,降低运作成本。

二、连锁化

人力资源服务产品具有无形性、生产与消费同步性等特点,人力资源服务企业门店(如招工、体检、测评)需要客户上门来接受人力资源服务,因而人力资源服务企业门店的范围非常有限,一般限定在一个很小的商圈内。因此,人力资源服务企业门店要想跨区域经营,把生意扩大到全国乃至全球,必须把门店开到每个城市、每个区域,人力资源服务企业的跨区域连锁经营模式随之出现。

人力资源服务企业连锁经营,即连名牌、连标准、连特色、连创新、连管理,锁技术,变单一地点经营为多地点经营、使用同一品牌、使用同一经营模式。连锁经营分为三种基本类型:直营连锁、特许连锁和自由连锁。直营连锁就是总公司自己投资、自己派人经营。特许连锁又称连锁加盟、加盟连锁、特许加盟、特许经营等,一般是总公司授权、加盟商投资并经营,特许者将自己所拥有的商标、商号、专利和专有技术、经营模式、产品等以合同的形式授权被特许者使用,并给予被特许者经营的指导和协助。被特许者按合同规定,在特许者统一的经营模式下从事经营活动,自觉接受特许者的监督检查,并向特许者支付一定的费用。自由连锁是分散在各地的众多商家,为了达到共享规模利益的目的,自愿组成一个组织,实施联购服务、统一管理,在这个组织体系下,各零售商既维持了各自的独立性,又形成了永久性的连锁关系。

特许连锁能够利用加盟商的资金达到快速发展的目的,而加盟商能够利用连锁总公司的成功经营模式提高成功的可能性。特许连锁虽然能为连锁总公司和加盟商带来好处,但是也能带来风险。总体来说,应该是"利"大于"弊",这也是特许连锁能够盛行的原因。特许连锁为总公司带来的好处表现在以下几个方面:使总公司扩张速度快、扩张成本和风险低;能够降低规模成本,获得规模效益;能够降低价格,增加竞争力;能够促进品牌的快速成长,增加无形资产;能够利用加盟店特有的经营活力、集中精力提高管理水平;能够获得政府支持,加快跨地区或国际化发展战略。特许连锁为加盟商带来的好处表现在以下几个方面:使得加盟商投资成功的机会大大提高;通过集中采购,降低采购成本,保证人力资源服务产品供给质量;分摊较低的广告费用,达到良好的宣传效果;众多加盟店之间交流经验,互相学习;较易获得加盟总部或银行或财政帮助及得到总公司的经营指导。

特许连锁为总公司带来的风险表现在以下几个方面:加盟店有时难以控制;加盟店可能会虚报营业额,减少总公司的收入;由于管理体系组织的庞大,增加管理费用;个别门店的失误,可能会损害整个公司的信誉;当发现加盟者不能胜任时,不易更换。特许连锁为加盟商带来的风险表现在以下几个方面:选错总公司导致业务损失;经营受到严格约束,缺乏自主权;被迫接受总公司服务产品,或被迫接受总公司强加的损失;被迫接受毫无利益的产品或人力资源服务的扩大计划;容易产生对总公司的过分依赖;发展速度过快,总公司的后续人力资源服务跟不上;担心对特许权不能做有利的转让或有利的处理;总部出现错误决策时,加盟店会受到牵连;一旦发生利害冲突,可能被总公司排挤;加盟店退出或转让时,也会受到合同限制。

特许加盟推广实质就是销售特许经营权,是一个服务过程。在这个过程中,连锁总公司要考虑市场特许加盟者、特许加盟申请者和潜在的加盟申请者的需要，为他们提供一个高质量的产品（特许加盟权）包，如运营技术体系、人力资源服务支持体系、培训体系、品牌、实物产品等，使加盟者能够通过加盟获得应有的收益。

连锁公司统一采用标准示范店策略，为加盟申请者或潜在加盟者留下好的印象。采用鼓励老加盟者渗透新市场策略，在很大程度上节约总公司单独开发新市场的各种成本。高密集度策略就是在一个特定的区域开设分店，使连锁品牌能够在短时间内成为区域名品。连锁公司也可以把经营稳定、效益良好的门店转交给加盟者，使加盟者不从零开始经营。或者先租赁有个人产权的门店，以直营店的形式培育经营，待条件成熟后，再将门店交还给原店主，使其转变为特许连锁店。

连锁公司开发一个新市场区域时，可以采取区域开发、代理制、二级特许三种特许形式。区域开发指的是被特许者投资、建立、拥有和经营加盟网点，被特许者不得再转让特许权，开发商要为获得区域开发权交纳费用，开发商要遵守开发计划。特许合作商家代表特许者招募加盟者，为加盟者提供指导、培训、咨询、监督和支持。在被特许区域内，二级特许者扮演着特许者的角色，向区域内的加盟申请者再次销售特许经营权。由于连锁经营需要通过规模来获取效益，因此，快速抢占市场的冲动，再加上资本运作的怂恿，收购兼并就成为连锁公司发展壮大的必然方式。

三、智能化

智能化的人力资源服务主要依靠信息技术、云计算及物联网等媒介，通过监测、分析、整合、推荐及智能响应的手段，利用现有资源为用户提供相关的就业服务。在"十三五"规划中，也要求公共就业服务要向着信息化、标准化及均等化转变。加强信息化建设就是为实现智能化奠定基础。人力资源服务智能化可以从智能就业的角度理解。第一，人岗高速联通。人岗高速联通，通过快速匹配及科学对接帮助求职者实现就业。第二，智能对接人岗差异。缩小或弥补人岗差异，帮助求职者解决因人岗差异造成的结构性矛盾。人工智能技术的快速发展与广泛渗透，配合素质测评、职业指导及职业生涯规划等领域的技术储备，创造了智能对接可能需要的实施方案。第三，技术支持。实现智能就业的必要条件是要有大数据等先进技术的支持，结合以往大数据应用的成功案例，打开并不断扩大人力资源领域内数据积累及其应用前景，尤其是关于失业、就业、创业登记数据、历年供求分析数据及社会保险基础数据，为智能就业的大数据分析提供了重要依据。另外，智能就业还需要云计算技术的支持，结合人力资源服务工作实际，建立相应的数据库，包括差异性匹配数据库及职业技能培训信息数据库等，从而为实现人岗成功匹配、科学对接差异、快速实现失业再就业奠定基础。

信息化与智能化技术的推广与普及，不仅会改变人们的生产生活方式，而且将人工智能技术应用到人力资源管理、就业指导及求职中，会发挥出巨大作用。不断扩大智能就业系统的推广范围，对现有系统平台的服务功能进行完善，既降低了就业者的工作量，又提高了就业工作效率。另外，丰富数据来源，完善求职者及用人单位数据库，结合市面上已有的招聘平台，实现信息的立体丰富，从而在提高使用价值的前提下，为推广智能就业系统平台提供可能。对现有推荐算法进行改进，优化系统推荐结果。目前推荐算法得出的结果虽然可以解决部分求职者的需求,但是各求职者的自身情况存在很大差异,仅依靠现有的推荐算法是远远不够的,当前的推荐结果依然有完善与加强的空间。所以,要重视推荐算法的改进与研究工作,实现算法进步,进而让系统的推荐功能趋向成熟,为人力资源服务产业的发展提供帮助。

当前比较流行的第三方人力资源代理机构多数不同于传统人力资源管理,互联网、人工智能、系统化成为这些代理机构的"撒手锏"。企业认为利用互联网、人工智能等方式进行人力资源管理,互联网新技术将影响未来社保及人力资源工作的方式,第三方代理服务或线上工具,或成为未来主流,越来越多的人力资源管理将转移到线上一站式操作,人力资源(human resources,HR)的工作将会越来越系统化、便捷化。第三方人力资源代理服务的高科技产品将为人力资源的变革注入活力。高科技、互联网和智能化的人力资源管理将大大减少企业HR工作中的冗余、重复部分,使HR能够更好地关注企业和文化的建设,创造全新价值。

传统企业在用人和社保缴纳过程中,一直面临地区差异、合规性、弹性追踪等问题。跨地域的异地缴存需求,对属地的政策了解和窗口交付增加了企业人力成本。社保入税后,企业又面临合规与成本矛盾、效率与风险等问题,尤其一些创新型创业企业,成立之初更关注如何"小步快跑"出业绩,往往无暇深入了解社保政策及合规操作等问题。一些风口企业飞速成长的同时,也伴随着用工预测和弹性管理所带来的风险。因此,具有专业化沉淀,具有智能化服务能力的数字化人力资源服务平台成为企业降本增效,提速发展的刚需。依据大数据推演模拟的核心算法,将社保政策、企业运营的合规操作内化为基础模块,针对性解决企业用工与社保薪税问题。其一,服务数据全在线实时流转,避免服务交接错缴漏缴。服务数据全部由系统自动根据服务流程流转,全过程由监测程序进行服务风险监测,保障交接过程数据不丢失、不错漏,有效地解决了传统服务过程中的转交做表易出错的问题。其二,自动计算账单,避免人工账单错漏。每月客户账单根据系统数据自动计算,有效地避免了人工账单的数据不准、出账单慢和账单不可实时更新的问题。其三,有效的计算能力,双引擎架构安全保障拥有良好的安全性及强计算能力,支持亿级数据的秒级计算,为服务用户提供了坚实的效率基础。人力资源劳动关系管理与咨询工作,在全国主讲"劳动关系管理"公开课及企业内训课程,擅长人力资源管理、职业规划、劳动关系管理、劳动争议预防应对及组织激励领域。

大数据以容量大、类型多、存取速度快、应用价值高为主要特征,在人才吸引、使用、成长、激励过程中所产生的一系列大量有价值的数据,这些数据可以用来评价和衡量人才的价值水平。人才大数据正快速发展,对数据量巨大、来源分散、格式多样的数据进行采集、存储和关联分析,从中发现人才开发与管理新知识、创造新价值、提升新能力的新一代信息技术和服务业态。人才大数据普遍应用于人才决策和人才工作是人才工作走向智能化时代的主要特征。人才大数据包含人才潜能大数据、人才行为大数据和人才绩效大数据等丰富内涵。大数据的实时性、定量性、相关性、实验性和可预测性等特点,意味着人才大数据在人才工作中可以有效提升人才预测和决策的前瞻性、人才潜能评价的科学性、人才与组织和岗位匹配的精准性、人才绩效考核结果的可靠性、人才过程管理和监控的实时性、人才价值评估和发展的动态性,并形成了不同于传统人才资源开发与管理的循环价值链。当海量人才大数据推动形成人才工作全价值链,及建立在其基础上遍布当代商业社会的商业模式、业态生态体系灿烂涌现的时候,标志着人才工作智能化时代悄然来临。

在智能化时代,大数据成为企业和各类社会组织人才资源管理的战略性资源,及组织和人才管理日益平台化的背景下,未来将出现以推动大数据和人工智能科技应用在组织人才数据库管理和日常管理中的首席人力资源(人才)科技官、首席人力资源(人才)平台管理官等新的职位,这些新的职业和职位的诞生及职业标准的形成将使得企业等组织的人才资源管理实现科技升维,进而实现人才工作内涵和工作性质的革命性变化。

智能化时代对人才工作从业者的素质也有了新的要求,国内外学者的研究指出智能化时代最重要的素质有以下五个方面:一是具有新型客户中心思维,能够实现动态和迅速回应;二是熟练掌握大数据和人工智能技术高效处理信息并且形成符合客户需求的人才资源服务产品;三是对 VUCA[Volatility(易变)、Uncertainty(不确定)、Complexity(复杂)、Ambiguity(模糊)]环境的高度适应性;四是能够以跨界思维实现持续创新;五是具有学习敏锐度。人才工作进入智能化时代的深层次内在要求是人们思维方式的变化。一是要求人们真正地树立起大数据思维,相比于小数据和确定性时代的思维方式,大数据思维更加强调数据的完整性,包容不精确性和混杂性;更加重视相关关系不偏执于因果关系;认为一切均可测量,一切皆可预测。二是在智能化时代人们更要采用积极乐观的心态来看待技术浪潮对就业岗位的替代。人类的人性化特质和人文情怀及由此带来的符合人性化需求的卓越服务,是人工智能难以替代的,但是人工智能能够更好地助力人类发挥自身的特质和智慧,使工作效能和服务满意度达到前所未有的新境界。

大数据和人工智能在人才工作中的广泛使用将会带来诸多问题。政府、市场中介组织和各类社会组织的不同部门产生的人才数据,由于条块分割和各种壁垒的存在,形成了大大小小的"数据孤岛",而各种人才数据只有在人才资源价值链环上得以顺畅流动才能够产生价值,因此迫切地需要构建跨界和跨部门的大数据综合管理机制;人才大数据和人工智能技术带来的数据隐私泄露问题,在大数据的收集和整合过程中所利用的技术会在不同程度上威胁用户的隐私,如脸书由于管理纰漏,有超过 500 万名用户的隐私信息被用于对选民的投票进行精准的预测,包括政府、各类人才中介和猎头公司及大型企业或因技术本身的漏洞或因商业牟利的动机,使人才的隐私权保护问题愈演愈烈,近年来甚至涉及人才数据的安全和主权问题;大数据和人工智能技术带来的不仅是技术风险,而且会带来经济风险、道德风险、社会风险等各种风险,其治理不可能仅仅依靠政府来实施完成,迫切地需要建立包括政府、高校、人才中介、投资机构、学会协会等各类主体在内的人才治理体系,这才是下一步全社会人才宏观发展的理想状态。

思考题

1. 阐述人力资源服务战略的内涵,说明一下人力资源服务业战略与制造业战略的异同。
2. 简述人力资源服务竞争战略的形式与适用范围,对每种战略举例说明。
3. 在人力资源服务战略中,需要搜集哪些竞争信息?
4. 在人力资源服务业的生命周期中,可以采取什么战略?

第三章

人力资源服务供求管理

供求理论主要涉及产品、价格、渠道,由于人力资源服务自身的特殊性,还要涉及人、有形展示和过程。人是指参与人力资源服务的所有人员,他们对接受人力资源服务的感知有着不同程度的影响,这不仅是指企业员工,还包括客户本人及其他客户。有形展示包括人力资源服务提供的环境、企业与客户相互接触的场所,及任何便于人力资源服务实施和沟通的有形要素。过程是指人力资源服务提供的实际程序、机制和作业流,即提供和运作人力资源服务的系统。

第一节 人力资源服务需求分析

人力资源服务产品成功与否取决于其开发过程是否以客户为中心,只有市场驱动的人力资源服务产品才能得到客户的认可和接受。因此,人力资源服务需求分析是开发人力资源服务产品的第一步。

一、人力资源服务的客户期望

很多规模大一些的人力资源服务企业最大的危险不是忽视研究开发新产品,而是对研究开发新产品过分重视。这些企业坚信只要进行产品的创新和改进,就会带来持续不断的利润增长,但是却对客户的需求不甚了解,显然是本末倒置。人力资源服务企业的发展既是满足客户需求的过程,也是生产产品的过程。如果了解了客户的需求,企业的发展就有了方向。因此,企业首先要考虑的是如何提供使客户满意的产品,而后才考虑如何创造这种满足客户需求的产品。客户导向观念虽然已被大多数企业接受,但一些企业自认为了解客户需要,并因此提供相应的人力资源服务,结果是人力资源服务产品并没有得到客户的认可。对有形产品来说,客户的评价来自其利得与损失比较,不管这种比较的结果如何,客户都能接受到某种可实际感触的有形物体。而人力资源服务由于其无形性和异质性,客户对人力资源服务的评价主要基于其主观的感知,因此人力资源服务企业是否满足了客户的心理预期至关重要。人力资源服务企业应细致地调查客户的心理需求,了解客户对人力资源服务的心理期望。

(一)人力资源服务的客户期望结构

客户的期望是能否接受人力资源服务的判断标准和参考依据,并对人力资源服务质量或客户满意结果进行评价。客户期望实质上就是客户对人力资源服务企业传递的一种信念,客户在接受人力资源服务之后,他们将把自己对人力资源服务的感知与接受人力资源服务之前所持的期望和信念进行比较。当感知人力资源服务等同于人力资源服务期望时,客户将会对人力资源服务企业做出较高的评价,并感到满意;当感知人力资源服务超出人力资源服务期望时,客户将会对人力资源服务企业做出很高的评价,并感到惊喜;当感知人力资源服务低于人力资源服务期望时,客户将会对人力资源服务企业做出较低的评价,并感到失望,进而产生抱怨。人力资源服务的无形性凸显了客户期望的重要性,客户期望就代表了客户的需求。人力资源服务企业对客户需求的分析,就是对人力资源服务客户期望的分析和理解。

人力资源服务质量可以理解为客户期望与客户对人力资源服务质量感知之间的差距,这是一种单一期望的模型。人力资源服务企业要分析客户需求,就必须对客户的人力资源服务期望结构进行分析。客户有两种不同的期望水平:一是人力资源服务理想期望,二是人力资源服务适当期望。前者是指客户的期望上限,后者是指客户的期望下限。

客户的人力资源服务理想期望是指客户想得到的人力资源服务,与客户希望接受的人力资源服务水平相当。理想的人力资源服务是客户认为企业应该提供的东西,可达到客户所希望的人力资源服务绩效水平,是客户相信企业能够而且应该提供的人力资源服务水平,反映了客户的希望和愿望。理想期望是客户相信能够和应该得到的人力资源服务的一种组合期望。

客户的人力资源服务适当期望是指客户认为可接受的企业人力资源服务绩效水平,与理想期望相比,它是一种较低水平的期望。在一般情况下,客户虽然希望得到理想状态的人力资源服务,但这种人力资源理想服务往往是难以实现的。因此,人力资源服务适当期望是客户更为现实的一种期望水平,它也是客户认为可接受服务的最低门槛。人力资源适当服务代表了可接受的最低期望,是客户可接受人力资源服务的最低水平,也就是客户根据其人力资源服务经验认为可得到的人力资源服务水平。客户的人力资源服务理想期望是相对稳定的,它基本上代表了客户对某一类人力资源服务的总体期望,是针对某一细分市场的人力资源服务需求而言,而不是针对某一家人力资源服务企业。针对该类人力资源服务来说,客户的人力资源服务理想期望是相似的。与之相对,客户的人力资源服务适当期望是相对变化的,它是客户对在某一类人力资源服务行业中的某一家人力资源服务企业的期望,这种期望根据客户对不同人力资源服务企业的经验差异而不同。

(二)人力资源服务的客户容忍区

由于人力资源服务具有异质性的特点,在客户看来,类似的人力资源服务在不同的服务提供商之间,在同一提供商的不同员工之间,甚至在同一员工之间都是不同的。客户知道有这种差距,还愿意接受这种不一致性,这种不一致性的程度就是容忍区,它是指客户的人力资源服务理想期望与人力资源服务适当期望之间的差距。可见,在客户的人力资源服务理想期望与人力资源服务适当期望之间,存在一个差距,这个差距是客户认为可以接受的人力资源服务区域,称为容忍区。换言之,如果企业人力资源服务绩效处于容忍区间的话,那么客户是可以接受和认可的。如果企业人力资源服务绩效超出了人力资源服务理想期望的上限,那么客户无疑会感到兴奋和惊喜,并对人力资源服务企业做出积极评价;如果企业人力资源服务绩效低于人力资源服务适当期望的下限,那么客户将感到沮丧和不满,并对人力资源服务企业做出消极评价。

分析客户对人力资源服务的理想期望,是企业实现超越客户期望、达到客户惊喜的依据;对客户人力资源服务适当期望的分析,则是企业确保不造成客户抱怨、客户不满的基础;而对客户人力资源服务容忍区域的分析,则可以使企业根据自身的人力资源服务现状和企业资源,决定是否提升人力资源服务水平及提升幅度大小。一般来说,企业人力资源服务水平在容忍区域内的波动,对客户感知人力资源服务并不会造成本质的影响,因此人力资源服务企业可不必太关注该区域内的人力资源服务水平变化。但当企业人力资源服务水平接近客户的人力资源服务适当期望时,企业就必须注意不要使企业人力资源服务水平处于该下限以下。如果企业资源和能力有限,也不必力图达到客户惊喜水平,因为这对企业现有人力资源服务要求过高,需要配置太多的资源。当企业人力资源服务水平接近客户的人力资源服务理想期望时,企业也必须做出决策,是保持现状,还是努力提升人力资源服务水平,以超越客户期望。

二、人力资源服务的客户心理需求

人力资源服务企业在分析客户需求时,很重要的一点就是要了解哪些人力资源服务因素容易使客户满意,哪些人力资源服务因素会导致客户的不满意,这两种人力资源服务因素之间的关系如何。只有这样,人力资源服务企业才能在后续的服务设计中明确应该关注哪些与客户需求相对应的人力资源服务因素。客户是否对人力资源服务满意有两种决定性因素:一是工具性因素,即服务产品的绩效;二是情感性因素,即产品的心理绩效。满意往往与超出期望或与期望相同的情感性结果相关联,不满意往往与低于工具性结果期望的绩效相关联。要实现满意,企业就必须在工具性结果和情感性结果两方面都达到客户的期望。

情感属性的低价值将降低满意度,但不会导致不满意。当绩效或期望特征缺失导致不满意时,这些变量就成为不满意因素,它们进一步导致了抱怨行为。而且,不满意因素对企业来说是必要的,但并不是充分条件。而另一些满意因素,其优异的绩效导致强烈的满意情感,进而产生赞赏性行为,但这些因素表现不良或缺失,并不一定会导致负面的情感,归为保健、强化和双重因素。不满意因素对于企业人力资源服务来说是必要的,但并不是良好绩效的充分条件,要实现客户满意,企业人力资源服务还必须同时具备满意因素。从管理视角来看,满意因素代表了人力资源服务企业优势的方向。因此,将客户需求心理因素区分为保健因素、激励因素,这些对人力资源服务设计具有十分重要的意义。

(一)人力资源服务的不满意因素

人力资源服务的不满意因素通常很难从客户访谈中识别出来。因为客户认为这些人力资源服务要素是应当具备的,是理所当然的,因而往往在调查中客户并不在意。但是,一旦缺少这些人力资源服务要素,将会导致客户的不满意。这些因素主要有企业的政策、行政管理、交易结算、劳动保护、工作监督及各种业务流程处理等。由于它们只带有预防性，只起维持工作现状的作用，故被称为保健因素和维持因素。

（二）人力资源服务的满意因素

满意因素是指企业所提供的人力资源服务积极的属性，往往是客户对人力资源服务适当期望中所没有的，它通常隐含在客户对特定企业的理想期望之中。相对而言，满意因素一般可以通过传统的服务调研识别出来。因为客户会对人力资源服务要素有一种心理上的期望，一旦感觉到期望的人力资源服务要素，客户将会感到满意，并将愿意保持与企业之间的交易关系。同时，我们还可以进一步将满意因素细分为满意因素和惊喜因素两大类，前者是指使客户满意的人力资源服务要素，后者是指使客户惊喜的人力资源服务要素。因此，惊喜因素对人力资源服务企业来说是一种更高的要求，它也更能有效地强化企业与客户之间的交易和情感关系。在这里，满意因素其实是相对情感性因素而言，也可称为激励因素，就是那些使客户感到满意的因素，唯有它们的改善才能让客户感到满意，给客户较高的激励，从而降低成本，提高利润率。它们主要有服务带来的机会、服务本身的乐趣、服务过程的优越感、对未来发展的期望、职务上的责任感等。

需要特别注意两个方面，不满意的根源并不一定就是满意的根源的反面，如可靠性是不满意的主要决定因素，但并不是满意的关键决定因素。随着客户接受人力资源服务的次数增加，客户对那些惊喜因素会习以为常，这些惊喜因素就可能转变成为满意因素，而满意因素也有可能转变为不满意因素。也就是说，客户期望是随着时间而变化的。人力资源服务企业在进行产品设计时，应该按照不满意因素、满意因素和激励因素的具体类别，对关键的客户需求属性进行分析。

影响人力资源服务的满意和不满意因素可能包括实效性、可靠性、功能性、承诺、可接近性、先进性、科学合理性、关注、帮助、响应性、关怀、诚实、友好、礼貌、沟通、能力、灵活、放心。满意因素最常见的根源是实效性、响应性、功能性和友好，与移情性、保证性和响应性维度是相对应的。不满意因素是实用性、响应性、可获得性。这些属性可以通过市场调查和分析获得。通常情况下，不满意与满意并不是对立的两面，不满意的根源与满意的根源并不是非此即彼的关系，人力资源服务的无形性因素对人力资源服务质量和客户满意具有正面和负面两方面的重要影响。这对于人力资源服务企业的启示是，企业人力资源服务战略必须在剔除不满意因素的同时，努力提高满意因素，否则企业就无法达到客户满意的经营目标。

三、人力资源服务需求的波动规律

人力资源服务需求的变化呈现一定的波动性和随机性。把握人力资源服务需求的波动规律是企业进行服务管理和制定经营决策的基础，企业将依据需求波动规律合理安排在不同时期的人力资源规划、招聘筛选、薪酬福利保险、绩效考核、培训、劳动关系管理、人员调配、人事工作等，主要就是一些传统人事工作，如人事档案管理等。为了把握人力资源服务需求模式，管理人员通常需要了解以下几个问题。

第一，人力资源服务需求的波动是否呈现一定的周期性。大多数人力资源服务需求呈现一定的周期性，周期长度一般表现为日、周、月、季、年或其他时间长度。关于人力资源服务需求随时间的波动性。在许多情况下,可能有几个周期同时发挥作用。从理论上讲,不同的需求时段具有不同的需求水平。但是在实际应用中,我们会发现,很多需求时段的需求水平之间具有很强的相关性或相似性,这个发现使我们可以打破原来的结构而把它变成 3~6 个相对独立的需求单元,进而针对每个需求单元制定出独特的服务方案。

第二,造成周期变化的主要原因是什么。人力资源服务行业的子行业都有自己独特的需求波动规律,也具有引起需求波动的独特原因。如劳务招聘需求,引起季节性周期波动的原因是微观的节假日因素、毕业季因素、假期因素、农忙时节因素及宏观的国际环境因素、经济发展因素、科技因素。因此,人力资源服务企业管理人员必须根据企业自己的经营特点,找出引起需求变化的主要原因。

第三,需求变化是否存在随机性,原因是什么。有些需求变化是难以预测的,不具有规律性,是随机的。以猎头业务为例,新上大型项目、企业改扩建、企业并购、企业流程重构等,都是引起需求随机波动的一些原因。为了做到一些预防,尽最大可能掌握一切可能引起需求波动的因素,进而指导猎头业务计划和人员计划。

第四,人力资源服务需求是否可以按照细分市场进行分解,反映不同细分市场的不同的需求波动规律。从总体上看,某项人力资源服务业务的需求表现为随机性,但是经过一定的数据分析后我们可能会发现,某些细分市场的需求波动具有一定的规律。以房地产行业的猎头业务为例,区域内房地产行业的猎头服务可以预测,而单个企业的猎头服务却是随机的。

正是由于人力资源服务需求的波动性和随机性变化,人力资源服务需要利用预测技术把握需求模式。预测技术基本上可以划分为三类:时间序列模型、因果模型和主观模型。其一,时间序列模型是指利用过去的需求数据在时间上的延续性,对未来的需求趋势做出预测。这些方法包括移动平均法、指数平滑法、趋势外推法等。使用时间序列模型的前提是,过去一段时间内连续 n 期的数据之间必须存在稳定的关系,只有这样才能找出需求数据发展的趋势,然后才能依据这个趋势推测出未来一段时间内的需求值。其二,因果模型是利用变量之间的因果关系预测需求的变化。因果模型也称相关分析法,具体方法包括回归分析法和计量经济法等。人力资源服务需求是因变量,引起需求变化的其他变量是自变量,自变量可能有多个。其三,主观模型是在缺乏数据或具有很少数据的情况下,主要依靠经验和逻辑推理进行判断的预测方法。主观模型也称作定性方法,它主要包括德尔菲法、交互影响法、历史类推法等。

第二节　人力资源服务企业的供需

人力资源服务需求的波动规律与人力资源服务供应能力的限制,是平衡人力资源服务企业供求关系的前提;平衡供求关系又是人力资源服务企业获得最大收益的基础。

一、人力资源服务供应能力

人力资源服务供应能力即人力资源服务能力,是指人力资源服务提供者在特定一段时间内提供人力资源服务的最大能力,从系统角度讲,是指系统的最大产出效率。人力资源服务产品是无形的,服务难以标准化,存在较大的差异性,服务组织很少提供单一的、统一的服务。对同一个服务组织,即使拥有相同员工、相同设施,在不同的日期生产能力也可能不同。这是因为客户的需求和要求在不断变化,员工提供的服务也随之变化。人力资源服务企业必须谨慎选择产出的衡量方法。

(一)人力资源服务能力的影响因素

人力资源服务能力的大小取决于企业可用资源的多少。通常情况下,决定人力资源服务能力大小的因素主要有四个:时间、员工、技术、设施。企业人力资源服务能力的大小不仅取决于这四个因素中的大小,而且更大程度上取决于这四个因素的组合。这四个因素的组合效果实质上反映了人力资源服务企业的管理能力。也就是说,人力资源服务管理能力其实也是生产能力之一,只是被隐含在这四个因素的组合之中。此外,对于不同类型的人力资源服务企业,每一种能力要素都发挥着不同的作用。

第一,时间。对于很多人力资源服务企业来说,时间是最宝贵的资源,是决定能力大小的最重要因素。如咨询师、心理顾问、员工关系管理等职业的技能是基本稳定的,因此他们出售的主要是他们的时间。如果他们的时间得不到有效利用,那么他们的利润将会大大减少。同时,如果需求过剩,那么他们也不可能创造出更多的能力(主要是时间因素)来满足需求。时间从两方面来看都是一种能力要素。一方面,通过改变两个时间段的组合或把产出从一个时间段改变到另一个时间段就有可能改变生产能力。另一方面,从更广泛的意义上来说,相对于某一特定时间段来说,延长营业时间能够提高整体能力。

第二,员工。员工不仅代表着劳动力,还代表着技术水平。人力资源咨询是要求很高的行业,职员的流通并不容易。在高峰时期,公司不可能轻易从市场上招聘到合适的员工,而在营业低峰时期,公司也不能把这些掌握专业技能的员工立即辞掉。因此,员工成了一个相对刚性的、决定公司生产能力的关键因素。人的劳动是所有高接触型服务和许多低接触型服务的一个关键能力要素。专业性质的服务及基于信息和知识的产出尤其依赖高技术水平的专业人员。对于社保代缴、工资代发等大量重复性的服务工作来说,各岗位员工的安排、其劳动生产率也是决定产出的关键要素。将高技能的人员组织成积极向上的团队并配备最好的技术,将对企业的服务能力产生不可估量的影响。而且,如果领导有方并有良好的激励环境,领导和激励的双重作用将进一步提高服务能力。

第三,技术。人力资源技术是指掌握专业的知识技能,是运用现代管理方法解决问题的程序、方式、技巧,是可对人力资源规划、员工招聘选拔、绩效考核、薪酬福利管理、激励、培训与开发、劳动关系协调等工作进行计划、组织、指挥、控制和协调等的一系列活动。目标是提高员工个人和人力资源服务企业整体的业绩,寻求人力资源管理政策与商业目标之间的匹配和统一,创造反应灵敏、适应性强的组织体系,完善合作、创新和全面质量管理的合适环境,为员工充分发挥其潜力提供所需要的各种支持,维护和完善员工队伍及产品和服务。

第四,设施。服务业企业的设施首先是指用于容纳客户和提供服务的物质设施,如拓展训练场地和培训教室。在这种情况下,能力的限制主要是指房间、座位、桌椅的数量等。在有些情况下,出于人身安全和防火要求,对容纳客户的数量上限还制定了法规。其次是指基础设施,如通过电话、网络、软件或其他技术提供服务,基础设施的能力决定了其服务能力。

第五,客户参与。在人力资源服务领域中,服务能力的另外一个重要因素是客户参与。许多服务的完成要依赖客户在服务提供期间的劳动。例如,一个客户在从性格测评的过程中,从头到尾都在自己工作。而在另外一些服务中,客户可能仅做一部分工作。在这些情况下,客户的参与均对服务能力产生了影响。

(二)拓展人力资源服务能力的途径

面对一个不断变化的市场,人力资源服务企业必须考虑能力的扩大问题。进行服务能力管理的一个基本思想是根据需求的波动来调节能力,使之与不断变化的需求相平衡。对于很多服务业企业来说,其无法利用库存。因此,根据需求的波动来调节服务能力就成为服务管理者面临的很大的一个挑战。以下是几种主要的能力扩大途径。

第一,改变人员数量。如果能够预测到需求的未来增长趋势,管理者可以相应地增加长期员工数量。如果需求并非不断增长,而只是有季节性的高峰和低谷,更好的方法是前面所述的利用非全时工和临时工的方法。企业必须注意的是,对长期员工的管理与非全时员工不同,必须为他们付出更多的招聘成本、培训成本及福利待遇等。

第二,提高自动化水平。自动化的主要优点在于低成本、高产出、产品的性能稳定和更好的质量。但对于服务业来说,自动化并不总是一个理想的选择,因为自动化通常意味着没有人情味的服务。

第三,吸收额外需求。有的服务能力本身具有吸收额外需求的弹性。例如,人力资源外包业务和劳务派遣,为1家企业提供服务与为10家企业提供服务,边际成本并没有增加多少。员工背调和员工测评同样具有相似的性质。在服务能力主要取决于人员能力的情况下,服务人员在高峰期间也可能保持高效率工作。但如果不得不一整天都高速工作,他很快就会疲惫不堪且容易出错。

第四,改变技术结构。对现有技术结构进行改变,引入智能化软件可以优化安排员工,无缝对接业务,合理安排人、财、物、信息等,科学调配工作量。

第五,延长服务时间。延长服务时间是拓展服务能力的有效方式,在某些情况下可以通过缩短每位客户的服务时间,或缩短闲散时间,或削减服务种类来实现。

第六,优化日程安排。通过更好的服务人员日程安排及其工作任务安排也有可能大幅提高服务能力。许多管理科学的技术可以用来优化服务人员的安排,在需求低谷时间里完成不紧急的任务,是增加服务能力的一种简单而有效的途径。

第七,培训多面手员工。每一项服务任务的需求水平在不同时间可能不同。此外,即使当系统看起来似乎已达到满负荷运营时,实际上仍然可能存在着一定物质成分及一定人员没有得到充分利用的情况。因此,如果将员工培训成"多面手",使他们掌握执行多项工作任务的技能并赋予他们相应的权利,就可以在瓶颈期做出相应的人员调整,从而提高需求高峰时的服务能力,还可以帮助员工提高自身的能力,获得额外技能,以及减少每天重复工作导致的枯燥。但是,企业必须为此付出相应的培训成本。

第八,利用非全时员工。人力资源服务企业可以利用非全时员工来满足相当一部分的人力需求。在服务人力需求呈现明显变化的情况下,雇佣非全时员工可能是最适合的。在可行的情况下,非全时员工的利用可以显著增加服务能力的灵活性并使服务管理者能更好地控制服务能力。

第九,增加客户参与。客户有可能是有价值的人力资源,有的人力资源服务企业聪明地利用了这个资源。例如,员工培训让被培训对象做讲师,员工关系管理过程让客户提建议。一般来说,增加客户的参与程度,既能够减少服务组织的人力输入,又能够提高服务速度,从而增加服务能力。但是,增加客户的参与也存在一定风险,如果客户操作不熟练,反而可能会减慢服务导致能力的降低。

二、需求与供应能力的关系

供给和需求分别对应的是两方,简单来说是厂商和客户,对应一定的价格。人力资源服务企业愿意提供一定数量的服务,客户有愿意购买的服务数量。可以用函数关系直观地表达数量和价格的关系。在自由市场中价格不断变动直到市场出清趋势的形成,这就是所谓的市场机制。如果供给大于需求,就是生产过剩。随着价格的下降,客户的需求将会上升。在大部分市场中,供给和需求曲线都会随着时间的变化而变化,原因多种多样,如工资率、资本成本、原材料价格、季节和其他不可控因素。

客户愿意付的费用和实际支付的费用之间的差价便是客户剩余。客户剩余指的是客户购买某种人力资源服务所得到的价值,减去购买这种服务的费用。对大多数人来说,第一次的服务价值大于第二次,第三次服务的价值就更低了。当企业的问题可以解决,即使是免费服务,企业也不愿接受,此时的服务价值为零。对许多人来说,产品都有边际价值递减的性质——随着消费数量的增加,最后一个被消费的产品单位价值减少。

在供求规律的影响下,人力资源服务企业的攻击能力相对稳定,需求波动则是客观存在的,缺乏库存能力是人力资源服务企业应对需求波动时存在的致命弱点,如何平衡市场需求和供应能力并获得最大收益将成为人力资源服务企业面临的严峻挑战。由于市场需求的波动性和人力资源服务供应能力缺乏弹性(相对固定),需求与供应能力之间的关系基本存在四种状况:理想状态、需求超过最佳能力、需求过剩、能力过剩。

第一,理想状态。人力资源服务能力与人力资源服务需求达到最理想的匹配关系,在这种状态下,人力资源服务能力被最佳地使用。具体而言,人力资源服务资源既没有被过度使用,也没有被闲置;人力资源服务质量保持在较高的水平,客户没有离开的现象;员工可以得到适当的休息,技术可以得到适当的维护。

第二,需求超过最佳能力。需求超过最佳能力,出现超负荷运营,但还没有超过最大能力。在这种情况下,虽然没有客户离开,但由于客户太多,将造成人力资源服务能力的过度使用。其结果是:人力资源服务质量下降,客户不满意;人力资源服务人员得不到休息,有怨气;人力资源服务设施得不到维修容易损坏。需要注意的一个问题是,在某些情况下,企业的最佳能力和最大能力是相同的,如员工体检等,每个体检室都有人排队就是最大能力的利用,也是最佳能力的利用。从客户体验和人力资源服务质量角度来看,座无虚席的场面是最理想的,因为这样的场面不仅激励了服务者,也激励了被服务者的参与。

第三,需求过剩。社会需求超过人力资源服务企业提供的服务能力,在这种情况下,客户将离开并导致潜在业务机会的损失。例如,输出的劳务找不到工作,无法再接受任何人员。

第四,能力过剩。需求不足,人员和设施闲置,利润减少。当人力资源服务质量依赖于其他客户的存在或参与时,将会因为客户人数太少而影响现存客户的感知质量。例如,员工培训或拓展训练。

三、需求与供应的平衡策略

基于需求与供应能力之间的关系,需求与供应的平衡策略可以分为三类:管理需求以适应供应能力;管理供应能力以适应需求;既不调整需求,也不调整生产能力。

第一,管理需求以适应能力的策略,包含调节需求和迎合需求两种方式。所谓调节需求,就是在人力资源服务能力相对固定和人力资源服务需求波动较大的情况下,调节需求使需求高峰降低和需求低峰抬高最终使需求曲线变得平滑,是一种主要的平衡策略。①改变人力资源服务产品及其供应方式,利用在线测评技术代替线下测评,利用线上培训替代线下培训,利用视频面试代替现场面试。改变服务产品及其供应方式也可以被看作是创造需求。②利用价格杠杆。在通常情况下,需求量是随着价格的上涨而降低的。因此,价格是需求管理的一个有效工具。企业要掌握的人力资源服务的需求量是随着单位价格的上升和下降而变化的,甚至每个细分市场的需求曲线都不同。在需求低峰阶段采取打折方法来扩大需求,必须考虑吸引的是哪部分客户。过度使用价格杠杆可能会导致行业内的价格战,使所有竞争者受到伤害,同时也可能会降低客户对人力资源服务企业的信任和忠诚,损害人力资源服务企业的形象。③预约。人力资源服务企业常常采取超额预约的做法,以便保证公司的最大收益。④与客户沟通。通过特定的方式告知客户什么时间属于高峰季节,使他们选择低峰季节来获得人力资源服务,以避免拥挤和等待,预先提醒客户繁忙时间和可能出现排队等待的情况可以增加利润。⑤鼓励提前接受服务。通过鼓励客户提前接受服务来满足日后的需求也是平缓需求的一种方式。所谓迎合需求,指的是对于很多细分市场的人力资源服务需求,企业是无法改变的,所以企业必须面对需求太高和需求太低的状况。当企业的生产能力过剩时,企业就可以通过改变供应时间和技术,有选择地满足一些细分市场的人力资源服务需求,以增加企业收益。人力资源服务供应能力主要取决于时间、员工、技术和设施四个因素,因此人力资源服务供应能力的管理策略主要围绕这四个方面做文章。人力资源服务供应管理策略基本上可以从利用现存能力的弹性和扩大人力资源服务能力等两个方面进行分析。

第二,管理供应能力以适应需求。利用现存能力的弹性就是在不改变人员、技术和设施等数量的情况下所采取的一些改变供应能力的做法。比如,延长或缩短人力资源服务时间,节约劳动成本,增加员工的自由度和满意度,优化日程安排,培训多技能员工,增加设施利用面积,提高客户的自助服务程度(自己在线填写表格)等。扩大人力资源服务能力就是当需求过剩而能力不足时,通过增加人员、技术和设施的数量来扩大人力资源服务供应能力的一些做法。比如,雇用临时工,提高人力资源服务能力,最大限度地降低劳动成本,但同时也可能增加了管理的难度和复杂性,增加了培训费用,甚至降低了人力资源服务质量。再如,提高自动化水平,采用公司电话的自动应答技术、通过网站建立的技术查询和自助服务、客户自主结账系统。

第三，既不调节需求，也不调整生产能力。公司在无法立即满足客户需求时，先让客户排队等待，按照时间顺序依次满足这些排队客户的需求，相当于把客户需求暂时储存起来。这种做法的缺点是容易使客户产生烦躁情绪并容易丢失客户，因此企业需要格外关注排队等待的客户，减少他们等待的烦恼，让他们感到等待不是一件痛苦的事情，甚至让他们觉得等待也是快乐的事情。例如，劳务工人出发前、体检过程、面试过程都存在这种情况，在客户等待的时候，需要给他们提供辅助性服务等。

第三节 人力资源服务有形展示

一、人力资源服务有形展示的内涵

人力资源服务的供给与需求大多具有无形性，使它们在被接受服务之前很难理解和评价。在客户接受服务以前，人力资源服务的有形展示作为一个主要提示，影响着客户的期望。人力资源服务人员和客户之间存在着相互影响，企业通过对人力资源服务有形展示的管理，为客户提供整体的人力资源服务感受，增强客户对人力资源服务产品的理解和认知，帮助客户做出接受服务决定，并在适当的时候成为客户回忆的线索。

人力资源服务有形展示是指提供的环境、组织、技术系统与客户相互接触的场所，以及任何便于接受人力资源服务和沟通的有形要素。表3-1列示了有形展示的一般要素。这些要素包括有关人力资源服务企业的所有有形设施和其他有形物。有形设施即人力资源服务场景，又分为外部设施和内部设施。前者包括外部设计、标志、停车场和周围景色等；后者包括内部设计、布局和装潢等。

表 3-1 人力资源服务企业的有形展示要素

外部设施	内部设施	其他有形物
外部设计	内部设计	名片、文具
标志	设施	收费单
停车场	标志	报告
周围景色	布局	员工着装
周围环境	空气质量、温度	手册、网页

通常客户在接受服务产品之前，都有感官上的直觉要求，但是人力资源服务产品却与有形产品不同，它是无形的，许多人力资源服务都使客户无法凭借感官感知它们的存在及质量。因而需要利用有形展示来把无形的服务以有形的形式表现出来，使不可触知的人力资源服务可以被感知，以帮助接受服务者事先了解人力资源服务产品及产生消费欲望，并对其未来的继续消费进行心理提示。

二、人力资源服务的场景功能

人力资源服务场景在形成客户期望、影响客户经历和实现人力资源服务企业的差异化等方面,发挥着重要的作用。从吸引客户,到保留客户,再到提升客户关系,在人力资源服务企业实现这一系列客户关系目标的过程中,人力资源服务场景都有着深刻的影响。

人力资源服务场景就是人力资源服务所处的建构环境,不仅建立在"有形环境"的维度,而且建立在扩展的人力资源服务的社交环境,也就是说处于建构环境中的人也同样塑造和影响着有形环境。从另外一个角度看,人力资源服务场景就是人力资源服务经历、交易或事件所处的直接有形环境和社交环境。人力资源服务场景帮助形成客户的经历,影响他们对人力资源服务的满意度。在某些情况下,人力资源服务场景甚至成为客户能否重复接受该企业的人力资源服务的决定因素。

由于人力资源服务供给和人力资源服务需求的性质不同,有形环境对客户或员工的重要性也有差异。有些人力资源服务企业对某些具体要素有特殊的要求,有形环境对于其实现组织目标有重要的意义,而对另一些组织来说,有形环境的意义可能不大。客户和员工对人力资源服务场景的设计和使用,会因为对人员的影响不同而有区别。在人力资源自助式服务的场景中,客户自己完成大部分工作,在设计人力资源服务场景时要重点考虑如何吸引适当的细分市场,让设施更便于客户使用,给客户带来愉悦。因此,创造性地使用有形设计,可以有效地支持组织的市场定位和市场细分战略。

针对在线人力资源服务的场景,客户即使看不到人力资源服务的技术和设施,但不影响人力资源服务的过程和结果,没有客户或很少有客户介入人力资源服务设施的设计。这种情况下,应充分考虑员工的需要和偏好,建立的场所应该能够激励员工,有利于提高生产率,加强团队合作,提高工作效率。

大多数情况下,人力资源服务场景的设计应能同时吸引客户和员工,满足双方的活动需要。人力资源服务设施设计需要特别关注人力资源服务场景是如何影响客户和员工之间及客户之间、员工之间社会交往的状态和质量的。有些人力资源服务场景非常简单,涉及的因素、空间和技术都很有限,这种环境就是所谓的精简环境。精简的人力资源服务场景是以一个简单的结构来提供人力资源服务的,因此它的设计可以更直接一些,对于自我人力资源服务和远程人力资源服务更是如此。

有形展示作为促使人力资源服务企业提供的无形人力资源服务实现有形化和差别化的有效手段,在人力资源服务组合中占有重要的地位。其作用大致表现在四个方面:包装作用、辅助作用、社交作用和区别作用。

第一,包装作用。人力资源服务场景也是对人力资源服务的包装,通过多种复杂刺激物之间的相互作用,为该人力资源服务塑造一个独特的形象,引发客户在感觉和情感上的反应。人力资源服务场景是人力资源服务企业的外在形象,它可以形成客户对组织的第一印象,进而影响客户对组织所提供人力资源服务的期望。当人力资源服务企业在试图影响新客户的期望或一个新组织打算塑造独特形象的时候,人力资源服务场景的这种包装作用就显得特别重要。

第二,辅助作用。人力资源服务场景的设计能够促进或阻碍人力资源服务提供活动的有效进行,使客户和员工更容易或更难以实现各自的目标。设计良好的功能设施可以使客户将接受人力资源服务视为愉快的经历,而员工在提供人力资源服务的过程中也会充满乐趣。相反,不理想的设计会使客户和员工双方都感到失望。

第三,社交功能。人力资源服务场景可以向客户和员工传递有关组织所期望的角色、行为和关系等方面的信息,从这个意义上来讲,人力资源服务场景将有利于员工和客户之间的社会化。人力资源服务企业的一名新员工,可以通过观察办公设施和现有技术的质量、他所处的与其他员工相对的位置等,来明确自己在组织科层中的地位。而对于客户而言,人力资源服务场景还可以告诉他们其员工相对应的角色是什么,场景中的哪些部分是可以为其所利用的,哪些部分只是由员工使用的,客户在人力资源服务环境中的行为应该怎样,人力资源服务企业所倡导的服务类型是什么样的等。

第四,区别作用。人力资源服务场景的独特设计可以帮助人力资源服务企业实现差异化战略,显示其所处的人力资源服务场景是什么样的细分市场。因为具有这种区别作用,所以企业可以通过改变人力资源服务场景来对市场进行重新定位。在购物中心,装饰和陈列中使用的标志、颜色及在店堂内播放的音乐等都标示着它所定位的细分市场。不同的人力资源服务企业会有不同的人力资源服务场景,在同一组织内部不同的部分之间,其有形环境也会存在差异。通过有形环境的变化,可以实现价格的差异化。更大的空间和更多的便利设施往往意味着更高的价格。

三、人力资源服务的场景设计

人力资源服务场景中的各种环境要素会对客户和员工产生影响,客户和员工则又会依据其对环境的内在反应而以某种特定的方式采取行动。有形环境的要素包括所有客观的、能被该人力资源服务企业控制用以强化或约束员工和客户行为的有形因素。人力资源服务场景的环境要素可大致分为三类。一是周边条件,包括温度、照明、音乐和颜色等。这些因素会影响人们对特定人力资源服务场景的感觉和反应。二是空间布局和功能。空间布局是指设施、技术和办公家具陈设的摆放方式及其大小、形状和空间关系;功能是指相同的设施有辅助客户或员工完成人力资源服务活动的能力。三是标志、象征。它们可以暗示给使用者某种含义,在受众的头脑中形成第一印象,并能够帮助传递新的人力资源服务概念。当客户对一种新的人力资源服务设施不熟悉的时候,会寻求环境的提示来帮助自己进行判断和分析,从标志和象征上面往往可以方便地获得有用信息,从而形成他们的期望。

内在反应是指客户和员工对其所处的人力资源服务场景在认知、情感和生理上产生的反应。人们感知到的人力资源服务场景并不能直接引起他们的某些行为,这些行为往往是在各种内在反应的联系和相互作用下产生的,人们对某个环境在认识方面的反应会影响其情感反应;反之则相反。内在反应的调整是指那些引起不同个体对同一人力资源服务场景产生不同反应的因素。这包括人们的个性差异和临时性状态,如当时的情绪和目的。

个人行为是指个人对一个地点或环境的不同反应,靠近和回避是两种基本的个人行为。前者包括愿意参与、停留、研究和执行计划等,后者则采取与之相反的行为。人力资源服务场景不仅影响客户和员工的个人行为,而且影响客户与员工之间的互动和交往。如身体的接近程度、座位的安排、空间的大小和环境要素的灵活性等,限定了客户与员工之间、客户与客户之间交流的可能性和限度。

从服务管理的角度看,以下几个有关人力资源服务场景的问题是管理者需要回答的：如何设计人力资源服务场景才能吸引有价值的客户群；如何设计人力资源服务场景才能提高客户的满意度和保留率；对应于其他方面的服务投资,应该对人力资源服务场景的建设投资多少。可以考虑围绕着三个核心问题建构：能够控制什么、必须理解什么、期望的结果是什么。人力资源服务场景的整合模型,如图3-1所示。

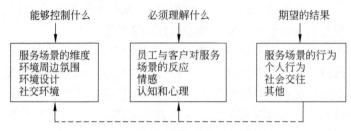

图3-1　人力资源服务场景的整合模型

人力资源服务企业间的竞争日益加剧,实施品牌差异也更具挑战性,于是服务场景的美学价值逐渐成为影响定位战略和沟通战略的最主要因素,美学价值是心理学、视学艺术和建筑学当中的重要概念。

人力资源服务场景的美学价值设计,源于视觉艺术和建筑艺术,而主观概念则借助于心理学和服务学。人力资源服务场景中有形的客体要素包括设计要素、感觉要素和设计原则,前两类要素在设计原则的作用下,结合为一个统一体,进而形成客户对人力资源服务场景的感知,并影响客户的认知反应和情感反应。感知的人力资源服务场景决定着认知反应和情感反应,而这三者又在客户特征和情境因素的调节下,共同形成客户的行为反应。

第四节　人力资源服务角色设计

由于所有参与人力资源服务提供过程的人都会对客户感知人力资源服务产生影响,并不仅包括人力资源服务企业的员工,它还包括客户本人和处于同一人力资源服务环境中的其他客户。客户本身也能影响人力资源服务的提供,从而影响人力资源服务质量和他们自己的满意度。不管是人力资源服务的供应者还是客户,人力资源服务系统的设计要求对人予以足够的关注,对人的行为的管理和控制是过程设计、过程变化及过程运行质量的关键因素。

一、人力资源服务中的员工角色

员工和客户的行为对人力资源服务过程和质量有着显著的影响,描述员工及客户的角色有助于控制人力资源服务过程遵从既定的规范和期望的标准。角色与特定的社会职责是互相联系的行为,角色预期是角色的行为标准。在许多常规的人力资源服务接触中,客户和员工都清楚可以从对方处获得什么。员工和客户对将要发生的事件和事件发生的顺序有共同的预期,从而使人力资源服务企业更容易控制人力资源服务过程和产出,保证人力资源服务提供的稳定和一致。

第一，员工是关键力量。对于人力资源服务而言，员工是人力资源服务主体，每人可以单独提供一整套人力资源服务。员工是人力资源服务企业的代表者。即便是员工在不提供人力资源服务的时候，在客户的眼中他也可能是公司的代表者。对客户来讲，员工就是企业。在一家培训公司，员工不仅是培训师，还是普通调研员、接待员和辅助性办公人员等，都代表着公司与客户接触，他们个人所做的每件事、所说的每句话，都会影响客户对公司的感知。甚至没有上班的员工，也反映着他们所在企业的形象。如果他们表现得没有责任心、专业素养低、缺乏集体荣誉感或对客户言辞不恭，那么尽管他们没有当班，客户对企业的感知也会大打折扣。由于人力资源服务人员代表着组织，能够直接影响客户的满意度，他们也就扮演了服务者的角色。他们的举手投足都会使人力资源服务产品具体化，从服务营销的角度来看，他们就是活的广告。

第二，员工与客户满意。顾客满意度与员工对自己人力资源服务能力的理解、员工对工作的满意度及员工流动率等因素之间都存在着密切的直接联系。对人力资源服务员工来说，创造优良业绩，这是大事；让客户高兴而来、满意而去，这是难事。在通常情况下，员工对自身人力资源服务能力的预期越高，顾客满意度越高；员工对工作的满意度越高，顾客满意度越高；员工流动率越低，顾客满意度越高。顾客满意度是品牌的生命线，而品牌的温度需要人与人的接触才能传递，那么创造卓越的对客服务过程，最需要的是员工身心参与。例如，不论是星巴克的"将心注入"，还是海底捞的"三心"服务，都是把客户体验和员工参与两个纬度作为企业的核心竞争力，为品牌在同品类中发展建立了高纬度的"护城河"。大事成于小处，只要把每一个客户照顾好，优良业绩就有了保障；难事成于易处，一个微笑、一个眼神、一句话、一个行为细节，都会决定客户的满意度。

第三，员工与人力资源服务质量。人力资源服务质量的五个维度：可靠性、响应性、保证性、移情性和有形性会直接受到人力资源服务员工的影响。可靠性几乎全部受到一线员工的能力和水平的影响，员工需要准确、可靠地执行所承诺的人力资源服务。可靠的人力资源服务行为是客户所期望的，这意味着人力资源服务以相同的方式、无差错地准时完成。即便是在自动化服务的情况下，后台员工的工作也对确保系统正常运作起着至关重要的作用。一旦人力资源服务出现失误或差错，也主要由员工来对人力资源服务进行补救。响应性要求员工能够迅速地提供人力资源服务，在较短的时间内满足客户的要求、回应客户。在人力资源服务传递的过程中，客户等待接受人力资源服务的时间是影响客户感知和顾客满意度的重要因素，因此追求高质量人力资源服务的企业员工，应该尽可能地缩短客户等待的时间，实现较快的反应速度。员工应具有相应的专业知识，懂得与客户交往的礼节，并在提供服务的过程中表现出自信和可信的品质，这些都影响着人力资源服务质量的保证性。人力资源服务人员的友好态度和胜任能力能够增强客户对人力资源服务企业的信任感和安全感。当客户与一位缺乏善意的员工接触时，他会感到不快。如果员工知识贫乏，不能及时、正确地回答客户的疑问，那么客户则不仅会对此次人力资源服务感到失望，而且更会对人力资源服务企业失去信心。移情性表现在员工接近客户的能力、敏感性和有效地理解客户需求等方面。这需要员工不仅做到对客户提出的要求给予快速的"响应"，而且能够主动地去了解客户尚未提出的潜在需求，甚至是特殊需求，设身处地地为客户着想。在为个别客户人力资源服务时要专注聆听、适应客户并保持灵活性。

二、人力资源服务中的客户角色

人力资源服务的一大特点是生产和消费的同时,客户会不同程度地参与到人力资源服务过程中。客户同员工及其他客户共同合作,生产出最终的人力资源服务产品。由于客户的参与,使他们成为人力资源服务企业生产过程中必不可少的要素。

第一,客户和其他客户。客户作为合作生产者不仅能够影响人力资源服务企业的生产力和人力资源服务质量,而且也可以影响自己及其他客户对人力资源服务的满意度。首先,如果客户对其角色和如何行事缺乏了解,尤其是当客户第一次面对一个人力资源服务概念时,往往会使人力资源服务的提供过程变得不太顺畅。其次,即便客户对角色有所了解,但出于某种原因他不愿意或没有能力完成该角色,这也会阻碍人力资源服务的产出。最后,客户在接受人力资源服务前的准备工作是否充分可能会对服务的生产和传递产生影响。例如,客户到咨询公司寻求帮助,对自己企业面临的问题讲不清,没有明确的目的和要求,也没有相关的材料,那么对于接下来的服务效能必然降低,有时甚至会使人力资源服务过程发生中断。

如果人力资源服务是向单个客户一对一传递的,或人力资源服务企业向一群客户同时传递,此时客户将同其他客户共同分享人力资源服务设施,如劳务输出、劳务外包、拓展训练、工作分析等。特定客户与其他客户同时接受人力资源服务,也可以是在其他客户接受人力资源服务的时候,客户等待。比如招工。在这两种情况下,"其他客户"都出现在人力资源服务现场,他们会影响服务过程和结果,对客户的人力资源服务质量感知和满意度产生积极或消极的影响。其他客户能够带来消极影响的行为方式包括破坏性的行为、耽搁、负面情绪感染、客户的需要不兼容、社会层次不兼容。

对于高度接触的共享性人力资源服务,往往对客户的衣着举止乃至社会身份有着同质性的要求,不同客户的需要也要能够相互兼容。如果人力资源服务企业能够很好地识别和吸引同质性的客户群,可以有效避免上述不良情况的发生,那么其他客户的存在将会对客户的人力资源服务质量感知产生积极的影响。客户的兴趣和积极参与,可以营造热烈的气氛,强化旁观者的人力资源服务体验。

第二,客户的角色定位。从客户在人力资源服务提供过程中的作用和他们同组织及员工的互动关系来看,客户的角色可以分为三类:合作生产者、人力资源服务质量的贡献者、组织的竞争者。其一,客户作为合作生产者。客户在培训过程中分享自己的体验,在培训过程中承担班长等管理班级的角色,客户就成为积极的生产要素,他们承担了一部分本应由培训师执行的工作,从而成为"人力资源服务企业的部分员工",因此在这种情况下,客户又通常被看作是组织的一部分。其二,客户作为人力资源服务质量的贡献者。客户参与人力资源服务,可以提高客户的人力资源服务质量感知和满意度。在员工培训、咨询和保健等服务过程中,如果离开了客户的接受服务和积极参与,人力资源服务便无法完成。对于那些客户参与程度高的人力资源服务而言,客户行为是决定人力资源服务质量和人力资源服务满意的重要因素。当出现人力资源服务失败时,那些参与了人力资源服务的客户往往会在自己身上寻找原因。其三,客户作为人力资源服务企业的竞争者。当客户全部或部分地为自己提供人力资源服务后,他就不再需要人力资源服务提供商了,在某种程度上,客户便成为人力资源服务企业的竞争者。客户可以自我学习,而不必求助培训公司;他们可以自己诊断企业业务而不是交给咨询公司。

人力资源服务企业进行角色定位时,应考虑专业能力、资源能力、时间、经济回报和精神回报等因素。

思考题

1. 人力资源服务业的主要客户有哪些?这些客户的心理特征有什么共性特征?
2. 简述人力资源服务的供给能力和需求能力。如何平衡二者之间的关系?
3. 举例说明人力资源服务产品有哪些?如何让客户了解这些产品?
4. 在人力资源服务业中,如何定位客户?如何定位员工?

第四章

人力资源服务客户管理

在人力资源服务产品的设计、生产、销售及消费的周期中,客户都或多或少地参与其中,直接影响人力资源服务质量、顾客满意度及客户忠诚度,这就给客户管理带来了困难,也使人力资源服务中的客户管理变得更加重要。

第一节　客户管理的意义

很多人力资源服务产品的生产和消费是不可分离的。在许多情况下,员工、客户及人力资源服务环境中其他人员(其他客户)在人力资源服务过程中彼此接触,相互影响。客户往往会把这些人力资源服务接触系统的人员、设施及其他有形要素视为人力资源服务的重要组成部分。因此,客户的需求、自身素质及他们对人力资源服务产品的期望、理解和认知直接影响人力资源服务产品的设计、生产及消费结果。在人力资源服务的生产过程中,客户通过与人力资源服务提供者的直接或间接接触,参与人力资源服务产品的生产并且获取人力资源服务体验。人力资源服务完成之后,客户在生产过程中获得的体验和提出的问题往往是人力资源服务企业业绩的主要评价标准和管理人员实行控制的重要准则。因此,任何一个人力资源服务企业或把人力资源服务作为核心竞争力的企业,都必须充分认识到客户的作用远甚于生产一般产品的企业,必须对客户进行一系列系统、连续的管理工作。由于人力资源服务产品的生产与消费同时进行,人力资源服务接触直接影响到客户的感受和满意度,人力资源服务接触历来是研究者及服务人员关注的重点。

一般来说,接触程度高的人力资源服务,客户往往出现在人力资源服务现场并与提供人力资源服务的员工或技术面对面打交道或接触。随着科技进步和信息技术的发展,越来越多的人力资源服务接触是通过客户与人力资源服务技术之间的对话来完成的。高接触人力资源服务向低接触人力资源服务的逐渐转变不仅会成为一种可能,甚至会成为行业时尚,并且开始占据人力资源服务内容的重要位置。但是在人力资源服务的实际工作中,富有人性化和亲和性的人力资源服务产品设计和生产也许更能帮助企业获得顾客满意度和忠诚度。人力资源服务企业的管理者应该结合自己所处的行业特点和企业的竞争战略来确定客户与人力资源服务企业或服务提供人员接触的时间、地点和方式。客户参与是人力资源服务企业生产过程中必不可少的要素,实际上客户通过其参与程度的高低来控制或提高自己的满意度。由于人力资源服务产品生产与消费的不可分性,即客户参与人力资源服务产品的生产,他们与人力资源服务人员一样,对生产力、人力资源服务质量及客户人力资源服务价值感知都将产生重要影响。因此,有效地管理客户不仅可以降低人力资源服务企业的服务成本,而且有助于提高人力资源服务质量及顾客满意度。一般来说,客户在人力资源服务中的重要性主要体现在以下两个方面。一方面,客户是服务生产过程中的参与者;另一方面,客户及其他客户还有人力资源服务提供人员的态度和行为所形成的互动也直接影响人力资源服务质量。

一、客户的参与管理

由于人力资源服务与消费之间是无法分离的,在人力资源服务过程中,客户既是人力资源服务客户,也是人力资源服务者。作为生产者,客户会通过自己适当或不适当的、有效或无效的、主动或被动的行为对人力资源服务质量和效率产生影响。同一家人力资源服务企业向不同的客户提供相同的人力资源服务会产生不同的客户感知质量和效果。客户参与水平也是影响感知质量和效果的因素。由于人力资源服务过程和方式有很大差异,这就导致客户参与人力资源服务过程的程度不同。一般来说,影响客户参与水平的人力资源服务过程及方式的因素有三个方面,一是人力资源服务的标准化程度,二是人力资源服务的自动化程度,三是人力资源服务企业的特征。

(一)人力资源服务的标准化程度

一般来说,客户参与人力资源服务的程度与人力资源服务的标准化程度呈负相关。人力资源服务的标准化程度越高,客户参与人力资源服务的水平就越低;人力资源服务的标准化程度越低,客户参与人力资源服务的水平就越高。客户参与程度之所以与人力资源服务标准程度呈负相关关系,这是因为服务企业通过人力资源服务标准化来保证人力资源服务过程的可控性和统一性,而客户是外部的不可控因素,客户参与必然影响人力资源服务过程的可控性和统一性,因此服务标准化总是倾向减少客户参与。原则上来讲,人力资源服务内容较单一或程序化的人力资源服务易于标准化。值得注意的是,人力资源服务标准化程度的提高,有助于企业提高工作效率,降低成本,但对喜欢参与人力资源服务过程的客户来说,则可能失去了吸引力。

(二)人力资源服务的自动化程度

客户参与人力资源服务的程度与人力资源服务的自动化程度呈正相关关系。服务自动化就是人力资源服务企业向客户提供有助于完成人力资源服务的技术和工具,使客户能够自主和自助地实施人力资源服务。由于人力资源服务自动化本身就意味着人力资源服务人员的减少和客户的自主、自助人力资源服务,而客户的自主、自助人力资源服务就意味着客户的参与。因此,人力资源服务自动化程度越高,客户参与人力资源服务的程度也就越高。如银行自动取款机的使用,就提高了储户参与人力资源服务的程度,整个取款或查账人力资源服务完全由储户通过技术来完成。在人力资源服务业中,电信服务、网络服务、银行信用卡服务等自动化程度较高,客户的参与程度也较高。

(三) 人力资源服务企业的特征

根据技术与人员两大因素在人力资源服务过程中的不同作用,可以将人力资源服务分为两大类,一是以技术为基础的人力资源服务,二是以人员为基础的人力资源服务。人力资源服务企业的不同特征影响客户的不同参与水平。由于人力资源服务企业的特征不同,客户在人力资源服务过程中的参与程度可以划分为高度参与、中度参与和低度参与。

客户高度参与是指客户亲临人力资源服务场所,并且在人力资源服务产品的生产和传递过程中积极主动配合人力资源服务企业及人力资源服务提供人员的工作。接受服务的客户由于种种原因,如传统、偏好或人力资源服务本身的特定需要,只能在整个人力资源服务或传递过程中亲临人力资源服务场地,自始至终与人力资源服务企业、人力资源服务提供人员及其他客户面对面接触。在这种情况下接受人力资源服务的客户往往是不可或缺的生产者的角色,缺少这一角色,人力资源服务就无法有效地完成。如各种形式的培训和拓展训练等都属于这种情形。客户中度参与是指客户与人力资源服务提供人员的面对面接触时间较短,客户亲临人力资源服务场所的目的往往只是与人力资源服务人员确定问题、送取所需人力资源服务的实物,或仅仅是为了付款,而无须一直参与整个人力资源服务或传递过程,如劳务外包或者劳务派遣,向维修人员说明问题所在即可离开而无须等待。客户低度参与是指随着科技的发展,许多先前属于客户参与程度很高的人力资源服务,越来越多地通过电子媒体或其他形式逐渐转变为低度客户参与的人力资源服务,也就是说,客户无须与人力资源服务企业、人力资源服务提供人员或其他人员的面对面接触,即可得到人力资源服务。

二、客户的行为影响

对客户与人力资源服务企业之间的互动关系进行有效管理是许多人力资源服务企业管理工作的主要内容之一。因为在人力资源服务产品的生产过程中,客户与人力资源服务人员之间互动会直接影响最终的人力资源服务质量感知。大量的研究结果及服务实践表明人力资源服务结果和人力资源服务过程都会对客户满意度或客户感知质量产生影响。功能质量比技术质量更为重要,因为技术质量是指客户得到的结果,而功能质量是指客户得到人力资源服务结果的方式。在整个人力资源服务产品生产和传递过程中,接受人力资源服务的客户的态度、行为,人力资源服务提供人员的态度、行为及其他人员的态度、行为必然会影响功能质量,进而影响人力资源服务的整体质量。

(一) 客户行为的有效性是人力资源服务质量的保证条件

客户在人力资源服务和传递过程中的态度和行为是否恰当或积极与否,直接影响感知人力资源服务质量及顾客满意度。客户的有效行为是保证人力资源服务质量和满意度的必要条件,特别是在一些客户参与水平高的人力资源服务中尤为明显。在这些行业中,客户若想获得满意的服务期望、理想的结果,需要积极、有效地参与人力资源服务过程,并严格执行人力资源服务标准。客户的有效行为也是保证顾客满意度的重要条件。以心理咨询为例,员工阐述自己的心理障碍越清楚、越真实,咨询师的诊断就可能越准确,治疗效果可能越有效。

(二) 其他客户行为

在大多数人力资源服务环境中，多个客户接受人力资源服务，需要等待人力资源服务，某个客户的行为都会影响人力资源服务过程或结果。也就是说，在场的其他客户行为有可能提高或降低另一部分客户的满意度和对人力资源服务质量感知程度。有时，其他客户的一些行为可能会对正在接受人力资源服务的客户产生消极影响。如服务设施的过度使用、服务场所拥挤、客户之间不兼容、需求与期望相差甚远等都会对客户的满意度和感知质量产生不利影响。另外，人力资源服务企业满足某些客户的过分要求，也可能延误其他客户对人力资源服务的使用。此外，众多客户同时接受人力资源服务时，由于客户需求不兼容，彼此也会产生消极影响，这种情况多发生在不同的细分客户同时接受相同或相似的人力资源服务。研究人员发现，如果客户不能遵守明确的或暗含的"行为规则"，彼此之间就可能产生消极影响，必然会使正在接受人力资源服务的客户感到不满甚至愤怒。有时，某些客户行为也可能会对接受人力资源服务的客户产生积极的影响，其他客户的出现提高了客户人力资源服务体验。另外，其他客户还能为人力资源服务体验提供一个积极的空间，提高客户的满意度。如客户间的彼此帮助、彼此友好对话交流等，这些都有助于提高客户的满意度和对人力资源服务质量感知程度。

(三) 影响客户行为有效性的因素

从客户角度看，影响客户行为有效性的因素主要有接受人力资源服务的客户素质及客户的参与兴趣。第一，客户行为的有效性与客户的自身素质有关。客户的人品、知识和能力都会影响其行为的有效性。以处理劳动关系纠纷为例，如果客户人品较好，又善于沟通，那么客户与其劳动关系协调员之间的关系就可能比较融洽，合作成功的可能性较大。如果客户劳动合同知识比较丰富，就能够比较清楚地阐述案情，对整个诉讼方案及其结果就比较容易接受。第二，客户行为的有效性还与客户参与的兴趣和积极性有关。客户参与人力资源服务的兴趣越大，积极性越高，其行为就可能越有效。

第二节 客户选择

人力资源服务业的生存和发展必须依赖于客户的忠诚。客户的忠诚源于客户满意，而客户满意在很大程度上源于对客户与人力资源服务企业之间互动的有效管理，并使客户感到与人力资源服务企业接触中及所获得的人力资源服务结果中获得了价值。只有在感知上认为有价值的客户才会满意，才会忠诚于企业。

一、客户的感知价值

企业为满足客户的需求，必须提供相应的人力资源服务产品，这些人力资源服务能够满足客户特定的需求，并能使客户从中感觉到自己的价值，也就是产生了感知价值体验。企业提供的人力资源服务就是客户感知价值的载体，客户需求得到满足就是客户价值感知的基础。客户之所以与人力资源服务提供商建立交易关系,最根本的原因就是客户能从这种关系中使自己的需求得到满足,最终从中得到感知价值的体验。

随着经济的发展和竞争的日益激烈,客户越来越多关注价格之外的因素,如安全的保证、便利的接受服务和使用、与人力资源服务人员关系的融洽及其他心理因素。价值判断从本质上具有很强的主观性,缺少统一的客观标准。对一个客户来说,人力资源服务有价值,对另一个客户来说其价值就可能不一样,因为客户对人力资源服务的价值评估存在很大差异。客户价值是一种相对的、可比较的和主观的偏好。在这种价值中包括主体和客体之间的互动,这里的主体是指客户,客体是指人力资源服务产品。也就是说,客户感知价值与其经历密不可分,客户不仅关注客体的取得,还关注其消费和使用客体过程中的相关因素,如人力资源服务的便利与效果等。客户价值的形成具有极强的主观色彩和习惯特征。一般来说,可以从四个角度确定是否得到价值,一是低廉的价格,二是对人力资源服务的需求,三是价格与质量的比较,四是付出与所得的比较。这就意味着不同的客户在判断获得价值时,有可能采用不同的标准,而并非过去那样只考虑支出与所得的比较。当今的客户不再像过去那样完全局限于强调价格,他们早已扩大了价值的适用范围。

客户感知价值是客户在所得与所失的感知基础上,对某产品效用的总体评价,是客户从某种产品或人力资源服务中所能获得的总利益与客户所支出的成本的差额。人力资源服务企业在开发产品时,应该从客户的角度出发,尽量减少客户为获得人力资源服务所必须支出的成本,同时提高人力资源服务给客户带来的利益,从而提高客户的人力资源服务让渡价值,即客户感知价值。企业为客户设计、创造、提供价值时,应该从客户导向出发,把客户对价值的感知作为决定因素。客户感知价值是由客户决定的而不是由人力资源服务企业决定的。

不同的客户对价值有不同的理解,感知价值有四种含义。其一是价值就是低廉的价格,这类客户将价值等同于低廉的价格,表明在其价值感受中所付出的货币是最重要的;其二是价值就是客户想从人力资源服务中所获取的东西,这类客户把从人力资源服务中所得到的利益看作最重要的价值因素,而不仅是关注货币支出,这是对消费满意程度的主观衡量;其三是价值就是客户付钱买回的质量,这些客户将价值概念化为"付出的金钱"与"获得的质量"之间的权衡;其四是价值就是客户的全部付出所能得到的全部收益,这类客户描述价值时考虑的既有其付出的因素(时间、金钱、努力),还有其得到的利益。总结上述四种价值的表述,客户感知价值就是客户所能感知到的利益与其在获取产品或人力资源服务时所付出的成本进行权衡后对产品或人力资源服务效用的总体评价。这一概念包含着两层含义:第一,价值是个性化的,因人而异,不同的客户对同一产品或人力资源服务所感知到的价值并不相同;第二,价值代表着一种效用(收益)与成本(代价)间的权衡,客户会根据自己感受到的价值作出接受服务决定,而绝不是取决于某单一因素。

客户感知价值的核心是感知利益与感知付出之间的权衡,价值可以通过增加客户感知利益或减少客户感知付出来实现提升客户的满意度。人力资源服务企业可以通过改进人力资源服务过程来增加价值。企业应当把客户是否满意作为一面镜子,折射出人力资源服务企业在哪些方面满足了客户的期望,哪些方面还存在不足,以此来衡量服务质量的好坏。值得注意的是,这种衡量不应仅仅停留在人力资源服务的技术层面上,因为客户对人力资源服务的衡量,除了关注人力资源服务产品带来什么好处还十分关注人力资源服务的准确性和及时性,与企业、员工、其他客户之间的交流。因此,有效的客户管理必须依赖于人力资源服务企业对客户价值需求的正确认识。在信息技术如此发达的今天,企业完全有能力通过与客户长期互动和接触来了解客户真正所需,判断客户价值所在,有效区别不同价值观念的客户,以提高人力资源服务企业创造和传递客户感知价值的能力。只有这样,人力资源服务企业和人力资源服务人员才能向客户提供更高质量的人力资源服务,创造和提升客户价值,为客户创造更多的满意。

二、客户的分类管理

根据客户感知价值观念,我们可以把客户分为三种类型,一是内在价值型客户,二是外在价值型客户,三是关系价值型客户。

第一,内在价值型客户。对于内在价值型客户来说,价值是人力资源服务产品本身所固有的。客户主要注重人力资源服务价值中的成本因素。例如,获取人力资源服务所支付的货币多少。一般来说,客户对人力资源服务产品已有很深的了解,知道如何使用及消费后的效果。客户将人力资源服务产品视为可以被竞争人力资源服务轻易取代的同质产品。客户期望自己所花费的支出合理,他们或在价格方面寻求低廉,或在获取方面寻求便利。内在价值型的客户认为,所有的价值都是人力资源服务所固有的,人力资源服务企业不能增加任何价值。这些客户甚至认为,不应当把时间和精力花费在人力资源服务企业身上,因为他们认为不必要的人力资源服务也必然产生额外费用,而这些额外费用须由客户自己承担。一般认为,典型的内在价值客户是由于人力资源服务特征所决定的参与水平比较低的客户群体。由于竞争日益激烈,信息技术迅速发展,内在价值型客户日益增多,满足这些客户的人力资源服务企业也大量出现。

第二,外在价值型客户。外在价值型客户主要关注或只关注人力资源服务产品中所没有的利益,如富有人情味关怀、更多的技术支持、提高客户解决问题的能力等。外在价值型客户认为,价值不是人力资源服务产品本身所固有的,而是存在于如何使用和消费过程。外在价值型客户对人力资源服务产品方案和应用更感兴趣。他们认为,人力资源服务企业能为他们创造大量的新价值,同时,他们也愿意为人力资源服务企业提供的建议或帮助支付额外的费用。外在价值型客户期望人力资源服务企业为更有效地满足他们的需要,不断提供新的见解、建议和帮助。因此,外在价值型客户期望为寻求客户化的方案与人力资源服务企业主动合作、积极配合,并愿意投入一定的时间、精力和费用,以获得理想的结果。一般来说,外在价值型客户与服务供应商或人力资源服务提供人员之间的关系超出了直接交易的关系。与那些认为将时间花在人力资源服务人员身上是没有意义的内在价值型客户不同,外在价值型客户愿意在整个人力资源服务产品的生产和消费过程中,投入更多的时间、精力。例如,在接受人力资源服务前,他们力争清晰地向人力资源服务人员阐述自己的期望和要求,以确保人力资源服务企业和人力资源服务人员全面了解其需要;在生产和消费过程中,他们积极主动配合人力资源服务人员的工作,扮演好自己的角色。如果人力资源服务企业过早地向外在价值型客户服务其人力资源服务产品或解决方案,而没有全面了解客户的相关情况,外在价值型客户一般会拒绝接受人力资源服务。

此时,即使人力资源服务企业以极有竞争力的价格向这些客户提供优质的人力资源服务产品,也很难吸引他们接受人力资源服务。

第三,关系价值型客户。关系价值型客户期望与人力资源服务企业之间建立和保持一种长期的、非同一般的关系。关系价值型客户期望得到的价值远远超过人力资源服务企业的服务或建议,他们所接受服务的是人力资源服务企业所具有的全部的价值创造能力。或者说,关系价值型客户想利用服务供应商的核心竞争力。关系价值型客户的期望是与其选择的长期供应商建立和保持长期的、密切的关系,并从中得到最佳利益。在客户与人力资源服务企业之间长期价值关系中,有时很难区别谁是买方,谁是卖方,地位平等的双方之间存在着更多层次的关系。客户与人力资源服务供应商共同工作以创造超常水平的价值,而这种价值不可能由单独一方创造出来。关系价值型客户寻求的是多方面的利益,与人力资源服务企业所提供的不同形式的价值。例如,与低廉的价格或快捷的人力资源服务相比,价值型客户也许更加看重人力资源服务企业的价值创造能力。当然,价值型客户也需要展现自己的独特竞争能力以达成长期的合作关系,进而合作的每一方都会借用另一方的竞争优势来增加自己的竞争力。

三、合适客户的选择

在竞争日益激烈的今天,企业要想生存和发展,就必须依赖于客户的忠诚。但由于种种原因,并非所有客户完全一样。因此,为了更有效地做好客户管理工作,人力资源服务企业首先必须找到并获得合适的客户,并为合适的客户提供有效的人力资源服务,使之满意,以此来赢得他们的忠诚,这是企业成功的基础。

所谓合适的客户,并不一定是最容易吸引的或是在短期内最有利可图的,而应是那些可能与企业建立长期关系的客户。从企业角度看,所谓"合适",是指人力资源服务企业能与客户以诚相见,并以此赢得客户的忠诚,同时在今后若干年保持长期关系,企业将不断地为这些客户提供人力资源服务,保证其满意;而这些客户也能够为企业提供稳定的收入,以此来补偿企业的先期投入并为企业创造利润。

一般来说,人力资源服务企业应尽量吸引具有以下特征的客户并与他们建立和保持长久的业务关系:其一是可靠、诚实的客户。这些客户在与人力资源服务企业进行业务交流的过程中往往比较守信用,重承诺,安全系数比较高。其二是倾向于建立稳定而长期的业务关系的客户。其三是接受服务较多、结账痛快的客户。这些客户比其他客户更有钱可赚,他们支付账单时干脆利索,从不拖泥带水或以种种借口拖延甚至拒绝付款,不仅为人力资源服务企业减少了许多麻烦,也降低了财务风险。其四是对人力资源服务企业有特殊偏好的客户。由于与人力资源服务企业共同经历过一段令人满意的业务交往,这些客户对人力资源服务企业或员工建立了信任,形成了偏好。他们觉得与之交往的人员或企业所提供的人力资源服务优于其他竞争对手,所获得的人力资源服务更加物有所值。人力资源服务企业应注意吸引具备上述特征的客户并与他们建立长久关系。在企业经营中,获得合适客户越多,企业生存和发展机遇就越大。

合适客户持续增加,会加大人力资源服务企业的收入并导致利润提升;企业就有能力将一部分利润回报给客户,提升客户所获得的价值,进一步强化客户与人力资源服务企业或人员保持关系的动机。为获取合适的客户,企业应首先了解不同的客户在与人力资源服务企业建立、保持关系方面所存在的不同态度倾向。企业可以通过人口统计和以往的接受服务记录来判别客户对于建立和保持关系的态度倾向。不同的客户群体对建立和保持关系表现出不同水平的态度倾向,公司把工作重点转移到上述地区及群体,加大工作力度,向他们提供更多的、更受喜欢的人力资源服务,加速现金流转。公司有能力聘请业务能力更强的人员并更新技术系统及实施其他可提高人力资源服务质量的措施,以提升公司的竞争优势。

人力资源服务企业通过地理区域、客户年龄、收入标准等方法对客户进行细分,不仅能获取合适的客户,还能使客户细分市场具有很高的同质性,而这种同质性也将会使人力资源服务企业能够更有效地为该细分客户群体提供人力资源服务产品。除了用上述方法获取客户,一些公司还采用其他方法获取合适的客户,同样对客户保持、建立关系的态度倾向具有较大影响。一些企业获取客户的策略就是尽可能多地吸引上述合适的客户。针对每个组织不同的需求,制定价格、编写软件,从而能更好地满足老客户的需求,还能更有效地向新客户进行服务。

在讨论如何选择和吸引合适客户的同时,过滤掉不合适的客户对人力资源服务企业的生存和发展也是至关重要的。把某些客户排除在企业之外也许不符合耳熟能详的"客户就是上帝"的宗旨。但需要指出的是,任何企业都不可能满足所有客户需求,或不加区别地保留所有的客户。因此,人力资源服务企业和人力资源服务人员必须了解哪些客户合适,哪些不合适,哪些客户给企业带来利润,哪些客户毫无利润。在企业实际经营中,我们常常遇到这样的情景,人力资源服务企业竭尽全力寻找到的客户,恰恰是最不合适的客户。研究人员把这种现象称为"逆向选择"。之所以出现"逆向选择"现象,是因为一些客户总在寻觅所能找到的、最合算的买卖。这些客户往往只关注价格或注重短期所获利益。为了减少或避免这种"逆向选择"现象,一些人力资源服务企业制定出许多方法。

另外值得注意的是,"逆向选择"现象的出现,往往与人力资源服务企业所制定的不恰当的或短视的服务政策有关。换句话说,不恰当或短视的政策助长了"逆向选择"现象的发生。例如,一些企业实施的销售佣金政策与不恰当的客户涌入存在着密切关系。因为拿佣金的业务人员必然特别关注客户数量,而忽视客户质量。也就是说,这些业务人员为了获取更多的佣金,会不加分析地,甚至不择手段地"收集"客户。一般来说,越容易"收集"的客户,与人力资源服务企业或人员建立、保持关系的态度倾向越差。

在竞争日趋激烈的今天,人力资源服务企业若要在竞争中获得优势,就必须在客户方面取得初步优势。获得客户优势的关键在于站在客户角度理解其感知价值,并由此设计一个选择合适客户的战略规划,辨别并选择合适的客户。

第三节 客户的参与管理策略

企业在制定客户参与策略时,应重点考虑参与人力资源服务的客户类型及目前客户参与的水平。一般来说,人力资源服务企业增强客户有效参与和传递的人力资源服务策略主要有三个方面,一是客户自助人力资源服务策略,二是指导和教育客户策略,三是客户管理组合策略。

一、客户自助人力资源服务策略

由于客户本身对参与的态度存在很大的差异,并非所有客户都想参与。人力资源服务性质的不同导致客户参与人力资源服务水平的不同,而有些人力资源服务则需要客户付出一定的精力、时间或提供必要的信息才能完成(如体检),还有一些人力资源服务要求客户在参与过程中必须积极主动全面配合,否则无法完成人力资源服务(如管理咨询)。可见,在人力资源服务企业的生产过程中,客户的参与水平和特征对人力资源服务企业的生存和发展具有战略性影响,它直接影响人力资源服务企业生产力水平的高低、竞争力的强弱、所提供人力资源服务质量的优劣及客户满意与否。

客户自助人力资源服务是指人力资源服务完全由客户自行生产,没有任何公司员工的直接介入或与公司员工之间的互动。也就是说,人力资源服务企业通过向客户提供某些人力资源服务设施、工具或用品来让客户自行生产和消费其所需的人力资源服务。随着科学技术的迅速发展,特别是信息技术的发展,为人力资源服务企业更大范围地开发客户自助人力资源服务提供了技术支持和保证。许多行业或企业为了提高生产效益或满足喜欢自助客户群体的需要,都或多或少地制定和实施客户自助人力资源服务策略,如自我测评、自选福利、自主填写招聘系统、自我评价系统、薪酬管理系统、报账系统、办公OA软件等。人力资源服务企业实施客户自助人力资源服务策略,不仅能够使客户最大限度地参与人力资源服务,发挥其主动性,还能够使企业最大限度地提高工作效率,提升竞争力。这一策略的积极作用主要体现在以下几个方面。

第一,客户自主参与感增强和人力资源服务质量一致性的提高。由于客户在自助人力资源服务过程中,受他人限制因素较少,可以更大限度地自己决策,无须考虑其他人的态度或行为对自己决策的影响,因此可以从中获得满意和愉悦。自助人力资源服务不仅能自己决策,还能节省客户的时间、精力和财务支出,满足那些不想参与的客户群体。

第二,人力资源服务企业的生产能力的提高。由于人力资源服务与消费具有同时性的特征,这在一定程度上限制了人力资源服务企业生产能力的提高,许多人力资源服务企业忽视了由于种种原因而不想参与人力资源服务过程的消费群体,通过"一对一"的方式向所有客户提供人力资源服务,必然影响客户的满意度。如果实行自助人力资源服务,由客户自己完成部分或全部人力资源服务,不仅能满足上述消费群体的需要,还能使客户等待现象减少。既提高了人力资源服务企业的服务能力,也提升了更大范围的顾客满意度。

第三,人力资源服务企业生产成本的降低。人力资源服务企业通过客户自助人力资源服务的方式来提高客户在人力资源服务和传递过程中的参与水平。这样,客户替代了人力资源服务企业中的部分人力资源服务人员,客户成为人力资源服务企业生产资源的一部分,完成一些过去由人力资源服务人员或其他人完成的人力资源服务工作。因此,企业的人力资源服务成本(主要是人工成本)大幅度地降低,有利于增加企业收益。但从另一个角度来看,客户自我人力资源服务降低了人力资源服务企业的人力资源服务成本,提高了收益,却增加了一些客户群体的成本,客户无法详细了解一些产品,在一定程度上增加了客户的接受服务风险。因此,人力资源服务企业在服务管理中,应注意平衡成本增减的关系,其中关键是让客户分享企业由于降低成本而增加的利益。

二、指导和教育客户策略

人力资源服务企业对客户进行人力资源服务指导和教育,也是加强客户有效参与人力资源服务过程的策略之一。大多数人力资源服务业是通过人力资源服务人员与客户共同配合,向客户有效地产生和传递人力资源服务,共同完成人力资源服务产品。由于客户的兴趣、素质和专业知识等因素直接影响其参与生产的有效性,如人力资源服务产品的质量,人力资源服务企业通过对客户的指导和培训,提高客户的兴趣和专业知识水平。人力资源服务企业通过对客户进行人力资源服务指导和培训,使客户理解自己的角色及角色的行为要求,并能够按照要求完成自己的角色。同时,人力资源服务企业还要对按照要求完成角色的客户进行奖励,以提高其参与人力资源服务的积极性。

第一,人力资源服务企业通过制定和实施指导及教育客户策略。这种策略可以在一定程度上降低由于客户参与而导致提供服务时机及人力资源服务质量的不确定性,加强客户对其所接受的人力资源服务的理解,进而提高客户的感知价值和满意度。为了使客户能有效地完成他们在人力资源服务和传递过程中所扮演的角色,人力资源服务企业有必要对获取的合适客户进行培训或教育。通过培训和教育,客户理解了人力资源服务企业、人员的价值观及人力资源服务产品的特征和结果,掌握了完成角色所必需的能力,熟知了对他们的期望和要求,获得与员工及其他客户互动的技巧和知识。

第二,人力资源服务企业实施多样化客户教育方式。人力资源服务企业帮助客户在接受人力资源服务之前正确理解其角色,并告知他们将从人力资源服务互动过程中得到什么结果,降低由于客户参与生产而导致的不确定性因素所带来的客户感知风险,提高了客户的满意度。

第三,配合客户得到回报和利益。如果客户在人力资源服务过程中,因为有效地完成自己的角色而得到回报,如时间、金钱或身心益处等,这将使他们更愿意有效地完成其角色或更积极地参与人力资源服务。人力资源服务企业需要向客户阐明其积极配合的行为所带来的回报和可能收获的利益。不同客户追求的回报也有所不同。有的客户可能重视其有效地完成人力资源服务角色后,获得更多的时间节约;有些客户则可能希望获得更多的收入或者更少的支出;还有的客户可能更加重视通过有效地完成人力资源服务角色所获得的更佳的效果。对此,人力资源服务企业应有清楚的认识,即充分认识影响客户满意的关键因素,提升客户的感知价值。

三、客户组合管理策略

客户组合管理,就是吸引同类型客户进入人力资源服务环境的过程,对有形环境及客户之间的接触进行主动管理,以此来增加令人满意的人力资源服务接触,减少令人不满意的人力资源服务接触。人力资源服务企业对多个同时参与或接受人力资源服务的不同类型的客户或客户群进行引导、组织和协调,以避免客户间相互的负面影响,从而提高客户满意度。

第一，加强和激励客户有效地参与。由于人力资源服务具有生产和消费的同时性特征，客户作为人力资源服务的合作者，更多地出现在人力资源服务过程中。因此，同时接受人力资源服务的客户之间，及接受人力资源服务的客户与等待接受人力资源服务的客户之间在很大程度上存在着相互影响，他们之间的相互影响或积极或消极。针对一些消极影响现象，如果人力资源服务企业不能对其进行有效的控制和管理，势必会降低客户人力资源服务接触的感知质量，最终可能降低客户的满意度。例如，两种不同身份的客户接受培训，在需求上存在着巨大差异，若人力资源服务人员不对他们进行有效的客户组合管理，就难免会产生不良的影响，进而可能降低他们的满意度和感知价值。客户组合管理策略直接影响客户人力资源服务接触的感知质量及其满意度。

第二，客户管理组合的有效策略。不同的人力资源服务企业，由于其不同的性质，客户管理组合策略的作用也有所不同。在人力资源服务过程中或在客户人力资源服务接触过程中，具有以下特征的人力资源服务企业应重点关注并制定行之有效的客户管理组合策略，引导、组织、协调客户间的关系，最大限度地降低或避免客户间消极地相互影响，以提高他们的人力资源服务接触的感知质量及满意度。一是客户之间距离非常近，彼此在行为上和语言上相互影响，如培训活动等；二是在同一人力资源服务设施里和同一时间里，客户同时从事大量的不同的活动，如拓展训练等；三是同一人力资源服务环境里有许多不同的客户群体即异质客户组合，如劳务招工等；四是在人力资源服务过程中，客户需经常等待接受人力资源服务即出现排队现象，如员工体检等；五是客户在接受人力资源服务过程中，同时分享时间、空间或人力资源服务设施，并由此给客户带来彼此间的不自在或由于生产能力的限制而不能同时满足众多客户的需求，如劳动关系纠纷处理等。

第三，定位细分和求同存异。实现客户组合有效管理的途径是求同存异或通过客户"行为规则"对其加以约束。所谓求同就是人力资源服务企业通过对市场进行认真的定位和细分，最大限度地确定相似的客户群体，以增加客户间的兼容性。求同策略类似于传统服务中的市场细分策略。人力资源服务企业可以把客户的年龄、性别、民族、国籍、宗教、消费认知、消费需要、消费动机、消费偏好、消费习惯、价值观念及受教育程度、收入水平、职业特征等因素作为识别客户相似性或兼容性的重要依据之一。所谓存异，就是人力资源服务企业把具有相似性的客户群体安排在一起，接受人力资源服务，或把差异性大的客户分开接受人力资源服务。

第四，行为规则约束。对客户组合实施有效管理的另一途径是人力资源服务企业通过客户"行为规则"，约束某些客户行为，减少客户之间的消极影响。人力资源服务企业的组织和协调能力是影响客户组合有效管理的另一个重要因素。服务提供人员在人力资源服务和传递过程中，需要具有对不同客户需要的观察和协调能力。一线人力资源服务人员必须善于观察客户之间是否互相兼容、相互影响，并对潜在的客户冲突具有敏感性，他们能协调好客户之间关系，在特定的人力资源服务环境下，能主动促进客户间的积极接触。

思考题

1. 人力资源服务业的客户管理指的是什么？客户如何参与管理？
2. 客户选择人力资源服务的某种产品会受到哪些影响？
3. 人力资源服务产品在没有员工服务的情况下，如何让客户接受服务？
4. 人力资源服务企业如何引导客户选择产品？

第五章

人力资源服务渠道管理

人力资源服务渠道是使人力资源服务顺利地被使用或消费的一整套相互依存的组织,是人力资源服务提供商为了实现自身的功能而可以有效利用的外部资源,是由一些独立经营而又互相依赖的组织组成的增值链。完善、畅通、合理的渠道将给人力资源服务企业带来更多的收益。人力资源服务产品的特性决定了人力资源服务渠道与有形产品的渠道有着显著差异。因此,人力资源服务渠道的设计形式也应当根据人力资源服务业的特性来制定。

第一节 人力资源服务渠道设计

人力资源服务渠道的功能是将人力资源服务产品从生产商那里"转移"到客户手中,从而弥补人力资源服务产品和使用者之间在时间、地点上的缺口。在实体产品的销售中,制造商、批发商、零售商及渠道中的其他组织,都要执行以下一种或几种职能:货物运输、刺激需求、实体分配、售后服务和质量保证。在人力资源服务业,服务渠道的主要职能包括扩大市场覆盖面、促进销售、传播和搜集信息、实现规模经济等。

一、人力资源服务渠道管理方式

在实际的人力资源服务过程中,人力资源服务企业服务产品主要采取直接将产品销售给目标客户的方式,或者是借助于一系列的中间商将产品转售给最终用户或客户,这就是渠道。它是人力资源产品和服务转移所经过的路径。渠道通常是指水渠、沟渠,是水流的通道。但现被引入商业领域,是指为厂家的产品通向一定的社会网络或通过合作商家而卖向不同的区域,以达到销售的目的。渠道是指人力资源服务从企业向客户移动时,取得这种服务的所有权或帮助转移其所有权的所有个人和企业,主要包括中间商和代理中间商两类。根据中间商介入的层次,将渠道按级数来进行划分,如零级渠道、一级渠道、二级渠道、三级渠道。一般而言,渠道越长越多,产品市场的扩展可能性就越大,企业对人力资源服务产品的控制能力和信息反馈的清晰度也越低。渠道设计的好坏直接影响企业的收益与发展。服务渠道由参与服务转移活动以使服务便于使用或消费的所有组织构成,服务渠道的根本任务,就是把提供服务者与接受服务者联系起来,使人力资源服务能够在恰当的时间、恰当的地点,以恰当的形式,送给恰当的人。人力资源服务从原来的长线渠道逐渐变得扁平化,越来越多的企业直接对终端进行掌控,制造渠道可以说是做好服务的必要手段,甚至有"渠道为王"的说法。人力资源服务经过渠道的增值变得更具吸引力和可用性,能更好地满足用户的需求,使最终用户可以满意地接收。

(1) 推式策略。推式策略是指利用人力资源服务人员与中间商渠道管理,将产品推入渠道的策略。这一策略需利用渠道人员推广人力资源服务产品,风险小、周期短、资金回收快,但其前提条件是需有中间商的共识和配合。推式策略常用的方式有:派出人力资源服务人员上门讲解产品,或提供各种售前、售中、售后服务渠道管理等。

(2) 拉式策略。拉式策略是人力资源服务企业针对最终客户展开的宣传攻势,把产品信息介绍给目标客户,使人产生强烈的接受欲望,形成急切的需求,然后"拉引"中间商纷纷要求成为人力资源服务企业的中间商。由于中间商与人力资源服务企业对某些新产品的前景常有不同的看法,很多新产品上市时,中间商往往过高估计风险。在这种情况下,人力资源服务企业只能通过价格管理、广告宣传、展览渠道、会议销售等向客户直接服务。

(3) 推拉结合策略。在通常情况下,人力资源服务企业也可以把上述两种策略配合起来运用,在向中间商进行渠道管理的同时,通过广告刺激市场需求。在推式渠道管理的同时进行拉式渠道管理,用双向的渠道管理努力把人力资源服务产品推向客户,这比单独利用推式策略或拉式策略更有效。

由于渠道的设计是渠道成员在不同角度、不同利益和不同方法等多因素的影响下完成的,因此,渠道冲突是不可避免的。渠道的冲突是利益之争,都是为了维持市场份额,保持竞争优势,争夺渠道控制权的结果。其产生的原因可能是渠道体系设计存在缺陷、渠道成员之间缺乏信息沟通,也可能是渠道成员的个体化差异造成的。人力资源服务企业通过各种方式和目标市场之间进行双向传递信息,以启发、推动和创造对人力资源服务的需求,并引起接受欲望和行为的综合性活动。各种渠道管理方式和手段在不断变化的市场环境中灵活运用和系统谋划。企业根据渠道管理的需要,对广告、人员服务、服务促进等各种渠道管理方式进行适当选择和综合编配。企业要想收获理想的渠道管理效果,必须根据目标市场合理安排渠道管理组合,也就是对渠道管理工具进行有机的配合、运用,以取得最好的渠道管理效果。

二、人力资源服务渠道结构设计

服务渠道的结构,可以分为长度结构、宽度结构及广度结构三种类型。三种渠道结构构成了渠道设计的三大要素或称为渠道变量。渠道结构中的长度变量、宽度变量及广度变量完整地描述了一个三维立体的渠道系统。

第一,长度结构(层级结构)。服务渠道的长度结构,又称为层级结构,是指按照其包含的渠道中间商(购销环节),即渠道层级数量的多少来定义的一种渠道结构。通常情况下,根据包含渠道层级的多少,可以将一条服务渠道分为零级渠道、一级渠道、二级渠道和三级渠道等。零级渠道又称为直接渠道,是指没有渠道中间商参与的一种渠道结构。零级渠道也可以理解为是一种分销渠道结构的特殊情况。在零级渠道中,产品或服务直接由生产者销售给客户。零级渠道是大型或贵重产品及技术复杂、需要提供专门服务的产品销售采取的主要渠道。一级渠道包括一个渠道中间商,通常是一个佣金商或合作商家,而在消费品市场上,这个渠道中间商则通常是零售商。二级渠道包括两个渠道中间商,通常是合作商家及批发商,而在消费品市场上,这两个渠道中间商则通常是批发商和零售商。三级渠道包括三个渠道中间商,主要出现在较宽的服务产品中,如员工体检等。

第二,宽度结构。渠道的宽度结构,是根据每一层级渠道中间商数量的多少来定义的一种渠道结构。渠道的宽度结构受产品的性质、市场特征、用户分布及企业分销战略等因素的影响。渠道的宽度结构分成以下三种类型:密集型渠道是指人力资源服务企业在同一渠道层级上选用尽可能多的渠道中间商来推广自己产品的一种渠道类型。选择性分销渠道是指在某一渠道层级上选用少量的渠道中间商来进行推广产品的一种渠道类型。独家分销渠道是指在某一渠道层级上选用唯一的一家渠道中间商,这种渠道结构多出现在总代理时,许多新品的推出也多选择独家分销的模式。

第三,广度结构。渠道的广度结构实际上是渠道的一种多元化选择。也就是说,许多人力资源公司实际上使用了多种渠道的组合,即采用了混合渠道模式来进行销售。例如,有的公司针对大的行业客户,内部成立大客户部;针对数量众多的中小企业用户或广大务工人员,采用广泛的分销渠道。

渠道结构可以笼统地分为直销和分销两个大类。其中,直销又可以细分为几种,如直接设立的大客户部、行业客户部或直接成立的分支机构等。分销则可以进一步细分为选择密集型、选择型和独家等方式。

三、人力资源服务渠道推广设计

媒体推广是一种相对复杂且涉及跨行业运营的业务模式。"媒体合作"人力资源服务企业与电视媒体、广播电台、报纸或杂志的全方位的合作或软文发布,让用户更能接触到人力资源服务产品的充分信息,无论是对品牌还是发展用户都能起到积极的作用。

人力资源服务企业与媒体合作,首先要考虑 5M 因素,即 Mission(任务)、Money(资金)、Message(信息)、Media(媒体)、Measurement(衡量)。也就是说,人力资源服务企业要明白广告的目的是什么,要花多少钱,要传送什么信息、使用什么媒体及如何评价结果。媒体介质通常具有计划性、效益性、真实性、思想性、艺术性,把人力资源服务产品的信息有效地传递到目标客户。媒介不同,费用、设计、策略、效果等内容都是不同的。因此,要认真选择媒体。

媒体调查是为了掌握各个广告媒体单位的经营状况和工作效能,以便根据广告目标来选择媒体。报刊媒体调查的内容有:①发行量。报刊的发行量越大,广告的接触传播面越广,同时,广告费用也相对降低。②发行区域分布。主要调查报刊发行区内各细分区域内的报刊发行比例,其目的在于了解报刊在各地区的接触传播效果。③读者层构成。这包括年龄、性别、职业、收入和文化程度等的不同构成情况。④发行周期。发行周期是指报刊发行日期的间隔期,如日报、双日报、周刊、旬刊、月刊等。⑤信誉。这主要是指该报刊在当地所享有的权威性及社会大众对其信任程度等。广播电视媒体调查的内容主要有:①传播区域。广播电视播送所达到的地区范围及覆盖范围。②视听率。在覆盖范围内收听收视的人数或户数,一般用社会所拥有的电视机和收音机量来匡算。③视听者层。主要是根据人口统计情况和电视机、收音机拥有情况,匡算出有关视听者层的分布和构成。其他广告媒介调查包括交通广告、路牌、霓虹灯广告等,主要通过调查交通人流量、乘客人员来匡算测定,邮寄广告则通过发信名单进行抽查即可。

企业在选择媒体时要考虑以下因素:第一,目标客户的媒体习惯。人们在接受信息时,一般是根据自己的需要和喜好来选择媒体。例如,教育程度高的人接受信息的来源往往偏重于因特网和印刷媒体;老年人则有更多的闲暇时间用于看电视和听广播;在校大学生偏爱上网和听广播。分析目标客户的媒体习惯,能够更有针对性地选择广告媒体,提高广告效果。第二,媒体特点。不同媒体的市场覆盖面、市场反应程度、可信性等均有不同的特点,不同产品在展示形象时对媒体有不同要求,如性能较为复杂的技术产品,需要一定的文字说明,较适合印刷媒体;服装类产品,最好通过有色彩的媒体做广告,如电视、杂志等。不同媒体所需成本也是媒体选择所必须考虑的因素之一。考虑媒体费用不能仅分析绝对费用,如电视媒体的费用大,报纸媒体的费用低等,更要研究相对费用,即沟通对象的人数构成与费用之间的相对关系。

人力资源服务企业可以根据愿望性、独占性和可信性来评估媒体的信息,是不是人们所期待的或有兴趣的有关产品,是否有别于同类产品中其他品牌的特色或独到之处,如采用记事式、问题式、祈使式、赞扬式、比较式的哪一种标题,采用布告体、简介体、证书体、小说体、幽默体的哪一类型正文。

媒体的传播效果主要通过接收率和认知率来评价,媒体推广效果是对媒体推广所引起的企业或产品知名度和美誉度的变化情况,人力资源服务营业额受到常规因素的影响不可避免(如淡季、旺季变化),可根据变化规律设置某些调整系数,当然也可以将具有周期性变化规律的时期作为一个测试期来进行测试和比较。

第二节　人力资源服务渠道管理内容

一、人力资源服务渠道管理步骤

人力资源服务渠道管理就是对渠道设计、评价、选择和调整的管理。渠道的选择要与本企业的战略目标一致,这是进行渠道设计的根本前提。另外,本企业与渠道成员在渠道建设上的目标也应当一致,在相同的目标指引下,才能减少冲突,促进合作,增进相互了解,发挥渠道优势。所选择的渠道一定要经济合理,正确评估各渠道的销售量与销售成本,在双赢原则的指导下,选择盈利能力较强的渠道。人力资源服务渠道成员的可控性较差,容易引起人力资源服务质量的不稳定。一旦发生渠道冲突,协调难度就会加大,因此应当尽量选择易控制的渠道。人力资源服务公司提供的产品应当与渠道成员的经营范围有紧密联系。渠道应有灵活性,可以根据内外环境的变化及时调整。选择的人力资源服务地点应为公司提供发展机遇。渠道成员间应当优势互补,共同发展,只有这样才能建立起持久、稳固的伙伴关系,从而为公司带来长期收益。由于人力资源服务商提供的人力资源服务往往与中间商提供的人力资源服务融为一体,而中间商也是追求利润的独立组织,这就导致人力资源服务商对人力资源服务产品质量的控制、对人力资源服务渠道成员的控制很困难,所以选择一个声誉好的中间商极其重要。声誉好、规模大、财务状况优良、竞争能力强的中间商可以减少公司的协调成本,同时也有利于人力资源服务产品的销售。

人力资源服务公司应当提供什么样的人力资源服务,如何传递这种人力资源服务,采用直接提供服务还是中间商的形式,人力资源服务渠道的管理过程就是回答这些问题的过程。人力资源服务渠道的管理要讲究业务的优良性和客户的亲密性。业务的优良性是指组织应以竞争的价格向客户提供可靠的产品和人力资源服务,同时把不便和困难减到最小。客户的亲密性是指对市场进行精确的细分,更好地满足每个细分市场客户的需要。人力资源服务地点越贴近客户,人力资源服务机会就越大,赢得的客户就越多。

人力资源服务渠道管理是一个开放型系统工程,公司应首先进行态势分析(Strengths Weaknesses Opportunities Threats,SWOT),然后在渠道目标的指引下对渠道方案进行评价、比较、选择,最后还要根据环境的变化做相应的调整。渠道策略一旦制定,便需要稳定运行一段时间,如果变动过于频繁,不仅不利于公司的形象,也不利于人力资源服务质量的稳定。

第一,现有渠道的分析。这主要包括对现有渠道的结构和类型、渠道的盈利能力、公司产品的适应程度等进行分析。分析的目的在于如果现有渠道不符合产品要求,就应当及时进行调整。信息的来源主要有市场调研、专家咨询和直接观察。

第二,外部分析。这主要包括宏观分析和微观分析:宏观分析的内容包括国家法规、政策、经济、社会、文化、信仰、价值观、产业链等;微观分析包括竞争对手分析和客户分析。竞争对手分析包括分析竞争对手的实力、规模、战略、渠道策略、渠道结构、支持渠道的服务计划等;客户分析包括分析客户的消费心理、消费习惯、年龄、受教育程度、性别、收入、生活方式等。

第三,内部分析。这主要包括人力资源公司的战略和目标、提供的服务产品、企业的规模和信誉、企业管理渠道的能力和愿望、内部业务流程等。其中,人力资源服务产品分析包括人力资源服务提供方式、产品种类、标准化程度、附加服务的多少、知识含量等。

第四,渠道目标。这主要包括满足公司战略需要、提高市场占有率、盈利最大化、提高知名度、增加品牌价值、减少销售费用、提高用户满意度等。

第五,渠道策略。在对内外环境分析的前提下,确定渠道成员的责任(价格政策、地区权利、提供服务条件等),然后制定切实可行的渠道策略,主要包括直销策略、多地点策略、特许经营策略、战略联盟策略。对于实力较强、规模较大的公司还可以采用国际化服务策略。

第六,确定方案。根据渠道原则或标准进行仔细筛选,最后找到适合人力资源服务公司的最佳渠道或渠道组合,确定同一级渠道中间商的数目,确定选择专营性服务、选择性服务还是密集性服务。

第七,渠道绩效评价。人力资源服务公司定期按照一定标准衡量中间商的表现,可以采用五种力量来获取合作:强制力量、报酬力量、法律力量、专家力量和其他相关力量。绩效评价技术可以采用综合计分卡方法,这种方法不仅包含财务指标,还包含非财务指标,是一种全面、系统的分析方法。

第八,渠道调整。当外界环境发生变化,渠道成员没有履行自己的责任,客户的购买方式发生变化,企业要采用扩张策略,竞争者的渠道发生变化,新的竞争者出现等情况发生时，就需要对渠道进行调整或变更。一般有四种方式的变更：增减个别渠道成员、改变渠道层级结构、增减渠道成员中人力资源服务的内容、创建全新的渠道。

二、人力资源服务渠道管理内容

人力资源服务的渠道管理主要包括：渠道设计、渠道结构、渠道的选择、激励、评价、渠道冲突解决方案、渠道管理、优化、渠道推广等。简单来说，人力资源服务的渠道管理就是渠道流程管理、渠道成员管理、渠道关系管理、渠道绩效管理、渠道难点管理五大方面的内容。

人力资源服务的渠道流程管理主要是四个方面：商流、物流、资金流、信息流。企业管理好这四个方面，市场至少不会出现混乱，只有市场基础管理不出问题，才能"长治久安"。商流指的是所有权的转变，考虑如何从终端向上拉动，引导合作商家如何操作产品、协助合作商家建立分销渠道、作为人力资源服务公司的桥梁便于两者间的沟通顺畅、控制合作商家操作行为等，最终能够形成对合作商家帮助、指导和管控。物流服务是从接收客户订单开始到将人力资源服务产品送到客户手中为止所发生的所有服务活动，本质是更好地满足客户需求，即保证客户需要的人力资源服务在客户要求的时间内准时送达，服务能达到客户所要求的水平等。目的是提供更多能满足客户要求的服务，扩大与竞争对手之间的差距，有效地完成产品的供应，通过销售额的增加来获得或增加企业的利润，减轻客户的作业负担，提高作业效率。资金流管理就是管理现金流，回款是现款交易还是先交易后付款，还是可以赊账。一般来说，现在都是先付款后交易；但也有一些重点客户，由于长期的合作，可以有一个授权的信用额度，在信用期内，可以延后回款，应收账款大多也是这样形成的。信息流管理就是信息的收集、整理、反馈都要形成一个系统，而且要做到有回复和反馈。大多数人力资源服务公司将市场的信息收集看作一种形式，例会也流于形式，时间久了没有反馈，也就不再收集了。很多人力资源服务企业在这方面工作做得很不到位。

人力资源服务的渠道成员管理也是五个方面，选择渠道成员、培训渠道成员、激励渠道成员、评价渠道成员及调整渠道成员。渠道成员的选择，先是合作商家的选择，唯一的标准是合适。怎么才算合适，需要根据市场和企业情况来定。它的基本要求是配合客户的服务工作，积极开发和维护市场，有一定的资金、网络、人员。对新的市场，要求合作商家具备市场的开发能力和下游网络，对团队的要求也较高；如果是成熟产品，则需要强大的资金实力和送达能力，这些都要视具体情况对待。分销网络既要广泛，也要直接和有效，能让产品快速覆盖终端，客户方便购买产品。

人力资源服务的渠道关系管理主要是防止三种冲突。一是垂直冲突，是指人力资源服务企业之间的冲突及回款、折扣率、激励政策、淡旺季产品供应、市场推广支持、通路调整引发的矛盾。二是水平冲突，是指同一层次的通路成员关系，由于区域划分、激励、推广产品政策不同引发的价格混乱、产品供应不平衡、推广产品方式各异、侵蚀地盘、窜货等方面的冲突。三是交叉关系，是指不同类型渠道冲突，如价格不统一、窜货等。

人力资源服务的渠道管理主要是对人力资源服务产品合作商家的供货管理，保证供货及时，减小产品流通阻力，提高资金利用率，规避结算风险，妥善处理客户投诉等问题，减少因订单处理环节中出现的失误而引起不畅，在此基础上帮助合作商家建立并理顺销售子网,分散压力,加快服务提供速度。此外,还涉及人力资源服务产品合作商家的培训,增强针对人力资源服务公司理念、价值观的认同及对产品知识的认识。以协作、协商的方式为主,以理服人,及时帮助人力资源服务产品合作商家消除顾虑,平衡心态,引导和支持人力资源服务产品合作商家向有利于产品服务的方向转变。

三、人力资源服务渠道管理方法

人力资源服务公司通常采用渠道精细化管理方式,通过五个互相衔接的表格:一方面,确保业务员按计划走访市场,全面实现对业务员的过程管理;另一方面,通过过程管理和合作商家的配合,实现销售目标和促进市场良性发展。

第一,通过"客户走访计划表"确定走访的行程安排,同时使管理人员掌控区域经理行程。存在的问题:有些业务人员可能会编造行程表,或串通好合作商家,没有走访却说已走访。

第二,通过"客户沟通表"与客户深入研究市场,探讨操作方案。对比去年同期、上月数据、合同计划指标、本月计划完成任务,找出阻碍业务量提升的主要问题,确定本月采取分销、推进、跟进、终端提升等市场操作策略,提出完成本月计划需要公司提供的支持,列举出完成本月计划需要客户配合的资金、人员、场所等条件。存在的问题:有目标,有策略,执行力却不到位。同时需要对执行的结果进行评估。

第三,通过"日工作推进表"明确当日完成的具体工作、存在的问题、次日的工作计划。将《客户沟通表》制定的目标和策略按日推进,及时发现问题和解决问题,朝正确的方向前进。

第四,通过"顾客满意度调查表"明确产品的满意度,明确客户对产品推广人员的满意度,了解客户对服务工作的成效,查找改进的地方,有利于分析合作商家的心理动态。

第五,通过"合作商家月度评估表"掌握服务指标完成情况、项目的执行情况、存在的问题和改进建议,为下一步制定策略(继续重点关注、一般对待、自生自灭、取缔)提供依据。

人力资源服务公司与产品合作商之间的关系可以划分为高度控制和低度控制。

第一,高度控制。人力资源服务公司能够选择负责产品推广的服务中介类型、数目和地理分布,并且能够支配这些服务中介的策略和价格,这样的控制称为高度控制。根据人力资源服务公司的实力和产品性质,绝对控制在某些情况下是可以实现的。绝对控制对某些类型的生产企业有着很大的益处,对特种产品来说,利用绝对控制维持高价格可以维护产品的优良品质形象,因为如果产品价格过低,会使客户怀疑产品品质低劣或即将淘汰。另外,即使对一般产品,绝对控制也可以防止价格竞争,保证良好的经济效益。

第二,低度控制。如果人力资源服务公司无力或不需要对整个渠道进行绝对控制,往往通过提供具体的支持协助手段来影响服务中介,这种控制的程度是较低的,大多数人力资源服务公司的控制属于这种方式。人力资源服务公司派驻代表到服务中介去亲自监督,并提供一些具体帮助,或持中介网员开展推广、公关活动,对中间商传授服务知识,提高其经营水平。调动服务中介成员推广相关的人力资源服务产品的积极性,达到控制网络的目的。

人力资源服务公司的公共关系管理也非常重要,公共关系管理可以协助其开发新产品、协助成熟期产品的再定位、建立对某一产品种类的兴趣、影响特定的目标群体、保护已出现公众问题的产品、建立有利于表现产品特点的公司形象,必须善于和新闻媒体界打交道,通过游说和咨询扩大产品公共宣传和公司信息传播。人力资源服务公司按照真实性、平等互利、整体一致、全员公关原则,运用公共关系宣传推广产品、运用公共关系塑造企业形象推广产品、运用公共关系保证企业市场服务真正以客户为中心、运用公共关系纠正企业服务的失误,同时需要不断地加强新闻宣传、开展公益活动、处理与反馈公众意见、建立全方位的联系、组织专题公关活动、建立健全内部公关制度。

第三节　人力资源服务渠道管理岗位

人力资源服务产品具有无形性、不可分离性、可变性、易逝性和地域性,人力资源服务渠道具有层级少、控制难、人力资源服务质量不稳定等特点。人力资源服务产品的所有权不会随中间机构的存在而发生转移,人力资源服务产品的合作商家只有使用权而没有所有权,在日常管理中具有特殊性。

一、渠道管理工作描述

渠道是一种有限的资源,商家谁占有了渠道,谁就赢得了竞争优势。渠道经理要对不同类型渠道的发展过程进行密切关注,定目标、造规划、设标准、常评估、勤指导,从而维护各类渠道的良性发展,形成企业真正的核心竞争力。人力资源服务产品渠道经理是指通过合作伙伴进行间接销售,并提供服务支持的管理者。这个职位是人力资源服务企业和代理商联系的窗口。一般情况下,客户经理是直接和最终用户打交道的人,而渠道经理则是引领多个合作伙伴的销售团队,并通过其发挥杠杆作用,间接与最终用户打交道,创造合作伙伴和实现人力资源服务企业"双赢"的人。渠道经理一般要求具备市场营销或相关专业本科以上学历,具有市场营销、产品知识、产业经济、公共关系、管理技能开发等方面的专业知识,具备良好的渠道客户关系管理能力及合理的目标设定和评定能力,熟悉产品营销渠道开发和建设业务,有良好的沟通技巧和语言表达能力及独立工作能力,良好的市场判断力和开拓能力,具有较强的观察力、应变能力和财务能力。具体包括以下几个方面。

(1) 具备两年以上企业销售管理的工作经验,对市场营销工作有深刻认知,善于对资金、资源和人力进行整合。

(2) 具备把握方向和大局的能力,具有一定的客户网络,有高度的工作热情和良好的团队合作精神,思路清楚,乐于接受挑战。

(3) 规划整体渠道策略及运作模式,执行销售和市场推广方案。

(4) 制定渠道策略,提供渠道服务支持,沟通和管理各区域的重要客户。

(5) 及时沟通客户,反馈市场信息,做出处理意见。

(6) 帮助合作商家进行供货管理,帮助合作商家建立并理顺销售子网,加快产品的流通速度。

（7）加强对合作商家推广产品提供的支持，减少产品流通阻力，促进销售，提高资金利用率，使之成为合作商家的重要利润源。

（8）对合作商家负责，在支持供应的基础上，对合作商家提供产品服务支持。妥善处理销售过程中出现的客户投诉等问题，切实保护合作商家的利益不受无谓的损害。

（9）加强对合作商家的订单处理管理，减少因订单处理环节中出现的失误。

（10）加强对合作商家订单的结算管理，规避结算风险，避免合作商家利用结算便利制造市场混乱。

（11）对合作商家进行培训，增强合作商家对人力资源公司理念、价值观的认同及对产品知识的认识。负责协调公司与合作商家之间、合作商家与合作商家之间的关系。对于突发事件，如价格涨落、产品竞争及周边市场冲击或低价倾销等扰乱市场的问题，及时帮助合作商家消除顾虑，平衡心态，引导和支持合作商家向有利于产品服务的方向转变。

随着市场渠道结构的进一步转型，传统渠道逐渐衰落，现代渠道迅速崛起，企业必须关注不同渠道的全方位发展，达成专业化管理，并在不同渠道之间引入竞争。在当前的市场环境下，对渠道的细分化要求日益强烈，市场激烈的竞争使企业不得不绞尽脑汁去挖掘更多的渠道空间，去挤占更多的渠道资源。在实践中，有些企业在渠道利用上别出心裁，达到了有效切入市场、以小博大的效果。面对这种态势，企业必须通过渠道经理的设立来实现对不同渠道的专业化管理。

二、渠道工作人员管理

人力资源服务人员通过派出服务人员，与一个或多个可能的对象交谈，做口头陈述，以服务产品，促进和扩大服务。服务人员总愿意在许多方面为客户提供服务，帮助他们解决问题。因此，服务人员通过同客户面对面交流，消除疑惑，加强沟通。同时，双方在交流过程中可能建立起信任和友谊关系。服务人员通过现场示范，介绍产品功能，回答客户问题，可以立即获知客户的反应，并据此适时调整自己的服务策略和方法，容易使客户信服。

人力资源服务组织结构设计关系到服务工作的效率和资源最佳利用问题。服务队伍组织结构可按照市场区域、产品、客户及这三个因素的结合进行调整和组织。服务人员主要的功能是寻找客户、传递信息、服务产品、收集信息、提供服务，在这一过程中，寻找并识别目标客户，进行前期调查，试探式接触，介绍和示范，应付异议，达成交易，安排后续工作，需要不断地刺激、启发和满足需要。

第一，按地区结构设计。人力资源服务队伍地区化组织结构相对清晰，便于整体部署。服务人员的活动范围与责任边界明确，相对节省往返旅途费用，有利于管理与调整服务力量，能鼓励服务人员努力工作，有利于服务人员与当地商界及其他公共部门建立良好关系。人力资源服务企业在规划地理区域时，要充分考虑地理区域的某些特征，如各区域是否易于管理，各区域服务潜力是否易于估计，服务人员用于服务的全部时间可否缩短等。

第二，按产品结构设计。人力资源服务队伍产品化组织结构适合技术性强、工艺复杂、强调专业知识的情况，服务人员负责一种或一类产品的服务，否则很难有效地提供服务。这种类型的组织设计中，产品经理能够实现产品的最佳服务组合，产品能较快地成长起来，能够对市场出现的问题及市场状况的变化迅速做出反应。当然，这种组织也存在一些问题,如缺乏整体观念。在产品型组织中,各个产品经理相互独立,他们会为保持各自产品的利益而发生摩擦。部门冲突时有发生,产品经理的工作未必能获得广告、服务、财务等方面的理解和支持。多头领导致权责划分不清楚,具体服务人员可能会得到多方面的指令。

第三,按客户结构设计。人力资源服务队伍客户化组织结构常常按客户类别来分配服务人员。如企业对不同行业安排不同的服务队伍,一般来说,分类方法有行业类别、用户规模、服务方式等。这类设计能针对不同客户采取不同的服务策略。但是,一个服务人员可能要横跨若干省份或大区域,整个服务队伍有可能重复交叉出现在同一个地区。

理想的人力资源服务人员应当对现实与客户的认识趋于准确、客观,对事实持现实的态度,具有广泛而深厚的人际关系等,能够明确自己的责任、深知工作性质、拥有以勤为径与百折不挠的坚强意志。理想的服务人员个人特性是由他们的责任决定的(图 5-1),他们必须承担挖掘潜在客户的需要、宣传产品、说服客户、答辩、成交和以服务建立企业信誉的责任,而且要对日常访问报告、计划和访问编排负责。

图 5-1 人力资源服务人员的素质要求

理想的人力资源服务人员必须熟练掌握自己所在企业的历史、经营目标、组织结构设置、主要负责人、主要产品、服务质量等,熟练讲解产品、功能、用途、技术含量等,能够尽快把握客户的动机、习惯、数量、地理分布、付款方式、信用状况等,懂得怎样在现有客户和潜在客户间分配时间,如何拟定服务路线,如何合理支配费用等。

由于不同的渠道管理手段具有不同的特点,企业要想制定出最佳组合策略,就必须对渠道管理组合进行选择。企业在选择最佳渠道管理组合时,应考虑产品生命周期、产品类型、差异、服务促进、人员服务和宣传。在产品导入期,应当使客户认识产品,使中间商愿意加盟;在产品成长期或者成熟期,应当使客户感兴趣,扩大市场占有率,使客户成为"偏爱";在产品衰退期,应当保持市场占有率,保持老客户和新用户的推陈出新。

市场需求情况不同,企业应采取的渠道组合也不同。一般来说,市场范围小、潜在客户较少及产品专用程度较高的市场,应以人员服务为主;对于无差异市场,因其用户分散、范围广,则应以媒体或者会议推广为主。

三、渠道管理风险控制

第一,渠道不统一引发合作商家之间的矛盾。人力资源服务企业应该解决由于市场狭小造成的企业和中间商之间所发生的冲突,统一企业的渠道政策使服务标准规范。防止窜货应该加强巡查,防止倒货应该加强培训、建立奖惩措施,通过人性化管理和制度化管理的有效结合,从而培育最适合企业发展的合作关系。

第二,渠道冗长造成管理难度加大。应当缩短产品到达客户的时间,减少环节、降低损耗,有效掌握终端市场供求关系,减少利润被分流的可能性。

第三,渠道覆盖面过广。人力资源服务公司必须有足够的资源和能力去关注每个区域的运作,尽量提高渠道管理水平,积极应对竞争对手对薄弱环节的重点进攻。

第四,人力资源服务公司对中间商的选择缺乏标准。在选择中间商的时候,人力资源服务公司不能过分强调合作商家的实力,而忽视了很多容易发生的问题。例如,实力大的合作商家同时也会经营其他品牌,并以此作为讨价还价的筹码,实力大的合作商家不会花很大精力去销售一个小品牌,厂家可能会失去对产品销售的控制权等。对于知名度不高、实力不强的公司,人力资源服务企业应该在市场开拓初期进行合作商家的选择和培育,既建立利益关联,又有情感关联和文化认同。产品经营的低风险性及较高的利润,都促使二者形成合作伙伴关系。总之,选择渠道成员应该有一定的标准,如经营规模、管理水平、经营理念、对新生事物的接受程度、合作精神、对客户的服务水平、其下游客户的数量及发展潜力等。

第五,企业不能很好地掌控并管理终端。某些人力资源服务企业自己经营了一部分终端市场,抢占合作商家的生意,使其业务量减少,逐渐对人力资源服务企业的产品失去信心,造成传统渠道堵塞。如果操作不当,整个渠道会因为动力不足而瘫痪。

第六,忽略渠道的后续管理。很多人力资源服务企业误认为渠道建成后可以一劳永逸,不注重与渠道成员的感情沟通与交流,从而出现了很多问题。从整体情况而言,影响渠道发展的因素众多,如产品、竞争结构、行业发展、合作商家能力、客户行为等,渠道建成后,仍要根据市场的发展状况不断加以调整,否则就会出现大问题。

第七,盲目自建网络。很多人力资源服务企业不顾实际情况,自建产品推广网络,但是由于专业化程度不高,致使渠道效率低下。由于网络太大反应缓慢、管理成本较高、人员开支、行政费用、推广费用巨大,给企业造成了很大的经济损失。自建渠道的关键必须讲究规模经济,必须达到一定的规模,厂家才能实现整个配送和营运的成本最低化。

第八,新产品上市的渠道选择混乱。任何一个新产品的成功入市,都必须最大限度地发挥渠道的力量,特别是与合作商家的紧密合作。合作商家应该与人力资源服务公司有相同的经营目标和服务理念,从实力上讲合作商家要有良好的信誉、较强的服务意识及终端管理能力。

总之,在现代服务环境下,合作商家经过多年的市场历练已经开始转型并逐渐成熟了,对渠道的话语权意识也逐步得到加强。所以,人力资源服务企业在推广新品上市的过程中,应该重新评价和选择合作商家:一是对现有的合作商家,强化网络拓展能力和市场操作能力,新产品交其代理后,厂家对其全力扶持并培训;二是对没有改造价值的合作商家,坚决更换;三是对于实力较强的新合作伙伴,可委托其代理新产品。

思考题

1. 客户接受人力资源服务业有哪些？
2. 人力资源服务企业如何设计产品的销售渠道？
3. 人力资源服务渠道管理的内容有哪些？
4. 人力资源服务企业如何控制渠道风险？

第六章

人力资源服务等待管理

客户排队等待现象的形成,是由客户需求的波动性和人力资源服务企业接待能力的相对固定性之间的不匹配引起的。排队等待既是每个客户经常碰到的事情,也是每个人力资源服务企业必须面对的问题。排队等待现象不仅影响客户的消费体验和消费评价,也直接影响人力资源服务企业的成本和收益,因而人力资源服务企业不能无视存在的排队等待现象。

第一节 人力资源服务等待

一、等待心理学

客户等待是不可避免的,不仅浪费时间,还常常感觉乏味无聊或心情烦躁。作为人力资源服务企业,客户排队等待可能意味着生意兴隆,但是也不得不承认,过长的人力资源服务等待是服务工作的失误,它不仅会为人力资源服务企业带来负面影响,还会流失许多客户和盈利机会。我们首先要了解客户的等待心理,并有针对性地采取一些措施,使等待变得可以接受,甚至成为一种美好的体验。其次进一步了解人力资源服务等待的成本问题和收益机会,并采取相应措施,减少损失,增加收益。

客户的人力资源服务体验往往不是从享受人力资源服务开始的,而是从等待人力资源服务开始的。但是,没有人愿意等待,除非他们对人力资源服务有较高的期望或别无选择,否则他们会另外选择其他服务提供商,或干脆放弃。如果客户在等待人力资源服务时就遭受了很大的挫折,那么先入为主的偏见心理将会使正式的人力资源服务体验受到很大的不良影响。反之,如果人力资源服务企业能够理解将要接待人力资源服务的客户,而且能够让客户相信他们的等待是值得的,那么不仅会让客户留下来,而且还会让客户耐心地去排队等待。实践证明,客户对等待时间的心理感受比实际等待时间的长度更重要,更值得人力资源服务企业关注。客户往往是依据他们对等待时间的心理感受,即心理等待时间,来对等待服务进行评价的。因此,人力资源服务企业不仅要切实减少客户的实际等待时间,还要设法减少客户的心理等待时间。

等待心理学是使企业与客户"双败"的学问,而非"双赢"的学问。企业在效率上忽视了等待心理学的作用。让客户等待,表面上看是企业忙碌不过来,但实际上却证明了企业管理的失败是企业忽视效率造成的。效率低下的企业,就会导致成本大增。成本大增,就会在成本上丧失竞争优势。反映在产品价格上,同样价格的产品,相比竞争对手,企业赚不到钱。企业赚不到钱、亏损而没有资金周转就会关门倒闭,这是很现实的问题。提高效率的目的,就是为了增加产出,减少成本,形成成本竞争优势。在顾客满意度上忽视了等待心理学的作用,让客户痛苦,那么客户也会让企业痛苦。企业让客户满意,那么客户也会让企业满意。客户痛苦,就会憎恶企业,反感企业的产品。客户满意,就会喜爱企业,经常购买企业产品。如果企业不能完全根除客户等待现象,或没有办法不让客户等待,那么就要想办法让客户在等待时做些其他娱乐的事情,转移等待的痛苦,这样客户就会对企业满意,从而成为高忠诚度客户。

等待心理学认为,对时间长短的知觉与活动内容、情绪、动机、态度有关。一般来说,内容丰富而有趣的情境使人觉得时间过得很快,而内容贫乏枯燥的事物使人觉得时间过得很慢;但回忆时与之相反,即经历越丰富有趣,我们将回忆中的时间比实际时间更长,而经历贫乏枯燥,将回忆中的时间比实际时间要短。

期待的态度会使人觉得时间过得慢,面对不希望出现的事物会让人觉得时间过得快。当我们期盼与久未谋面的朋友相见时,就会觉得时间过得很慢;而在等待面试的时候,会觉得很快就到自己了。时间知觉还明显地依赖于刺激的物理性质和情境,像对较强的刺激我们会觉得比不太强的刺激时间长。每个人都想掌握自己的生活,而等待就意味着被动和难以自我控制,都容易让人产生不安感。等待中一般会经历以下的心理过程:第一阶段是乐观地期盼,相信自己很快就能得到所希望的结果;第二阶段是随着时间一点一滴地过去,当事人开始怀疑积极的结果,同时乐观的期盼尚未完全消散,因此两种心情呈现拉锯状态,第三阶段是当时间又过了很久,如果没有任何事实来支持当事人的乐观,悲观和绝望就开始掌握整个思绪,理性至此彻底崩盘,情绪开始接管人的行为。其中最关键的是第二阶段,即"有无任何事实来支持自己的乐观"。说白了就是"我可以等,但我想要知道我还须等多久"。大量的研究证明:如果让等待者知道自己的现况,也能预测剩下的等待时间,等待者往往可以忍受更长的等待,不至于产生负面情绪。总之,人真正害怕的不是等待,而是那种"永无止境、没完没了"的绝望感,一旦陷入这种感觉,就会引发难以控制的情绪灾难。

下面是客户在等待人力资源服务过程中的一些心理特点。

第一,忙碌时比空闲时感觉时间过得更快。当我们聚精会神地专注于某一事情时,时间在不知不觉中就过去了;当我们无所事事,只是为了纯粹地等待别人来接待时,就会觉得非常枯燥和无聊,时间过得很慢。为了填充客户的等待时间,转移客户的注意力,使客户有所事事,如读报纸、看电视、嗑瓜子、玩扑克、喝饮料、看鸟叫、看工艺品、玩电子游戏等,我们可以尽情地总结和创新。

第二,焦虑时比放松时感觉时间过得更慢。当我们感到痛苦时,就会觉得每一分钟都是煎熬的;而当感到很愉快时,就会觉得时间在不知不觉中流逝。这就是心理学上的相对论。人力资源服务企业应该为客户提供一个宽松、安全的消费环境。为了避免一些不自觉的客户插队进而引起其他客户的焦虑和不满,服务人员应引导客户自觉排队。

第三,在客户的感觉中,等待人力资源服务的时间比正式的人力资源服务时间要长得多。当客户意识到人力资源服务已经开始,那就相当于他们的等待有了希望,因此也会感觉到等待的时间过得快一些。正因为如此，人力资源服务企业应当尽早给予客户人力资源服务开始的信号。

第四，知情情况下的等待时间比不知情情况下的等待时间过得更快。当劳务人员准备乘车到一个城市的工厂去工作的时候，班车似乎无限期地不能启动，又不知晓是什么原因，就会急得像热锅上的蚂蚁。此时，如果人力资源服务公司能够向客户说明延误的原因，并告知预计出发的时间，客户焦躁不安的情绪就会得到适当的缓解，等待的煎熬也就不那么强烈了。在客户知情的情况下，如果人力资源服务企业表现不好，则会引起相反的效果。一般情况下，如果客户实际等待时间短于人力资源服务企业告诉客户的等待时间，那么客户就会因为提前几分钟而欣喜不已；相反，客户会因为晚了几分钟而闷闷不乐。

第五，不平等排队下的等待时间要比公平排队下的等待时间感觉更长。客户经常会因为受到不平等的待遇而生气，因此也使等待时间变得更长。但是，人力资源服务企业为了增加收益，经常会优先对待一些特定的客户群体。但是，在为这些"贵宾"提供优先人力资源服务的时候，一定要避开正常排队的人，否则会引起正常排队客户的不满。还有一部分特殊客户会得到优先安排，并且已经成为行规，排队的客户一般是不会介意的。

第六，独自等待的时间要比集体等待的时间过得更慢。一个人等待会觉得孤独无聊，和朋友一起等待会通过聊天打发时间。正因为如此，人力资源服务企业在设计等待大厅时，尽量让等待的客人集中在一起便于沟通和交流；在设计队列时，尽量避免单行队伍，设计成两行或多行的平行队伍为最佳。

第七，不舒服的等待时间比舒服的等待时间过得更慢。躺在病床上等待做手术是一种痛苦的煎熬，在绵绵细雨或烈日炎炎中等车也是一件让人难熬的事情。考虑到客户的生理特点和生理需求，舒适的软椅、温馨的环境、遮阳伞、空调、遮雨棚等都能增加客户等待时的舒适感。

第八，有趣、愉快的等待比无聊的等待过得更快。积极的情绪使人觉得时间短，消极的情绪使人觉得时间长。爱因斯坦曾说过，"当你和一个美丽的姑娘坐上两小时，你会觉得好像坐了一分钟；但要是在炽热的火炉旁，哪怕只坐上一分钟，你好像感觉坐了两小时。"这较好地说明了情境和情绪的不同对人们等待造成的不同观感。

第九，人力资源服务价值越高，能够忍受的等待时间越长。当一个强噪声持续作用的时候，短时间内会感觉难以忍受。准备入职考试时有强烈的方向感，内容充实，精神劲头足，而等待结果公布的时间却让等待者感到无聊、浪费生命，刺激又强烈，压力感十足。当全部生理和心理能量都集中来面对它，加上情境的因素，他人晒出的高分让考试结果的不确定性又进一步放大时，便会让人备受煎熬。

第十，客户有一定投入的等待比没有投入的等待，留下的可能性更高。有了前期的时间、精力和资金投入，总希望得到某种体验。

第十一，有人关心的等待比无人关心的等待时间过得更快。客户受到人力资源服务企业的关心，知道他们还没有被忘记，因而即使等待的时间长一点，他们也觉得可以原谅和容忍。

时间是客观的，人们对时间的感受是主观的，不同客户赋予时间不同的价值。因此，为等待服务花费了同样的时间，但具有不同时间价值的客户在心理上付出的代价是不同的,两类客户对排队的相同时间的感受很不同,而认为自己的时间是稀缺资源的客户面对即使是很短时间的延误都难以忍受。

二、等待经济学

等待对于客户和人力资源服务企业双方都具有经济意义,等待的经济成本和经济价值最终是用时间来衡量的。做好等待期间的服务工作,应当尽量使用人力资源服务企业的各种资源要素和技巧,提高人力资源服务效率,尽力减少客户等待的时间;如果不得不让客户长时间等待,就要想办法让长时间等待在客户的心目中变得可以接受;积极地思考和创新,想办法使人力资源服务等待变成客户的一种愉快经历,把客户的人力资源服务等待变成人力资源服务企业增加收益的机会。

第一,等待为客户带来的经济成本。等待的目的在于未来的收获,这叫时间价值。投资艺术收藏品者最明白时间的价值,随着年代的久远,价格倍增。对于投资企业股权来说也类似,充分体现了时间的价值,我们渴望享受这些增值,唯一要做的就是等待。当然并非任何公司都拥有时间价值,等待首先必须选择正确的标的。

虽然说等待是日常生活中难以避免的现象,是人们为了达到某种目的必须付出的代价。但是,也不得不承认,等待对于客户来说是一种纯粹的时间浪费,还会引起心理上的烦躁和不快。生活中的等待还真不少,而且占去了我们生命中的很大一部分时间。时间对每个人都是公平的,但是时间的价值对每个人又都是不同的。等待是对时间的耗费,因此客户等待的成本完全可以折算成时间,然后再依据他们每小时的收入来作为比照。也许小时工的时间价值最具有说服力。假定一个小时工每小时的工资是20元人民币,他随时可以开始工作,也可以随时停下来做其他的个人事情。如果站在人力资源服务企业的角度考察客户的等待成本,一定要清楚它的目标客户群是由哪些收入阶层的人士构成的。

等待会使人承受经济和心理上的成本,客户会体验到相当大的压力,关键因素在于客户不能确定必须等待的时间,缺少对等待的控制感觉。客户控制感包括他们为减少真正的等待时间所能做的事情,在希望排列等待的队伍变得更短的同时,可以选择保留、离开或以后再来等。一般情况下,客户缺乏对局面的控制可能会使等待时间变得无法忍受。相反,如果客户能够为缩短等待做一些事情或能够得到有关等待的信息,则他们会感觉到等待变得更具有可知性和可控性,他们更加能够忍受等待。客户通常倾向于将服务的延迟归咎于服务提供者,同时也会认为服务提供者对延迟的控制能力是有区别的。当客户越是认为服务提供者能够对延误进行控制时,他们越不能忍受等待,对服务质量的评价就越低,越不可能重新消费这种服务;客户认为服务提供者所不能控制的等待,可以忍受相对较长的时间。

第二,等待为人力资源服务企业带来的经济效果。制造企业可以按照生产计划均衡利用生产能力,而人力资源服务企业必须按照客户需求的波动性和随机性来调整其生产能力。客户等待是对人力资源服务企业充分利用能力的贡献。人力资源服务企业的客户等待类似于制造企业的在制品存货,是以客户等待为代价来充分利用其人力资源服务能力的。客户等待为人力资源服务企业充分利用其服务能力并提高经济效益提供了机会。但是,能让多少客户愿意等待,能让客户等待多长时间及能否提高人力资源服务能力,将直接关系到人力资源服务企业经济收益增长的幅度。

在现实生活中,等待的现象隐含着商机。有需求就有市场,等待经济学应运而生。只要多花钱,你就不用等待。通过提高价格,让客户不必经历等待的痛苦,这种用金钱换取等待时间的模式已经成为一种常态,人们也逐渐养成了这种消费习惯。人的注意力就会从等待本身转移到挑剔服务质量、追究等待原因等事情上,甚至出现攻击性行为来释放心理的厌烦和急躁。等待的前20分钟是客户的"空窗期",此时恰恰是塑造品牌形象与客户深度互动沟通的绝佳时机。直接的经济效益和宣传效果倒是其次,对品牌形象的塑造、与用户的深度沟通互动才是最主要的收获。人力资源服务企业完全可以利用等待的时机与客户互动沟通,对品牌形象的塑造将大有裨益。物以稀为贵,通过等待制造出一种产品稀缺的假象,已经成为当前非常有效的营销模式之一。需求催生市场,等待的根源是资源的供不应求,银行可以通过开VIP窗口让一小部分人不用等待,也可以借等待塑造品牌形象,无论如何都"稳赚不亏"。虽然人们都厌恶等待,但等待是一门经济学,只要合理利用,企业是稳赚不亏的。

等待的前提是不能失去现在的自由和快乐,忍受现在的痛苦为祈求未来成就一番事业,一定要考虑人生的折旧和折现,要不然得不偿失。快乐是个体的主观体验,自由如果不能带来快乐就失去意义,同时没有自由也难以有真正的快乐。个人的自由应是在不侵犯他人(自由)情况下,随心所欲、免于恐惧、身心愉悦。随心所欲需要丰富的阅历和知识,需要拥有与自己欲望相应的财富;免于恐惧需要坚定的信念和坚强的意志;身心愉悦需要健康的体魄和良好的心态(宽容、平和、涵养)。人生不可能没有等待,但等待不应有抱怨、失落、仇恨。等待春风,但应学会春风到来之前欣赏漫天雪景;秋收之前,同样热爱夏天,享受充足的阳光,炙热的恋情,大海的广阔和海浪的冲刷;没有鲜花,仍然能感受绿叶的春意;这也许可称为提高折现率。快乐并不来自成功的一刻,而是创造的整个过程,等待不能损耗时间的价值。只要有坚定的信念,平和的心态,常怀一颗感恩的心,做自己能做和想做的事,充分享受人生每一时段的快乐,成功与否都能泰然处之,不再有任何惊慌。等待有强烈渴望成功的贪欲,而未来的成功对个体的满足度存在着以后的折旧,现在的折现,更可怕的是未来总是包含较多的不确定性,存在着风险溢价,有不确定性也必然存在着恐惧。

三、等待时间管理

针对客户等待的心理特点,这里为管理者提出以下有助于改善人力资源等待服务管理工作的常用策略。在客户等待过程中,测量出一个客户可接受的等待时间,尽量分散他们的注意力,甚至增加一些有趣的、具有体验价值的活动,并以此为标准来管理客户的排队等待。制订一个改善人力资源服务的长期计划,这是增强人力资源服务能力和推进人力资源管理工作的基础。在客户等待过程中,给予客户适当的关怀,及时告诉客户期望了解的情况,鼓励人力资源服务创新,特别是在比平时需要等待更长时间的时段,包括发生了什么情况,他们如何想办法解决等,绝不能让客户看到人力资源服务人员并未在工作或干着与人力资源服务无关的工作。

客户等待时间有两种维度:实际等待时间和感受的时间。实际等待时间是客观的,而感受的时间则是主观的。研究人员通过各种调研总结了一些等待的逻辑：空虚的等待时间更长。静止中的等待是空洞无聊的，这种空虚的感觉会增加客户主观感受的等待时间长度，令客户觉得度日如年。焦虑使等待显得更长。等待会使客户的焦虑心情发展，随着等待时间的延长，焦虑心情会加剧，使等待时间显得更长。而无信使等待更长。预见中的等待可以接受，在服务企业没有承诺时客户可以接受等待，但如果服务企业做出了不可兑现的承诺，言而无信会使客户感觉等待的时间更长。没有解释使等待更长。在说清楚原因的情况下，客户会认为等待是有意义的，如果服务提供者对服务的等待或延误不提供解释，则客户会觉得等待的时间很长。在不改变实际等待时间的情况下，客户感受的时间影响着客户的心情，从而影响他们对服务的评价。

第一，给客户找点事情做。分散客户的注意力，会觉得时间过得快。研究表明，让排队者在迷宫似的弯路中排队可以增加其排队忍耐时间，边排队边看电视可以增加客户排队时间，可以让等待的时间显得不那么漫长，提升其满意度。

第二，增强等待时间的确定性。不确定性会令等待的时间感觉变长了，在可以明确等待时间的情境下，告知等待时间会让人感觉更好，可以平稳大家的情绪。

第三，通过适当的解释与保证来缓解焦虑。等待的时候人容易焦虑，详细的解释和有力的保证能稳定人心。网络问题导致无法及时处理应做出明确说明，并给予保证可以在大概的时间范围内进行处理，这样也能让等待不显得遥遥无期。

第四，创设公平的环境。客户按照顺序接受服务是一种公平原则。如果等待是有秩序的，客户焦虑心情会缓解，可以安心等待；反之，如果等待中有人不遵守规则，客户就会从平静等待变成相互竞争，造成心理紧张，从而使等待变得更长。不公平会让等待的人们无法容忍。排队的时候，最让人生气的是看到某些人不用排队就得到优先服务。因此，保证公平很重要。

第五，抱团等待。抱团等待中大家可以相互支持，相互安慰，而一个人等待比一群人等待更觉得漫长。

总之，人力资源服务企业对待等待客户的关键是尽力缩短客户的实际等待时间和心理等待时间。一般观点认为，客户一来就能得到人力资源服务时，客户的心理感受是最好的。另外一种观点认为，客户等待一会儿才接受人力资源服务。因为，适当的客户等待可以增加刺激和烘托气氛；可以使客户感到这里的人力资源服务不是随便就能得到的，应该倍加珍惜；可以通过观察其他等待的客人而获得美好体验；通过等待还可以创造一些社交机会。那么这就需要测量客户等待的心理感受与等待时间的相关性：等待多长时间可以使客户的等待感受达到最佳；等待多长时间是客户可以容忍的时间；等待多长时间会使客户无法忍受而放弃排队。

第二节　人力资源服务等待设计

一、等待规则

等待是服务的一部分，为了提高客户的服务质量评价，就要有效管理客户的等待时间,使客户在等待中得到良好的服务经历,留下美好的服务体验。充实等待时间在客户等待服务时,通过对其等待时间的充实,能够增加客户的认识活动并抵消一定量的延迟负面影响。通过充实时间,客户会将较少的注意力用于关注时间的流逝,等待会显得短些。另外,如果客户的注意力集中到别的活动上,对服务的等待就不会显得很突出。而且,相关的充实物不仅可以转移正在等待的客户的注意力,还可以使他们认为服务已经开始,因此会使等待时间看起来很短暂或不存在了。

等待的不确定性削弱了客户的控制感觉,是造成客户紧张心理的根本来源,可以通过以下途径降低不确定性,增强客户的控制感觉。选择合适的结构,减少客户焦虑,服务管理中的等待是指等待服务的客户在进入接待时间前的等待,结构是指等待的人数、他们的位置、在空间上的分布及其对客户行为的影响。多支队伍方式可以使客户自由选择其中一支队伍,而且可以中途改变想法而转队。这种等待方式对等待时间的估计容易产生焦虑,而且容易产生竞争,导致紧张心理。单支队使到达的客户排成蜿蜒曲折的队伍,一旦有一个服务台出现空闲,队首的第一位客户就上前接受服务。这种等待结构可以保证等待者遵守规则,先来先走,而且只有一支队伍,没有选错队的可能,这样就可以缓解客户等待的紧张心理。叫号方式是客户到达时领取一个号码,标明在队伍中的位置,等待叫号接受服务。这种方式下客户在等待的过程中可以合理安排时间,而且保证了系统的公平性。

每种结构都有自身的优点和缺点,人力资源服务企业应该根据服务能力及服务的特点选择适当的等待结构,以帮助客户缓解焦虑。等待规则是由人力资源服务企业制定的、从等待的客户中挑选下一个接受服务的政策。最常用的等待规则是先到达者先服务,对所有的客户一视同仁,按照顺序提供服务,因而对客户来说是公平的。这种方法只根据客户在队伍中的位置来确定接受服务的顺序,是一种静态的规则。动态的等待规则是基于客户的某些特征或等待队伍的状况决定接受服务的客户。例如,很多人力资源服务企业设立贵宾窗口,为具有优先权的客户先提供服务。动态的等待规则容易使正在排队的、没有得到优待的客户感到恼怒,因此服务提供者要敏锐觉察客户的忧虑,并采取必要的措施,避免客户产生受歧视的感觉。

人力资源服务等待系统是由从客户到达、排队等待、接受服务、最后离开的整个人力资源服务过程构成的,如图6-1所示。客户到达相当于系统的投入,客户离去相当于系统的输出。在等待系统中,等待是接受正式人力资源服务的前奏或序曲,对客户形成服务体验和对人力资源服务系统的整体评价具有直接的影响。

图6-1 人力资源服务排队系统

等待系统实质上是人力资源服务系统中,人力资源服务传递子系统的一个子系统,如果把人力资源服务传递子系统看作人力资源服务系统的一级子系统,那么等待系统就可以被看作是人力资源服务系统的一个二级子系统。人力资源服务业务宽泛,种类繁多,因而人力资源服务系统的子系统的划分也大不相同。对于后台操作任务很少的人力资源服务系统而言，等待系统构成了人力资源服务系统的主体，因而常常被看作人力资源服务系统。

等待系统的管理，主要涉及以下几个方面的内容：客户到达、等待规则、等待结构类型、等待模型。其中，等待模型是利用等待论对客户等待问题进行定量研究的方法。在任何一个服务系统中，等待都是不可避免的，当服务需求超过服务企业的运作能力时就出现等待。等待时间是客户评价服务的一个关键因素，对服务评价会产生消极的影响，为了减少这些负面的影响，服务企业就要通过改进其服务传递系统以提供迅捷的服务。如果一项服务要求客户等待，那么就要采取行动在不改变实际等待时间的同时，设法减少等待的负面影响。

二、客户到达

客户到达作为排队系统的输入，包含五项具体内容：客户群类型、客户源总量、客户群规模、耐心程度、客户到达时间的分布。

第一，客户群类型。客户群总体可以细分为许多具有不同需求类型的亚客户群体。客户实际上是指客户投入，即人力资源服务企业处理的对象，包括客户自身、客户精神、客户财物、客户信息四类。

第二，客户源总量。客户源总量分为有限总量和无限总量两类。从排队论的角度来看，对这两类问题的分析和解决办法是不同的。有限总量是指到人力资源服务系统接受人力资源服务的客户数量比较少，每一位客户的到来和离去都会影响队列的长度，影响下一次要求人力资源服务的概率。咨询公司的客户人数基本上属于有限总量，每一位客户的到来和离去都会显著影响客户队列的长度。无限总量是指到人力资源服务系统接受人力资源服务的客户数量非常多，客户人数的少量增减不会对客户到达时间的概率分布造成显著影响。例如，对于劳务输出而言，多一个人或少一个人，不会对总体人力资源服务规模造成明显影响，也不会对送达用人单位的时间概率分布造成显著影响。

第三，客户群规模。客户群规模是指一起来消费的同一组客户的数量。就像客户到达的时间是随机的一样，客户群中包含的客户数量也是随机的。有时会成群结队地出现；有时则三三两两；有时会出现一些独行客。虽然到达人数是随机的，但是就像客户到达的时间也会服从一定的概率分布。对客户群规模的预测，将会关系到人力资源服务系统和人力资源服务能力的配置和调整。

第四，耐心程度。"耐心"应当属于心理学范畴的一个概念，有的人比较沉稳，有的人比较暴躁。但是我们无法从心理学上测量哪些客户属于耐心客户，哪些不属于。因此，我们只能给出一个简单的标准：在接受人力资源服务前一直在等待的客户被称作耐心客户。有些客户尽管有所抱怨或具有一些不耐烦的举动，只要他能够一直等到接受人力资源服务，从事实上则可以认定他为耐心客户。不够耐心的客户分为两类。第一类是那些在排队之前发现队列太长，望而却步，然后随即离去的客户；第二类是那些排队等待一些时间后，没有耐心等待下去或由于其他原因中途离队的客户。客户对于排队所表现出的耐心程度和队列长度及需要等待的时间长度有关，同时也直接影响客户进入正式人力资源服务需求概率的分布情况。

第五,客户到达时间的分布。一般情况下,客户到达时间是随机的,并且具有一定的规律性。需要分析的是,客户随机到达的时间是否呈现一定的概率分布,这样的概率分布是什么样的。最常见的,也是研究最多的,是客户相继到达的时间间隔符合负指数分布,相当于单位时间内到达客户数(或叫客户到达率)符合泊松分布。

三、排队结构

排队结构由以下三个关键指标决定:队列数量、业务接待容量、人力资源服务阶段数量。其中,队列数量是指排队等待人力资源服务的客户形成的队伍数量;业务接待容量是指人力资源服务人员的接待服务量的多少;人力资源服务阶段数量是指人力资源服务业务必须经过几个步骤后才能完成。三个指标相当于三个变量,每个变量的取值可以是1,也可以是大于1的整数。三个指标不同值的组合决定了不同的排队结构类型。

队列数量、业务接待容量和人力资源服务阶段数量这三个指标不仅决定了排队类型,同时也决定了每一种类型的特点。

第一,队列数量对排队类型特点的影响。一般情况下,队列数量对客户的等待心理具有比较明显的影响。一些客户偏爱单一队列,因为单一队列比较公平,先来者先提供人力资源服务,客户不必担心因为排错了队而比后来者后接受人力资源服务;而另外一些客户可能比较喜欢多队列,因为多队列给人的感觉总是比较短,离人力资源服务人员距离近,感觉上更快一些,特别是当他发现自己选对了队伍,比先来者先获得人力资源服务,那么他会获得一种幸运的感觉。

第二,业务接待容量数量对排队类型特点的影响。业务接待容量是指平行作业的业务接待容量数量。业务接待容量的多少不仅影响人力资源服务的效率,还会影响根据客户多少而关闭或开启业务接待容量数量的灵活性。

第三,人力资源服务阶段数量对排队类型特点的影响。人力资源服务阶段数量代表了人力资源服务工作的步骤,即客户必须经过几个步骤后才能结束,如员工体检等。人力资源服务流程就是由多个人力资源服务步骤构成的,因此多人力资源服务阶段带来的影响在人力资源服务线中得到了充分的体现,一个关键问题就是如何保持人力资源服务线的平衡运作。

人力资源服务企业对排队类型的选择,取决于业务的性质、人力资源服务效率、目标客户的偏好及经营者的观念。

排队规则决定了客户队列中哪些客户将优先获得人力资源服务。排队规则可能是一个,也可能是一系列;可能是由人力资源服务系统明确规定的,也可能是出于行规或人们普遍接受的社会观念而定的。排队规则将会对人力资源服务系统的运作造成重要影响,它不仅会影响客户获得人力资源服务的次序,还会影响队列秩序、客户情绪、客户对人力资源服务系统的评价、客户平均等待时间、人力资源服务系统效率、人力资源服务设施利用率等。

第一,先来先服务规则。该规则指先来者先获得人力资源服务,也就是我们日常生活当中常说的"先到先得"。这是最常用的一条人力资源服务规则。

第二,后来先服务规则。在许多库存系统中会出现这种现象,在数据结构上这种规则称为堆栈。例如,工作分析或绩效考核系统设计,后到来的信息往往更加重要,因此往往被先利用。

第三,最短人力资源服务时间规则。人力资源服务系统为具有较短人力资源服务交易时间的客户单独设立了一条队列,以便节省他们的排队时间。

第四,紧急优先规则。事情都分轻重缓急,优先规则大多是情理之中的事情。

第五,预约优先规则。在优先接待预约客户时,必须向正在排队的客户解释清楚(常用的办法是在墙壁上张贴文字说明),或不要让正在排队的客户看到,尽量避免让正在排队的客户产生不良反应。

第六,最大盈利(或最大订单)客户优先规则。这种规则非常容易引起正在排队的客户的不满。一个有效的做法就是,单独为这些客户开辟人力资源服务通道,避免让普通客户看到。

第七,随机服务规则。客户不形成队伍,当业务接待容量有空时,随机选取一名客户人力资源服务,每名等待客户被选取的概率相等。

此外,可能还会有其他一些人力资源服务规则,甚至还会有一些"走后门"的优先规则,虽然,并不那么光明正大。事实上,在排队系统中,经常会出现两种优先规则并存的情况,此时人力资源服务系统需要向客户说明哪个优先规则更优先。无论采用哪种或哪些排队规则,人力资源服务企业都要保证客户遵守这些规则以便保持良好的排队秩序,同时要避免客户因看到不公平现象而产生负面情绪。

第三节 延迟满足效应

一、延迟满足心理

延迟满足是指为了长远的、更大的利益而自愿延缓或放弃目前的、较小的满足,是一种甘愿为更有价值的长远结果而放弃即时满足的抉择取向,以及在等待期中展示的自我控制能力。人与人之间的自我控制能力存在着一定的差异,自我控制能力是个体在没有外界监督的情况下,适当地控制、调节自己的行为,抑制冲动,抵制诱惑,延迟满足,坚持不懈地保证目标实现的一种综合能力。正确的"延迟满足"是以克制和努力来求得长远利益的一份自约能力。"延迟满足"就是要忍耐、自控、自律,是一种心理成熟的表现。只有克制欲望,抵抗诱惑,坚韧不拔,才能有更多更好的收获。真正的成功,往往属于那些眼光长远、不懈努力、善于忍耐的人!

无法抵制诱惑,是诸多痛苦的来源。延迟满足可以规避诸多诱惑的打扰,从而更容易掌控自己的生活。"做你不愿意做的事情,对抗你不愿意对抗的事情",把自己摆在一个不舒服的位置,才是人性之光。

每个人之所以努力向上,是因为不这样就会自然而然地掉到低处去。为了让人生的眼界更开阔,不错过那么多精彩的事物、好看的风景、美好的人而努力克制,不被即时享乐的欲望拉入深渊。赫拉克利特说过:"与心做斗争是很困难的,因为每个愿望都是以灵魂为代价换来的。"偷懒容易,对抗惰性很难。其实,人有无限的可能性,延迟满足一旦成为习惯,就会期待自己完成更高的目标,然后想象自己的成长并且迫不及待地设立下一个目标。如果能够感受到设立目标并愿意为之延迟满足时的欣喜,自己每天也会过得开心又充实。更进一步说,人生也会随之改变。

延迟满足这种"忍耐",是为了追求更大的目标,获得更大的享受,克制自己的欲望,放弃眼前的诱惑。这种"忍耐"与排队等待之类的"忍耐"有所区别。它是针对"诱惑"而言的,是一种"放长线钓大鱼"的自我克制与自我把握。当然,这是以明确的目标为基础的。许多人之所以追求即时的满足,而无法做到延迟满足,是因为在潜意识中认为:生活不应该太艰难,太艰难不如逃避。这种想法源于婴儿时代,在那个时候,人们的需求总是可以立即得到满足。我们在襁褓中时,由于生存的需要,一旦产生身体上的欲望和需求,往往可以立即得到父母的满足。于是我们从小在潜意识中就觉得:我们的需求应该立刻得到满足,痛会很快过去,我们应该享受舒适和快乐。可是,在逐步长大成人的过程中发现,世界不能总是让我们的需求立即得到满足。我们经常需要等待,付出持久的努力才能够得到我们想要的东西。

等待是痛苦的,是煎熬的,但是通过等待,提升延迟满足的能力不妨是另外一种收获。追求长远的快乐,不得不忍受一定的不适和痛苦,这是不容易做到的,因为它违反了人的天性。但是真正的巨大成功,往往属于那些眼光长远、不懈努力、善于忍耐的人。

二、等待与不满足感

满足感是生命体的需求得到实现时的感受,会产生愉悦、幸福的感受,根据个体需求程度和种类的不同而不同。例如,饥寒交迫中获得温饱的满足感数值就要远远高于正常值。人的本能需求既然有高低之分,那么所反馈的满足感也会随之不同。"使用与满足"理论源起于20世纪40年代,从受众的角度出发,受众使用媒介来满足他们的自身需求。"使用与满足"理论是用来研究人们通过媒介做了些什么,而不是研究媒介对人们做了些什么。受众从媒介中获得的满足可分为五大类:认知需求(扩展知识信息和增强认知)、情感需求(取得美感和愉悦的情绪)、个人整合需求(获得稳定自信的个人状态)、社会整合需求(与他人保持良好联系)、舒缓压力需求(逃避或减缓紧张感),形成较为系统的"使用与满足"理论。"使用与满足"理论认为,媒介影响满足感的影响因素提出了五个动机:信息搜寻、人际效用、娱乐、消磨时间和方便。

人力资源服务的等待过程,如果降低抱怨感,提高满足感,可以参考"使用与满足"理论,从五大类满足性因素入手,抓住五个动机因素,提升六种满足感。满足都是相对的,相对满足感是指个体或群体意识到与参照对象相比,自身在某些方面处于优势地位而产生的认知与情绪,相对满足感仍然是各种人际间与群际间竞争和歧视的有力决定因素。相对满足感通过与其他人的比较,对群际间冲突行为产生影响,对于个体来说是一种积极的状态,但这种积极的状态仍然可能引起群际间的敌意。相对满足感的个体也有可能为了维护自身的有利地位或确保资源不被掠夺从而参与群际竞争或集群行为,特别是当相对满足感的个体认为他们取得的优势地位是合法合理的时候。

当人们感受到相对满足感时,会产生乐观、快乐的情绪,在这种情绪影响下人们倾向使用启发式的认知处理策略,而在这种策略模式中,群体刻板印象代表一种启发式的认知方式,因此当人们心情愉快地处理信息时,可能比在平静的心情下更容易产生刻板印象,所以快乐的心情可能导致更消极的群体间态度出现。刻板印象和偏见是为了简化人类社会认知过程中的认知负荷与需求的认知结果,而这一结果导致了人们认可社会不公的合理性。相对满足感的个体或群体为了证明这种优势的合理性,也许将出现更严重的刻板印象和偏见,进而做出更具敌意与竞争性的社会决策。处于优势地位的人更容易歧视并剥削处于弱势地位的人,感受到相对满足感的个体相较于相对剥夺感的个体更容易表现出歧视与敌意的决策行为。对自身处境感到骄傲的相对满足表现出更多的内群体偏好与群际间歧视行为,而对自身处境感到内疚并同情他人的个体并没有表现出明显的内群体偏好行为。

等待的心情总会焦躁不安,有各种等待方式,等待也千百种滋味。无论所等的是好事,坏事,好坏未卜之事,不好不坏之事,"等"总是无可奈何的。等的时候,一颗心悬着,这滋味不好受。等的可怕,在于等的人对所等的事完全不能支配,对于其他的事又完全没有心思,因而被迫处在无所事事的状态。随着等待时间延长,兴奋转成疲劳,无聊的心境就会占据优势。焦虑实际上是由彼此对立的情绪纠结而成,其中既有对好结果的盼望,又有对坏结果的忧惧。当然,一个人如果有足够的悟性,迟早会看淡浮世功名,不再把自己放在这个等候判决的位置上。但是,若非修炼到类似的境界,恐怕总有一些事情的结局是我们不能无动于衷的。在人生的道路上,我们难免会走到某几扇陌生的门前等候开启,所以在这样的情况下,可以用上述分析提升满足感,降低抱怨。

三、等待的管理学

时间＝金钱＝生活,甚至时间＞金钱,即时间比金钱还重要。若时间管理好,才能够实现自我理想,建立自我形象,进一步提升自我价值。每个人应把自己当成一个时间管理的"门外汉",不断地努力学习。若能每天节省 2 小时,一周就至少能节省 14 小时,一年节省 730 小时,则生产力就能提高 25% 以上。每一个人一天皆拥有 24 小时,而成功的人单位时间之生产力则明显地比一般人高。

引起动机的关键就是成就感。要成就一件事情,一定要以目标为导向,才会把事情做好,把握现在,专注在今天,每一分每一秒都要好好把握。想成为一位领导人物,有两个关键,一是工作表现,要有能力去完成工作,而非只强调其努力与否;二是重视结果,凡事一定要以结果为导向,做出成果来。时间管理好,能让人更满足、更快乐、赚取更多的财富、自我价值亦更高。要把时间管理好,基本上要先做自我心理建设。①欲望:要有把事情做好、时间管理好的强烈欲望;②决定:决定达成做好时间管理的目标;③操练:时间管理是一种技巧,观念与行为有一段差距,必须经常演练,才能养成良好的习惯;④决心:下定决心持续学习,直到能运用自如。

"时间杀手"就是浪费时间的事情,如电话干扰、开会、不速之客。一般人在接电话后习惯闲聊,这样很浪费时间;不重要的会尽量不要召开,开会一定要准时开始及时结束,要好好地计划,才不会浪费时间;临时有人敲门拜访,一闲聊就花掉数十分钟,所以尽量花费数分钟即结束。此外,还有拖延的习惯、犹豫不决、过度承诺、个人组织能力不佳、缺乏目标、缺乏优先等级、缺乏完成期限、授权能力不佳、权力或责任界定不清、缺乏所需资源等浪费时间的事情。若要消除"时间杀手",一定要先厘清工作的重点,把工作重点拟出来,然后做出抉择。通常自己就是"时间杀手",要设法控制自己。工作时间中有75%的时间是花在与人沟通上,在世界上最浪费时间的是不良的人际关系。在职业生活中您是否成功,84%取决于如何有效地与别人沟通。每一次沟通的破裂,都由于意见表达不明确。不良授权是浪费时间的主要因素,将可能交办出去的工作授权出来,教导部属,如何做您所交办的工作,向外界争取资源协助。

培养个人的时间管理哲学,要有远大的眼光,确定目标与价值一致,有延后满足的能力,放轻松、要休假和运动,培养个人的特质,在行动中自我操练,平衡与适度,以每分钟来衡量时间,完成较高价值的工作,学习如何说"不",记住时间等于金钱,以每小时的工资为基础,来衡量每一件被期待去做的事。时间管理是一生的技巧,以榜样去引导部属,努力去把握,要有时间的愿景。保持整洁能够提升自我价值、自我形象及自我尊严。例如,将桌面保持整洁、做完事立即归档、做事只经手一次,经手五六次才完成就很浪费时间,尽可能一次就把它做完,凡事若能预做准备,才能有效地掌握时间。成功的关键在于有毅力、耐心地持续工作,有组织的档案系统,列出工作清单,不要制造借口。一般人完成工作所需要的时间通常会超出预定时间的30%以上,善于利用内在及外在的巅峰时刻:内在巅峰时刻是指利用自己精神最好的时刻来做重要的事情;外在巅峰时刻是指与别人接洽时要掌握别人最有空的时段。

设定优先顺序,将事情分为紧急、不紧急、重要、不重要四大类。设定优先次序可将事情区分为五类:必须做的事情、应该做的事情、量力而为的事情、可以委托别人去做的事情、应该删除的工作。唯有努力去做对的事情才会有高产能,要有勇敢的特质,拒绝不重要的事,来者不拒是不好的。

人力资源服务等待时间的管理,需要服务人员提高自身素质,认真观察和理解客户的感受变化,尽量满足客户的期望和要求,提升感受度,达到提高顾客满意度的目的。

思考题

1. 客户长时间等待人力资源服务有哪些心理?
2. 客户等待人力资源服务有哪些措施可以利用?
3. 人力资源服务等待过程中如何设计?
4. 什么是延迟满足效应?如何利用延迟满足效应?

第七章

人力资源服务流程管理

人力资源服务流程是人力资源服务企业向客户提供人力资源服务的整个过程和完成这个过程所需要素的组合方式,它是人力资源服务系统设计的核心和基础。

第一节 人力资源服务流程管理思想

一、人力资源服务流程的类型

人力资源服务流程是指系统将输入转化为输出的过程,并像期望的那样,使输出的价值高于输入的价值。流程直接关系到人力资源服务系统运作的效率、成本和质量,进而关系到系统的竞争力。

设计与分析人力资源服务流程的最好办法就是使用流程图。流程图由一些图形要素构成,常见的图形要素有四个:典型作业(事件、步骤)、流向线、缓冲区(存储区)及决策点,或者任务(作业)、流向线、存储区(缓冲区)、决策点。

人力资源服务流程的分类可以从串行作业与并行作业两个角度来划分。这种划分方法是按照作业步骤的关系划分的,其流程图类似于电路的串联与并联。

第一,串行作业。串行作业就是指一项任务需要经过多个步骤来完成。如果串行作业中的各个步骤所花费的时间不一致,那么就容易造成忙闲不均的情况出现。当步骤1的作业速度快于步骤2的作业速度时,在步骤1中就会出现阻塞现象。如果是接待客户或处理单据,就会在步骤2出现客户排队或单据排队现象。当步骤1的作业速度慢于步骤2的作业速度时,在步骤2中就会出现缺省现象,也就是说,步骤2的工作人员将无工作可做,而不得不等待从步骤1传下来的客户或单据。当步骤1和步骤3都以同样的速度进行作业,而步骤2的速度比较慢时,整个作业线的服务将取决于速度最慢的步骤2。由于步骤2限制了整个流程的服务能力,所以它就成了整个流程的瓶颈。整个流程的水平将等于瓶颈的流量。

为了保证整个流程步调一致地运行,可以设计流程运作的节拍,即流程中每个步骤所用的时间都是固定的。为了保持整个服务流程按照统一的节拍运作,每一个流程的活动都可以采用标准化方式,也可以设置时钟来进行手工控制。需要注意的是,在人力资源服务业中,客户需求的到来一般是随机的,节拍的设计和应用在人力资源服务业中受到了很大的限制。但是,对于员工体检、社保代缴、工资代发等业务产品都可以参照流水线设计,此时，节拍的设计对于这些人力资源服务工作同样具有一定的应用价值和指导意义。如果无法做到完全按照节拍运作，为了减轻某个步骤因某作业速度慢而形成的阻塞压力，可以在作业速度较慢的步骤之前设置缓冲区。

第二，并行作业。并行作业（平行作业）也是常见的流程类型。并行作业一般应用于以下两种情况。一是用于同一种产品（或服务业务）的作业活动，需要判断分配到不同流向的客户、票据等比例，两条或多条并行作业线的生产结果一般将终结于一个共同的库存缓冲区。二是用于不同产品（或服务业务）的作业活动，此时来自同一个方向的客户、票据等因加工后进行分类处理而流向不同的方向。由于最终的客户、票据等属于不同类型，所以一般被存储到不同的库存缓冲区。

第三，按照订单设计流程。这是通常所说的定制，即首先由客户提出需求，其次人力资源服务企业按照客户需求组织并交付。这种方法一般交付周期长，如薪酬方案设计、绩效考核方案设计、人力资源诊断等。

二、人力资源服务流程的要素

流程包括活动、活动的方式和活动的承担者三个要素。这三者的关系为：活动的承担者是活动的主体，活动是内容，活动的承担者和活动的内容决定活动的方式。三者互动的结果是实现活动的目的。对于人力资源服务企业业务流程，其活动主体是组织。三要素互动的结果是满足客户的需求。任何企业的业务流程都是由三要素组成的，企业业务流程的差异源于三要素的差异。

人力资源服务企业流程设计的核心原则是以客户满意为中心的原则，流程是企业为实现既定目标而开展的系列活动，要以提高产品和服务满足客户需要的能力为中心。2000 年版 ISO 9000 标准规定的八条质量管理原则中，第一条原则是以客户为中心。流程设计要始于客户需求，终于客户满意。以客户为中心的业务流程中没有试错环节，只有改进环节。以客户满意为中心原则可以导出：基于客户满意的流程质量评估标准，客户满意是流程质量的最终评价标准，基于客户满意的评价指标是流程质量的评估标准。

人力资源服务企业依据客户满意指标制定组织的效率目标。客户满意指标不仅影响着组织投入资源的种类和数量，也影响着流程设计。客户满意决定着流程的能力和效率。客户的要求：在适当的时间、方便的地方，以较低的价格获得高质量的产品和服务。因此可以将评价客户满意的四个指标归纳：产品质量、服务质量（售前、售中、售后、客户关系管理）、产品价格（市场成本、低成本优势）、响应时间（新产品设计开发延滞时间、交货延滞时间）。客户满意的四个指标是企业业务流程质量的评估标准，对流程质量的要求是在保证产品质量和服务质量的前提下，降低流程成本，提高流程速度。服务质量包括产品售前、售中和售后的服务质量。服务质量是客户关系管理的重要内容，依赖于售前、售中和售后的服务流程的设计和管理。

建立良好的客户关系、留住盈利客户、发展新客户是流程设计的目标。服务价格最直接的作用表现为：价格低，符合客户期望。低的服务价格不应该是企业之间恶性竞争的结果，而应是企业低成本的结果。低成本优势表现为三个"有利于"：产品成本低则产品价格低,一是有利于提高客户的购买力,二是有利于提高企业的竞争优势,三是有利于提高社会资源的利用率。关注非增值流程最小化,降低流程成本,是提高流程质量的关键。其直接结果是,企业的管理成本低,设计成本低,生产成本低,产品质量成本低,最终结果是产品价格低。流程设计的目标还应当"降低企业物流和信息流成本的因素"。时间是评价企业经营管理效率的重要参数。在客户对企业服务活动质量的期望中,时间是一个决定性因素。长时间的等待和迟缓的交付会使客户失去对企业的信任。对客户需求的快速反应,在产品开发、生产、交付及行政管理等流程中的快速反应,取决于时间的管理与控制,要对流程进行限时,并竭力缩短时间,从而提高企业流程的响应速度。

响应速度决定能否保证在客户需要的时间内提供服务产品。响应速度主要取决于新产品开发时间和产品交货时间。新产品开发时间为一种新产品或服务从策划、设计(包含设计变更时间)、产出到投入市场所需要的时间。产品交付时间为从接受订单到送交客户手中的时间。新产品开发时间和产品交货时间越短,企业业务响应速度越快。提高流程速度的意义不仅在于满足客户时间要求,还在于降低决策风险和库存成本。

人力资源服务企业的价值和目标是通过满足客户的需求而得以实现的,因此客户的需求决定了企业业务流程的内容,企业实现业务结果的工作方式决定了企业的基本业务流程。客户的需求不同,需求模式不同,则企业所提供的产品或服务不同,服务模式也不同。企业的产品或服务的不同、服务模式的不同导致企业业务流程基本不同。

流程时间是流程设计的重要内容,它对于提高流程效率、协调流程运作、合理安排员工时间、制订员工培训计划、测定人与技术的利用率、进行成本分析等都有帮助。对于流程的时间分析:第一,需要分析的是如何挖掘潜力,缩短整个流程的时间;第二,通过分析流程中的三种角色(客户、员工和技术)的利用率来分析客户的参与程度及技术和员工的利用率,进而展开对流程的改进和创新。

知识结构改变着企业的经营模式、产品结构、组织结构和管理风格。合理的知识和经验能力结构不仅是保障企业经营管理质量的基础,也是保障企业业务流程设计和运行质量的基础及企业产品和服务质量的根基。企业为获得知识资源而进行生存竞争,企业因浪费知识资源而步履艰难。为此,企业需要搭建合理的知识平台,建立知识资源的管理制度。知识管理的目的是及时分享知识和经验、增强知识转化能力、提高企业智能、增加企业集体思想和行动的能力。企业把知识管理应用在营运流程上,从而分析市场机会,提高产品质量,改善核心流程。

三、人力资源服务流程的组织

流程是为了完成某一目标而进行的一系列逻辑相关的活动。业务流程是指一组共同为客户创造价值而又相互关联的活动。关键流程又叫作核心流程,由组织的核心部门承担,是对组织的最终输出贡献最大的一系列活动。

人力资源服务需要建立流程型组织。组织要想达到生存、发展、壮大的目的,需要树立组织独特的核心竞争力,就必须找出为组织创造核心竞争力的核心流程,对核心流程进行规范或再造,提高它的运作效率。任何流程归根结底都是由人来完成的。因此,必须设定负责流程全程运转的流程团队,使客户可以享受到一站式的全面服务。要想保证流程团队的成功,就必须要有相应的考核体系来激励组织成员,提倡协作的组织文化,提倡以客户为中心,全心全意为客户服务的理念。

人力资源服务流程的存在是为了完成将投入转化为产出的特定服务,组成流程的活动之间具有相互联系、相互作用的方式,这就构成了活动的逻辑关系。概括起来,人力资源服务流程分为串行、并行、反馈三种方式。作为投入—产出系统的企业,它的流程复杂,具有层次性,可以由高至低一层一层地分解,实现不同分工活动的结果连接。流程将分别由若干人承担的各项活动,用不同的先后次序连接起来,最终完成特定的产出。流程是由一个个活动所组成的系统,可以反映出各个活动之间的逻辑关系。同样的活动,先后次序不同,就可能构成不同的流程。按照"责、权、利"相统一的原则,流程能够体现活动的执行者、活动结果的接受者,并清晰地界定他们彼此之间的关系。根据流程的特点和功能,我们不难看出,流程可以被用来分析按照分工原则建立起来的现代企业。流程的连接性贯穿了组织中的不同部门,不同岗位;它的逻辑性决定了流程中各项活动的先后次序;它的层次性使高层管理人员可以从战略角度去看待流程,中层管理人员可以从运作角度去分析流程,基层员工可以从操作角度去优化流程。

人力资源服务核心流程是指在众多流程中,集成组织的各种核心竞争力的流程。由于人力资源服务企业的核心竞争力的不唯一性及流程自身的复杂交错性,核心流程也是不唯一的。由于一个人力资源服务企业可能拥有若干种核心竞争力,所以体现核心竞争力的核心流程也不是单一的。另外,人力资源服务企业的活动可以归纳为若干纵横交错的流程,流程之间或多或少有关联,人力资源服务企业的一个核心竞争力很可能通过若干个核心流程来支持。人力资源服务企业的内部和外部环境都是在不断变化的,人力资源服务企业的核心竞争力也会有增长有衰减。因此,核心流程也要随着人力资源服务企业的不同发展阶段而变化。

人力资源服务核心流程是如何识别的呢?企业当前所从事的业务领域是经过企业长期的实践演化而来的,具有内在合理性。无论企业是按照什么方式来搭建其组织结构的,它都可以划分成核心部分和辅助部分两类。企业的核心部门所进行的关键流程应该视为企业的核心流程。如果企业的战略定位或业务范围将要做重大调整,则核心流程的确定要根据未来的发展方向而定。企业通过流程的运作来满足客户的需求,但这些流程对外在客户的重要性或影响力并非是相同的,最重要也是最关键的流程是关键流程的候选者。

人力资源服务核心流程是否需要重新设计(再造)需要考虑流程的范围、成本及再造者自身因素。一般来讲,一个流程越大,所牵连的组织单位就越多,那么其范围自然也就越广,再造成功后所得到的收益就可能也越多。不过同时,再造的风险也很高。企业在挑选准备再造的流程时,就要考虑好范围因素。企业再造流程必须投入一定的再造费用,这些费用一方面用于"力"成本开支,要"量力而行",不可不顾一切地进行。否则,可能会因成本过高,企业无力承担而使再造半途而废。就再造者自身因素而言,也应该"量力而行",挑选出要进行再造的流程,并制定适宜的再造先后次序。

客户仅关心企业流程的输出结果,对其输出过程往往并不关心。事实上,他们也难以了解到流程的细节。人力资源服务企业可以观察和了解哪些问题是客户最关心的,如服务成本、准时交付、服务质量等。然后,针对这些问题,追踪其实现的流程,再把它们与流程进行相关分析,看哪些流程对哪些指标影响最大,从而根据流程位势的重要程度,排列出再造流程的先后次序。

第二节 人力资源服务系统管理

一、人力资源服务系统的构成

人力资源服务系统基本上可以分为三个子系统:人力资源服务操作系统、人力资源服务传递系统和人力资源服务系统。

第一,人力资源服务操作系统。人力资源服务操作系统的任务是处理客户的投入,由两部分构成。一部分是客户看不见的后台,另一部分是存在客户看得见的前台。对许多人力资源服务企业而言,核心技术和主要技术都在后台部分。后台空间的大小取决于人力资源服务业务的性质和客户接触的程度。对低度接触的人力资源服务业务,操作系统的大部分作业都设置了后台。存在客户看得见的前台,承担执行任务的部分,包括执行加工或服务任务的前台人员和技术。人力资源服务操作系统的任务在于加工和服务,其运作管理中需要解决的主要问题包括:如何提高产品的标准化程度,如何控制加工成本,如何提高效率和服务质量等。但是,人力资源服务操作系统是按照客户的定制需求进行加工的,对交货时间、产品款式、新鲜度等要求很高。

第二,人力资源服务传递系统。人力资源服务传递系统的任务是把人力资源服务操作系统加工好的产品要素进行最后组装或包装,并传递给客户。从空间上看,人力资源服务传递系统主要由三部分构成:第一部分是操作系统的可见部分;第二部分是客户的接触区域,这是传递系统的主体部分;第三部分是隐藏在操作系统中的客户看不见的部分。人力资源服务产品是包含无形要素和有形要素的一个人力资源服务包,因此人力资源服务传递系统中的所有构成要素,包括人力资源服务人员、传递方式和过程、其他客户、延伸在前台的服务活动、服务区域的其他可见因素等,共同作用向客户传递着人力资源服务产品。人力资源服务传递系统运作的核心问题在于传递过程和传递行为。传递的地点、时间和方式是设计人力资源服务传递过程的三个关键因素,速度、准确性和热情是客户评价传递行为的三个关键因素。人力资源服务传递方式随着电子化而进行深刻的革命,许多高度接触的正在转变为低度接触的人力资源服务,如电子合同、远程面试、工资代发等受到了电视和网络的冲击。网络科技为人们提供了一个虚拟交易的空间,一些原本需要面对面接触的服务交易和人力资源服务传递活动,现在正在被虚拟市场替代。但是,人力资源服务企业也要清醒地认识到,并非所有的人都喜欢高科技带来的这种变革。人力资源服务企业如何应对高科技带来的传递方式的变革是一个值得思考的问题:是为客户同时提供多种新的单一人力资源服务传递方式,可供选择的人力资源服务传递方式,还是保持传统的传递方式?

第三,人力资源服务系统。人力资源服务系统的主要任务就是与客户进行沟通,收集客户需求信息。客户传递人力资源服务企业的产品信息,传递人力资源服务企业对客户的承诺,影响客户对人力资源服务企业的评价和选择,提高客户的满意度和忠诚度,树立鲜明的企业品牌形象。影响客户对人力资源服务企业看法的所有因素构成了人力资源服务系统。从空间上看,人力资源服务系统包含两部分:第一部分是人力资源服务传递系统。由于人力资源服务传递系统中所展示的有形要素,整个人力资源服务传递过程及兑现服务承诺的效果等,是客户评价人力资源服务企业的直接和主要依据,也就是说服务职能在很大程度上是通过人力资源服务传递系统实现的。因此,从空间上看,人力资源服务系统包含了人力资源服务传递系统。但是,人力资源服务传递系统并不是人力资源服务系统的子系统,因为二者的基本功能和主要目的不同。第二部分是除人力资源服务传递系统外的其他客户接触要素,包括媒体、谈判、信件、电话、账单、大众媒体、人力资源服务设施外观、口碑等。

人力资源服务企业的服务系统与制造企业的服务系统不同。制造企业的服务过程是在企业外进行的,服务工作与生产过程完全脱钩。而对于高度接触的人力资源服务企业而言,服务工作绝大多数是在店内进行的,传递过程承担着主要的服务职能,人力资源服务人员同客户的接触直接影响客户的满意度和对人力资源服务企业的评价。因此,客户接触成为人力资源服务系统运作的核心环节,人力资源服务人员的选择和训练等人力资源管理成为人力资源服务工作中的重要内容。

人力资源服务三个子系统之间具有相互交叉、相互重叠的关系,大致可以概括为以下几点。其一,人力资源服务操作系统的主要职能是生产,但其可见部分也被包含在人力资源服务传递系统中。其二,人力资源服务传递系统的主要职能是传递,相当于产品的服务渠道。传递系统的主体是客户看得见的部分,但是还有一小部分隐藏于背后,是客户看不见的。此外,由于客户的主要感知、体验和评价是在这里形成的,所以人力资源服务传递系统中的有形要素和传递过程也成了人力资源服务系统的主要要素。其三,除了人力资源服务传递系统中的要素外,人力资源服务系统还包含其他一些客户接触要素。

上述三个子系统的重叠程度取决于客户接触程度。在高度接触情况下,人力资源服务操作系统与人力资源服务传递系统是紧紧连在一起的,三个子系统的重叠程度比较大。在低度接触情况下,人力资源服务操作系统和人力资源服务传递系统是可以相互分离的,服务方式也可采用媒体广告等,三个子系统的重叠程度比较小。

二、人力资源服务管理整体框架

基于人力资源服务管理流程分析,我们将主要的人力资源服务管理流程阶段联系起来,就可以得到以下人力资源服务管理整体框架(图7-1)。

图7-1中的人力资源服务管理流程各个阶段,都是基于人力资源服务的基本特性而产生的。人力资源服务的无形性,使客户感知成为决定人力资源服务质量的关键因素之一,客户感知成为人力资源服务质量区别于有形产品质量的重要特征。人力资源服务导致了客户参与人力资源服务与传递过程,这种人力资源服务接触会在客户与人力资源服务人员之间产生交互作用,在这一互动过程中形成的客户感知直接影响人力资源服务传递的结果。为此,人力资源服务企业需要制定相应的人力资源服务战略,设计合适的人力资源服务运营系统,并确定合理的服务三元组合,而企业盈利与成长模式也受到人力资源服务基本特性的影响。

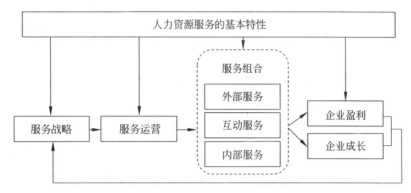

图 7-1　人力资源服务流程的各个阶段

人力资源服务系统的效率和质量同样是最重要的两个方面。效率高低依赖于系统运作的标准化程度,而人力资源服务质量的好坏取决于客户的感受和评价,体验经济为人们在提高人力资源服务质量方面提供了很好的思路。在提高作业效率的同时又能满足客户的个性化需求。这种新型的商业模式不仅适用于制造业,也适应于人力资源服务业,它为我们设计人力资源服务系统提供了很有价值的指导思想。

在全面的体验经济时代,体验将像今天的物质产品和程序设计的普遍程度一样,成为未来商务中的重要组成部分。如果把客人的人力资源服务体验冠以某种主题,那这种体验就能够得到统一和加强。人力资源服务的主题就像电影的名字一样,通过形形色色的历史、宗教、时尚、政治、心理学、哲学、实体世界、大众文化、艺术来展现。人力资源服务的主题必须与企业性质相协调,能够调整人们的现实感受,通过故事情节和设计要素来落实,通过影响人们对空间、时间和事物的体验,彻底改变人们对现实的感觉。

人力资源服务的主题是体验的基础,印象是体验的结果,一系列印象组合起来影响客户的行为并实现主题。印象有好有坏,有深有浅。好坏是性质的差别,深浅是程度的不同。当给客户留下美好、深刻的印象时,企业品牌会在客户群中留下好的口碑,普通的客户会成为长久忠诚的客户。人力资源服务主题的深刻印象由时间、空间、技术、真实性、质地所决定,也就是说,人力资源服务的整体印象必须是关于主题的、传统的、当代的、未来的、户内/户外、原始/模仿、奢侈/便宜、大/小的体现。如果能够保持时间、空间和物体三位一体,并且每个线索都能符合体验主题的要求,那么就能使这些体验主题给人留下难忘的印象。

人力资源服务体验要消除任何有可能削弱、抵触、分散主题的负面线索。在大多数人力资源服务场所内,应避免要素与主题不贴切。过度服务和随意拼凑的服务会破坏消费者体验,如对客户过度亲密的服务。纪念品是一种使体验社会化的方法,可以帮助人们对体验保持长久美好的回忆。客户通过它们向别人展示、叙述和分享自己曾经拥有过的美好体验;公司通过它们参与体验经济,可以吸引更多的客户,以获得良好的口碑和增加经济收入。围绕人力资源服务主题设计恰当的感官刺激项目,可以增强感受,令人难以忘怀。并不是刺激越多、越强烈就越好,而是要以客户的最终感受为标准。从人力资源服务经济向体验经济转型的时期,体验也可以单独收费,收取多少费用,或费用包含哪些人力资源服务项目,应当尽可能地给客户明确的交代。很多人力资源服务商仍然按照人力资源服务产品收费,体验是免费的。人力资源服务系统有客户参与,人力资源服务企业须更多地关注客户的需求、参与和体验。

三、人力资源服务管理流程再造

人力资源服务管理再造就是人力资源服务企业根据内外环境变化,及时对企业中的要素(如企业的管理理念、工作方式、组织结构、人员配备、组织文化及技术等)进行调整、改进和革新的过程,因而出现产品变革、技术变革和组织变革。产品变革是开拓新产品领域及扩大原有的产品线,扩大企业的市场规模,是在快速变化的环境中生存发展的一条重要途径。技术变革是知识、技能、工具、生产技术、工艺、流程等方面的变革,可以提高企业的生产效率。组织变革是组织结构、人员结构、企业文化、职能设置、劳资关系、信息管理等方面的改革。企业必须适应产品改革和技术改革,及时改进。以上三种变革是相互促动和相互依存的。

新型企业文化应该是基于人的充分解放和全面发展的、以知识的生产和使用为主要内容的精神文化,从而形成以人为中心的管理体系和以人为本的企业价值观。领导的任务相应地变成了协助每个员工实现个人和组织目标的教练、导师及资源协调人。管理的境界在于创造一种促进员工不断学习的组织氛围,形成组织不断创新的核心能力。因此,员工的创造性和个性的发挥也就成了新企业生存和竞争的核心动力。人力资源服务企业要取得持久的竞争优势,必须展开学习革命,把企业建成学习型组织。流程再造后,严格的分工界限被打破。由于工作层面的增加,员工需要不断地完善学习,才能在多元化经营中增加个人知识和能力的深度和广度。企业再造后,新流程更加强调团队间的协作,因此新公司的企业文化要提倡团队精神。团队的力量体现在行为过程中的互相配合,体现在企业经营过程中的团队精神。面对推行服务标准化,让服务意识深入企业每一个人的心中,从总经理到一线职工,都形成一种普遍的服务观:直接与用户接触的,为用户服务;不直接与用户接触的,按业务流程为下道工序服务。

人力资源服务流程的再造应当按照以人为本、学习创新、团结协作的原则,可以采用次序改变、合并、消除、自动化等方式来再造流程。流程的再造是企业经营策略改革的体现,再造的目的也是提高企业的经营业绩。第一,次序改变。次序改变是指改变组成流程的活动的先后次序,即活动的逻辑关系,以缩短工作时间,提高对客户的响应度。第二,消除。消除是指把一些增值不大的流程或流程上的节点废除。第三,自动化。流程自动化是将流程中的部分工作用信息技术加以自动地读取、传递、处理,最终提高工作效率。

人力资源服务作为"有利益地满足需要",宗旨就是通过有效管理,满足客户需求,达成客户满意,进而实现企业盈利的目的。从终极目标来看,人力资源服务管理是为了实现企业利润和企业成长;从目标保证来看,人力资源服务管理必以满足客户需求为前提进行管理。在此之间,存在着一系列的管理过程。

有效的人力资源服务管理是建立在正确的人力资源服务战略基础之上的。现有市场广阔,客户人数众多,而且客户的需求各不相同,导致企业很难同时满足所有客户的需要。为此,企业需要识别出对企业最有利的市场,这也就是人力资源服务战略的核心任务。因此,企业要根据自身实力和竞争状况进行市场细分,选择企业人力资源服务的目标市场,并根据目标客户的需求特点确定企业人力资源服务的定位、制订相应的策略方案,这就是服务管理中的目标。将这一目标过程划分为三个主要步骤:一是市场细分,企业按照客户需求,将一个市场分为若干个不同的接受服务者群体;二是市场目标化,企业从不同的接受服务者群体中选择一个或几个准备进入的细分市场;三是市场定位,企业创建并传播产品的关键特征与利益。

企业在制定人力资源服务战略之后,就形成了自身的人力资源服务概念,进而进行服务产品开发与设计。人力资源服务产品必须经由人力资源服务和传递过程,才能转移到客户手中,这就是人力资源服务运营的任务。人力资源服务与客户的满足是同时进行的,人力资源服务与传递过程通常是不可避免地展现在客户眼前。因此,人力资源服务管理必须对人力资源服务运营过程及系统进行合理设计,方能保证企业人力资源服务概念的有效实现。

伴随着人力资源服务产品生产与传递过程,人力资源服务企业还必须将有关人力资源服务的特征、属性及企业对客户的承诺等信息传递给目标市场,这些环节是由传统的服务管理组合来完成的。"4P"服务组合,包括产品(product)、价格(price)、渠道(place)和推广产品(promotion)。人力资源服务产品的无形性及延伸特性,要求赋予传统"4P"组合新的内容和含义。例如,人力资源服务的不可储存性,要求人力资源服务企业在人力资源服务产品价格管理上更加灵活,并与企业收益管理有机结合起来。传统服务"4P"组合,就是企业向客户作出承诺的过程,也就是人力资源服务企业与外部客户之间的沟通过程。人力资源服务产出高度依赖于客户参与,除非客户有效合作,否则是不可能有理想人力资源服务产出的,也就是说客户对自己所接受到的人力资源服务产出质量有直接贡献。人力资源服务人员与客户之间的互动是人力资源服务和消费过程的突出特征。在这一互动过程中,人力资源服务人员向客户传递服务,客户接受人力资源服务,客户以此形成质量感知。这个过程实际上就是人力资源服务。

人力资源服务企业履行企业承诺的过程称为互动服务。企业为了实现先前做出的承诺,就必须依赖高效率的人力资源服务员工。企业必须对人力资源服务员工进行有效激励,给予必要的授权,充分调动服务员工的积极性;否则,人力资源服务承诺将成为空谈。只有满意的员工,才能使客户满意。企业内部激发员工积极性的活动,为实现人力资源服务承诺提供了保障,这就是所谓的内部服务。人力资源服务管理就是通过上述目标服务、人力资源服务运营、外部服务、互动服务、内部服务等过程,向客户传递符合其需求的人力资源服务产品,达成客户满意,进而实现企业盈利和企业成长的战略目标。

第三节 人力资源服务流程蓝图设计

人力资源服务供给系统设计是一项富有创造性的工作,需要有某种战略思维,目的为在同行业中始终保持领先地位。

一、人力资源服务系统设计

设计人力资源服务供给系统的一般方法可以分为三类：流水线方法、客户合作生产法、高度与低度接触分离作业法。在生产线方法中，客户参与服务生产的程度最低；在客户合作生产法下，客户的参与程度最高；而第三种方法则是对前两种方法的综合运用，即把一项人力资源服务分为高度接触的作业和低度接触的作业两个部分分别执行。

第一，流水线方法。流水线方法使人力资源服务企业能够像制造企业一样，以流水线作业方式成规模地提供标准化人力资源服务产品。为了保证稳定的质量和高效地运转，例行工作均在一种受控的环境中完成。通常采用流水线方式的人力资源服务企业可以获得成本领先的竞争优势。人力资源服务供给系统设计的流水线方法试图将成功的制造业观念引入人力资源服务业当中。它表现出以下几个特点：①员工的权限有限。产品的标准化和稳定的质量是生产线方式的优势。对于标准化的常规人力资源服务而言，客户更关注人力资源服务行为和过程的一致性。②劳动分工。流水线方式要求将全部工作分为若干项简单的工作。这种分工使得员工可以发展专门化的技能，提高生产率。③用技术替代人力。不断地开发新技术并用新技术来替代人力，促进了制造业的发展。现在这种方法也已经应用于人力资源服务业。④人力资源服务标准化。限制人力资源服务项目的数量有利于控制人力资源服务过程，有利于稳定人力资源服务质量。服务变成了事先规划好的常规工作，而人力资源服务特许方式正是充分利用了标准化的好处，建立全国性的组织，克服人力资源服务半径有限带来的需求受限的问题。

第二，客户合作生产法。人力资源服务供给系统的这种设计方法鼓励客户积极参与，允许客户在服务过程中扮演积极的角色。一些本来由人力资源服务企业承担的工作转交给客户来完成。这样，一方面由于客户变成了合作生产者而使人力资源服务企业的生产力得到提高；另一方面，客户的参与也提高了人力资源服务定制的程度，进而提高了客户的满意度。由此，客户合作生产给人力资源服务企业和客户都带来了利益。从人力资源服务企业的角度来看，客户合作生产的方式有以下优点：①降低劳动力成本。员工的工资在上升，劳动力成本在增加，促使人力资源服务企业用客户参与来代替个性化的人力资源服务。②合作生产形成了一定程度的定制。人力资源服务企业如果把目标集中在那些愿意进行自我人力资源服务的客户群，让客户参与到服务过程中来可以以某种程度的定制来支持成本领先竞争战略。③缓解暂时性的员工短缺。当人力资源服务企业面对需求高峰而出现人手相对短缺的现象时，可以由那些愿意积极参与人力资源服务过程的客户提供额外的人力资源服务，从而使暂时性的供求矛盾得以缓解。④理顺人力资源服务需求。通常人力资源服务需求随着时间而变化，存在高峰期和低谷期，这会使人力资源服务企业在某些时候因人力资源服务能力不足而失去获利的机会，在其他时间里又会因人力资源服务能力的相对过剩而浪费资源。要想理顺服务需求，必须有客户的参与，使组织能够调整他们的需求时间，并使其与可获得的人力资源服务相匹配。此时，客户进行合作生产的典型方式是提前预约。人力资源服务企业的合作生产源于新技术的促成，由客户来完成以前由人力资源服务人员从事的工作。

第三，高度与低度接触分离作业法。客户接触是指客户亲自出现在人力资源服务供给系统之中。而客户接触程度可以用客户出现在人力资源服务系统中的时间与人力资源服务总时间的百分比表示。在高度接触的人力资源服务中,客户通过直接接触人力资源服务过程决定需求的时机和人力资源服务的性质。客户对人力资源服务过程的感知是决定人力资源服务质量的一个重要因素。而在低接触的人力资源服务中,客户因不出现在人力资源服务系统中而不会对人力资源服务的提供过程产生直接的影响。

对于人力资源服务业的运营设计,高客户接触和低客户接触作业的每一个领域内单独设计人力资源服务过程(表 7-1)。经营观念和自动化设施在低接触作业过程均可使用。高接触作业要求员工具有较高的人际技能,人力资源服务的水平和任务是不确定的。将人力资源服务供给系统按客户接触程度分为两个部分,既可以让客户感受到个性化的人力资源服务,同时又可通过批量生产实现规模经济。这种方法的成功与否,取决于人力资源服务过程中,客户接触的程度及在低接触作业中分离核心技术的能力。

表 7-1　高度与低度接触作业的设计思想

设计思想	高度接触作业	低度接触作业
设施地址	接近客户	接近网络系统
设施布局	考虑客户的生理和心理需求及期望	提高服务能力
产品设计	环境和实体产品决定了服务的性质	客户在服务环境之外
过程设计	生产环节对客户有直接影响	客户不参与大多数处理环节
进度表	客户应包括在进度表中且必须满足其需要	客户主要关心完成时间
生产计划	订单不能被搁置,否则会丧失许多生意机会	出现障碍或顺利生产是可能的
员工技能	直接人工构成了服务产品的大部分,必须能够很好地同公众接触	员工只需要一种技能
质量控制	质量标准取决于评价者,是可变的	质量标准是可测量的、固定的
时间标准	由客户需求决定,时间标准不严格	时间标准严格
工资支付	易变的产出,要求计时付酬	固定的产出要求计件付酬
能力规划	为避免销售损失,生产能力按满足最大需求为准设计	储存一定的产品以使生产能力保持在平均需求水平上
预测	短期的,时间导向的	长期的,产出导向的

二、人力资源服务蓝图设计

人力资源服务蓝图(blue print)是一种有效描述人力资源服务提供过程的可视技术。人力资源服务蓝图从以下几个方面展示了人力资源服务的提供过程:人力资源服务实施的过程、人力资源服务的接触点、客户和员工的角色及人力资源服务中的可见要素。人力资源服务蓝图通常包括客户行为、前台员工行为、后台员工行为和支持过程四个构成要素。以上四个主要行为部分由三条分界线隔开。最上端的是互动分界线,它表示客户与人力资源服务企业之间直接的互动接触。每一条垂直穿过这条互动分界线的直线,都表明客户与人力资源服务企业发生了一次人力资源服务接触。中间的分界线是可视分界线,它把前台员工和后台员工的工作区分开来,前台员工的行为是客户能够看得见的,而后台员工的行为是客户所观察不到的。最下端的是内部互动分界线,用以区分人力资源服务人员的工作和其他从事支持人力资源服务的工作和人员。有垂直线穿过内部互动分界线,代表该处存在着内部人力资源服务接触。在人力资源服务蓝图的最上方,每一个接触点的上面都列出了人力资源服务的有形展示。

人力资源服务蓝图涵盖了人力资源服务供给系统的全部处理过程,包括信息处理、客户接触等并强调了重要的步骤关键点。人力资源服务蓝图与其他流程图最为显著的区别是它包括了客户,强调了客户看待人力资源服务的视角。因此在设计服务蓝图时,很有借鉴意义的做法是从客户看待人力资源服务过程的视角出发,逆向思维,导入人力资源服务供给系统,这种视角设计的人力资源服务蓝图必将是以客户为导向的。对于设计完毕的人力资源服务蓝图,可以很容易了解客户对人力资源服务过程的观点,跟踪客户的行为。有助于人力资源服务提供商思考这样一些问题:客户是怎样使人力资源服务产生的?客户有什么选择?客户是高度介入人力资源服务过程,还是只表现出有限的行为?从客户的角度看,什么是人力资源服务的有形展示?这与组织的战略和定位始终一致吗?

人力资源服务蓝图也可以帮助了解人力资源服务人员的角色,这表现在可视线上下的员工行为。人力资源服务企业要思考的问题是:过程是否合理,谁来接待客户,何时接待,如何接待,频率怎样等。人力资源服务蓝图提出了一个全局的观点,让员工把人力资源服务视为不可分割的整体,并与"我要做什么"联系起来,在员工中强化了以客户为导向的理念。从人力资源服务蓝图上可以识别出失误点,它们是人力资源服务过程中的薄弱环节,可以帮助确定改善人力资源服务质量的目标。外部员工与客户之间的互动线表明了客户的作用,指明客户将在何处感知到人力资源服务的质量;可视线能够帮助人力资源服务企业有意识地安排好该让客户看到什么,委派何人与客户接触;内部互动线显示出有关部门之间的互动依赖关系,这将有利于各个服务部门之间的协调合作,以团队工作的形式提高人力资源服务质量。

人力资源服务蓝图的作用并不仅仅表现在当它绘制完毕后对于人力资源服务过程的指导意义,更重要的是在开发人力资源服务蓝图的过程之中会帮助人力资源服务企业识别各种问题,实现许多中间目标。它有助于澄清概念、开发共享的服务规划、识别在设计之初所无法认识到的复杂性及确定角色和责任等。人力资源服务蓝图的开发不是一个人或一个部门所能单独完成的,它需要诸多职能部门的通力合作。开发人力资源服务蓝图的基本步骤,如图 7-2 所示。

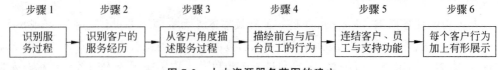

图 7-2　人力资源服务蓝图的建立

识别人力资源服务过程,首先要对开发人力资源服务蓝图的意图做出分析。人力资源服务蓝图可以有不同的开发层次,蓝图的复杂程度和深入程度也会迥然不同。如果人力资源服务过程因细分市场而有所不同时,就应该为某类特定的细分客户群单独开发人力资源服务蓝图,此时一定要避免设计的含糊不清,并使蓝图效能最大化。

人力资源服务蓝图从客户的角度描绘人力资源服务过程,包括描绘客户在接受服务和评价服务中经历的选择和行为。从客户的角度识别人力资源服务可以避免把注意力集中在对客户没有影响的过程和步骤上。这要求必须明确客户到底是谁,确定客户如何感知人力资源服务过程。如果细分客户群以不同的方式感知人力资源服务,则要为每个不同的细分客户群绘制单独的蓝图。然而,人力资源服务提供商对客户所感知的人力资源服务起点认识,可能同客户的实际感知不同。

人力资源服务蓝图对前台和后台员工行为的描绘,从画出互动线和可视线开始,然后从客户和员工的视角出发绘制人力资源服务过程,分辨出前台人力资源服务和后台服务。此时可以向一线员工具体询问他们的人力资源服务行为,分辨出哪些是客户可见的,哪些行为又是在幕后进行的。

人力资源服务蓝图把客户行为、员工行为与支持功能相连。在蓝图的下端画出内部互动线,它可以反映出员工行为和支持部门的联系。若干垂直的直线穿过三条分界线,把具有相关关系的客户行为、员工行为和支持过程联系在一起。

人力资源服务蓝图在每个客户行为步骤的上方添加相关的有形展示,这些有形展示列示出了客户可以看到的事物,及客户在人力资源服务过程的每一个步骤中所得到的有形物品。这些有形展示能够与人力资源服务企业的整体战略及人力资源服务定位相一致。

人力资源服务蓝图详细地描绘了人力资源服务系统的以下几个方面:客户接受服务的行为过程、人力资源服务传递流程、客户接触点、客户与人力资源服务人员的角色、人力资源服务中的有形展示等。人力资源服务蓝图与其他流程图最显著的区别在于,它是从客户的角度来看待人力资源服务过程的。

三、人力资源服务蓝图要素

人力资源服务蓝图包含的基本构成要素包括四部分:四种行为、连接行为的流向线、分割行为的三条分界线和设置在客户行为方的有形展示。

人力资源服务蓝图包含四种行为。第一,客户行为。客户行为部分展示了客户从进入到离开人力资源服务系统的整个行为过程,包括进入、选择、接受服务、结账、离开的行为步骤。把客户的行为步骤和行为过程置于人力资源服务蓝图的上端,是为了突出客户在整个人力资源服务系统中的核心地位,让人力资源服务系统的所有管理员工都能够意识到:人力资源服务永远第一。第二,前台人力资源服务行为。前台人力资源服务行为是指在前台直接接待和人力资源服务客户的员工的行为,对这部分员工的行为举止、穿着形象、礼貌用语、人力资源服务技能、反应速度等都有特别要求。第三,后台人力资源服务行为。后台人力资源服务行为是发生在幕后、不直接与客户发生接触的员工的行为,他们的行为依然需要按照客户的订单要求进行,为满足客户的需求作出直接贡献,通过自己的工作成果与客户发生接触。第四,支持行为。支持行为是指为前台及后台员工的人力资源服务行为提供支持。支持行为对于前、后台人力资源服务员工而言是直接的行为,而对于客户而言是间接的行为。所以,我们一般把前、后台员工称为一线人员,而把从事支持性工作的人员称为二线人员。

人力资源服务蓝图最上面的有形展示是针对客户消费过程设置的，它对于增加客户感受和体验、提高顾客满意度尤为重要。事实上，在客户接触的任何地方，只要是客户能看到的，都是有形展示，其中有些是有意设置的，有些是无意设置的。当然，我们希望加强对有形展示的管理，对客户能够看到的任何东西都应该严格审视，以便给客户更多美好的感受。人力资源服务蓝图各构成要素的综合为人们提供了一个全局性、系统性和战略性的观点，它可以帮助人们在设计人力资源服务系统和提高人力资源服务质量的过程中，始终保持一种循序渐进的状态。

人力资源服务蓝图不仅可以详细、清楚、直观地表现人力资源服务业务流程，而且利用三条线可以分开客户行为、前台员工行为、后台员工行为、支持行为四种行为，便于人们利用人力资源服务蓝图对人力资源服务系统进行深入、细致的分析。客户的消费行为是人们关注的焦点，人们不仅要分析客户的消费行为过程及整个人力资源服务系统是如何满足客户消费行为的，还要特别关注客户是如何在消费过程中获得感受和体验的。

人力资源服务蓝图不仅为人们展示了客户的消费行为和人力资源服务员工的服务行为，还展示了人力资源服务系统的整个业务过程。如果要了解或分析客户的消费行为，即客户如何参与人力资源服务，可以从左向右水平阅读客户的行为事件和行为过程。关键问题包括：客户怎样使用人力资源服务，客户有哪些选择，客户是否高度涉入人力资源服务，有形展示如何影响客户的行为和感受，有形展示是否到位等。

如果要了解或分析人力资源服务员工的角色行为，可以水平阅读可视线上的前台员工行为和可视线下的后台员工行为。关键问题包括：谁与客户打交道、何时进行、频率如何、分工合理吗？一位服务人员对客户负责到底，还是把客户从一个服务人员手里转到另一个服务人员手里？

如果要了解或分析业务过程，可以纵向阅读。关键问题包括：过程合理吗？效率、效果好吗？客户在哪些地方与人力资源服务员工发生接触？哪些员工在人力资源服务中起关键作用？各个环节是如何关联的？后台是如何支持前台的？

人力资源服务系统的主要功能是满足客户需求、增加客户体验、提高顾客满意度。为了实现这些功能，在设计和运作人力资源服务系统的过程中，需要格外关注和控制好失败点、客户等待点、决策点、体验点四个关键点。失败点是指容易引起客户不满的地方。失败点可能会发生于整个业务流程的每一个行为步骤上。在失败点上，需要加强审查和监督，尽量减少失误。客户等待点是指容易造成客户长时间等待的地方。客户等待点发生在客户消费行为事件上，它不同于发生在员工人力资源服务行为过程中的等待点。客户等待点可能是由人力资源服务行为的迟缓（等待点）引起的。决策点是指需要人力资源服务人员进行判断、选择和决策的地方。在决策点，一方面是通过专业训练来提高员工的素质和判断决策能力，另一方面是通过授权来增加客户处理问题的自由度。体验点是指最有可能增加或强化客户感受与记忆的地方。对于以客户满意为导向的人力资源服务系统，在所有可能的体验点都要进行有针对性的设计，包括有形展示和超出客户意料的人力资源服务等。

除了上面的四个关键点外，实际上还可能存在技术点、多余点、接触点等。人们可以按照人力资源服务企业的性质，有选择地应用这些关键点。例如，把最能体现技术的地方标示为技术点，标出技术点有益于对员工的培训；有些人力资源服务的自助成分比较多，接触点比较少，此时就有必要把人力资源服务人员与客户的接触点标出来，以便让员工格外注意人力资源服务态度和技巧；我们还可以通过分析人力资源服务蓝图找出多余的步骤或走弯路的地方，把这些地方标示为多余点，设法把它们去掉或加以改进。此外，每一种点的存在并不是绝对的，可以针对每一类关键点、体验点、等待点、决策点及其他类型的点所表示的方面进行更系统的分析，并提出相应的对策。

鉴于人力资源服务蓝图的复杂性，绘制人力资源服务蓝图需要有关各部门甚至客户的共同合作才能完成，绝不能简单地委托给某个人独立去完成。开发与绘制人力资源服务蓝图的过程，也是对人力资源服务系统加深理解和发现问题的过程，可以分级进行，可以针对整体人力资源服务概念开发概念蓝图，也可以针对某一个环节开发细节蓝图。下面详述人力资源服务蓝图绘制的步骤及其相关问题。

步骤1：识别需要制定蓝图的人力资源服务过程。先要明确制作人力资源服务蓝图的起因和目的，是为了描述、改进还是开发，是要制定概念蓝图还是细节蓝图，如果是制定或调整概念蓝图，那么它一定和人力资源服务系统的战略性调整有关。如果是制定细节蓝图，那么需要搞清楚它涉及哪些过程，起点和终点在哪，中间涉及哪些人员，客户和人力资源服务人员对人力资源服务过程中某一个时点上发生的有关问题的抱怨有哪些。

步骤2：分析目标市场客户的消费需求。认真分析目标客户的消费需求，并在此基础上，列举一张构成相关客户经历的所有行为事件的清单。包含的客户行为事件一定是关键事件，而细节蓝图包含的客户行为事件应当做到尽量详细。

步骤3：从客户角度描绘人力资源服务过程。把客户经历中的每一行为事件画成框图，并按顺序排列。客户导图是我们设计人力资源服务蓝图的一个基本准则。从客户角度来描绘人力资源服务过程，不仅可以避免把注意力集中在对客户没有影响的过程和步骤，还可以发现人力资源服务企业平时不关注的内容。如果遇到较特别的人力资源服务需求或服务顺序，则证明存在不同的细分市场，此时可能需要使用菱形的决策框进行分类处理。

步骤4：描绘人力资源服务员工的行为和支持行为。首先，画出互动线、可视线和内部互动线；其次，识别属于前台的人力资源服务行为、后台的人力资源服务行为和支持行为（功能）；最后，按照提供人力资源服务的过程用流向线连接。如果是描绘现有的人力资源服务，为了识别前台人力资源服务行为和后台人力资源服务行为，可以向人力资源服务员工询问哪些行为是客户可以看得到的，哪些不是；如果是设计新的人力资源服务蓝图，则需要认真研究这些人力资源服务行为中，哪些应该让客户看到，哪些不应该让客户看到。

步骤5：在每个客户行为步骤上加上有形展示。人力资源服务流程绘制完后，需要在客户消费经历的每个步骤加上适当的有形展示，增加客户的体验或给予客户必要的提示。

步骤6：证实和完善人力资源服务蓝图。向客户、前台员工、后台员工、负责支持功能的人员等寻求支持，请他们提出中肯评价或修改意见。每个人对人力资源服务过程都有着自己的理解，开放式的讨论有助于证实和完善人力资源服务蓝图，也有助于达成共识和蓝图将来的实施。

步骤 7：对人力资源服务蓝图进行简短的补充说明。明确界定人力资源服务蓝图中涉及的概念和角色，强调四个关键点（关键人力资源服务活动）及其与其他活动的关系，对每一个关键点应注意的问题或采取的措施给予必要的说明。

最后，为使人力资源服务蓝图更有用、更形象，可以把整个流程用图片或录像的形式进行展示，开发为"图片式人力资源服务蓝图""动画式人力资源服务蓝图"或"影像式人力资源服务蓝图"。

思考题

1. 人力资源服务流程的要素如何优化和组织？
2. 如何理解人力资源服务是一个系统？
3. 人力资源服务蓝图是什么？如何设计人力资源服务蓝图？

第八章

人力资源服务质量管理

第一节 人力资源服务质量的内涵

一、人力资源服务质量的概念

质量是企业的生命线,质量管理是企业管理的重要方面。现代质量管理的理论与方法产生于产业革命后的大规模制造活动,其发展过程基本上可分为质量的事后检验、统计质量控制、全面质量管理、六西格玛(6σ)管理四个阶段。在现代质量管理理论引入人力资源服务业之前,人力资源服务质量管理实践基本上处于不自觉的状态,跟着感觉走。其结果是,在特定的人力资源服务中,质量可能是很好的,而就整个人力资源服务企业的运营而言,人力资源服务质量是不稳定、不规范和难以预期的。全面质量管理思想不仅适用于制造系统,同样也适用于人力资源服务系统。在这种思想的指引下,许多人力资源服务管理学者开始将生产管理中的一些有用的质量分析和控制方法,如用于分析质量失误原因的鱼刺图、帕累托分析推广到人力资源服务质量实践中,并取得了良好的效果。

在日常生活中,人们对质量的理解有时非常简单,即"好"与"坏"的区别,或"好坏"的程度;但是,对质量的定义,在学术界存在着比较多的争议。质量管理大师朱兰认为"质量就是适用性";ISO 9000(2000 版)把质量解释为"是一组固有特性满足要求的程度";电气和电子工程师协会(Institue of Electrical and Electronics Engineers,IEEE)认为"质量是系统、部件或过程满足明确需求、需要或期望的程度"。这些定义都强调了产品(或服务)和客户需求的一致性。鉴于人力资源服务概念本身的复杂性及人力资源服务具有的诸多特性,仅套用这些质量概念,我们还是很难深入把握人力资源服务质量的内涵。

第一,人力资源服务质量与物质产品质量的区别。物质产品质量容易衡量,也容易建立标准,尺寸、颜色、款式、手感、亮度等都是衡量物质产品的客观标准。人力资源服务具有无形性、客户参与人力资源服务过程、人力资源服务的生产与消费同步发生等特征,因此人力资源服务质量是以客户感知为导向的,评价是困难的,评价依据含有主观的成分。正因为如此,人力资源服务业流行着这样一句话:质量好坏,客户说了算。当有的客户认为人力资源服务质量好,而有的客户认为不好时,那么自然会提出一个问题,此人力资源服务质量究竟是好还是不好。此时,我们的判断应该建立在对客户群体的感知的调查统计的基础上,而不应依据某一位客户的感知。

第二,人力资源服务质量与客户满意的区别。通常,我们以顾客满意度来衡量人力资源服务质量。但是,顾客满意度并不等同于人力资源服务质量。从严格意义上说,客户满意是由多种因素引起的,人力资源服务质量只是其中之一(图8-1)。借用数学语言描述:人力资源服务质量是形成客户满意的必要条件,而非充分条件。没有好的人力资源服务质量,客户就不会满意。但是,即使人力资源服务质量很好,客户也会因为其他原因而对人力资源服务不满意。

图 8-1　客户满意的构成因素

第三,人力资源服务质量包含结果质量和过程质量。客户评价人力资源服务质量是一个模糊和复杂的过程,主要通过对公司提供给他的技术产出的感知和对提供方式的感知两个方面来实现。我们把这两方面的质量分别称作结果质量和过程质量,如图8-2所示。对结果质量的评价因素主要分为两个方面:一是客观结果,如劳务输出目的地的成功与否等;二是导致结果的技术水平及其应用能力,如人力资源咨询方案等。对过程质量的评价因素主要包括:人际关系技巧、人力资源服务及时程度、应答语言、对客户关怀的程度、倾听技巧、是否按时完成任务等。人力资源服务过程质量对客户对人力资源服务的感知和评价起着关键作用。调查证明:"谦恭的态度"是过程质量中最重要的一个指标,是调查的"四种人力资源服务中唯一共同的评价指标",是"人力资源服务质量的信号"。客户接受服务的主要是结果而不是过程,过程质量永远不能代替结果质量。对人友善只占为客户提供良好人力资源服务的20%,关键在于设计出能让员工第一次就做好人力资源服务的系统。

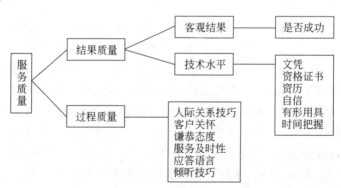

图 8-2　人力资源服务的结果质量和过程质量

第四,人力资源服务质量推广全面质量管理,就是以提升品质为主线,以客户需求为中心,利用对事实和数据的分析,改进提升组织的业务流程能力,这是一套科学的、系统的、追求完美的服务质量管理方法。其着眼点不在于产品本身的特点,也不在于服务过程中的某些环节和特点,而在于对服务系统的整体运营情况的关注,希望通过对服务系统整体状况的不断优化,使系统产出质量达到要求。

二、人力资源服务质量的差距

人力资源服务质量在客户看来,不是一个一维的概念,客户对质量的评价包括对多个要素的感知。对于质量究竟应该包含哪些要素,学者们对不同领域进行了研究,得出了不同的结论。产品质量和服务质量包含不同的要素,不同人力资源服务业包含不同的质量要素。我们把人力资源服务质量中包含的相互独立、相互关联的一些关键要素称为质量维度。

产品质量包括性能、特征、可靠性、达标度、耐用性、服务能力、美感性、感受质量等多个维度,主要结合产品的操作特点、次要或辅助特点、达到规定指标的程度、在维护成本超过可接受水平之前产品的使用寿命时间、产品的服务是否方便、产品的外观、产品的形象等方面进行考虑。

人力资源服务质量既有客观成分,也有客户感知的主观成分。人力资源服务质量的好坏,取决于人力资源服务产品满足客户需求的程度,并由客户来评价。客户对人力资源服务质量的评价,基于他对人力资源服务的预期与对人力资源服务的感知之间的差距。如果"感知人力资源服务"超过了"预期人力资源服务",那么客户会感到惊喜;如果相反,客户就会感到失望;如果二者一致,那么客户既不会感到惊喜,也不会感到失望,只是觉得满意。人力资源服务质量的差距,如图8-3所示。

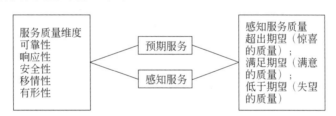

图8-3 人力资源服务质量的差距

预期人力资源服务,即客户对人力资源服务的预期,是朋友介绍、个人需要、过去经历、广告宣传等多种因素综合作用的结果。感知人力资源服务,即客户对人力资源服务的感知,这是一个比较复杂的过程。如图8-4所示,描述客户"感知人力资源服务"的形成过程,也说明了"感知服务"与"预期服务"之间服务质量的差距形成过程。

差距1反映了管理者对客户期望的了解程度。了解的方法包括:进行市场调研、增进管理者与客户的交流、减少管理层次、重视客户的信息反馈等。

差距2是在把管理者对客户期望的感知转化为人力资源服务质量规范的过程中形成的。形成这个差距的具体原因可能是:管理者的服务质量目标不明确、计划不详细;管理者意见不统一;人力资源服务质量规范的执笔者带有浓厚的个人倾向;观念存在问题,认为满足客户期望是不可实现的。

差距3反映的是人力资源服务绩效,即对人力资源服务质量规范的执行与人力资源服务质量规范之间的差距。形成该差距的原因很多,如没有招聘到合适的员工,员工有意抵制,人力资源服务流程设计不合理,提供的服务不符合要求等。

差距4是实际传递的人力资源服务与对外宣传的人力资源服务之间的差距。例如,

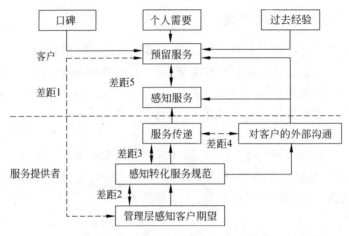

图 8-4　人力资源服务质量差距模型

对外宣传可能承诺过多,而在实际执行过程中却大打折扣。

差距 5 的形成是一个复杂的过程,要想缩小差距 5,必须管理好其他四个差距。

三、人力资源服务质量战略

人力资源服务质量战略是指企业力图在服务质量上与竞争对手形成差异,提高客户的感知质量水平,达到客户满意,建立客户忠诚。一般来说,客户对人力资源服务质量的感知主要来自两个方面,一是人力资源服务结果质量,二是人力资源服务过程质量。企业对不同质量维度给予不同程度的重视,形成了不同的人力资源服务质量战略类型。我们以结果质量和过程质量为两轴,在不同象限的不同区域构成了不同人力资源服务企业的不同战略定位(图 8-5)。

图 8-5　人力资源服务企业的质量战略定位

(一)人力资源服务结果质量战略

人力资源服务结果质量是指服务过程的结果,是客户在人力资源服务过程结束后的"所得",是客户对人力资源服务企业提供给他的产出的感知。虽然服务是无形的,但客户对"得到了什么",尤其是当某项人力资源服务有特定结果时,客户就能以该结果为基础来判断人力资源服务的有效性。由于结果质量主要与技术相关,因此客户对结果质量的衡量还是比较客观的。为此,服务结果质量又称为技术质量。人力资源服务结果质量战略是指人力资源服务企业强调在人力资源服务结果方面与竞争对手的差异,突出人力资源服务中更容易感知的层面的战略。对于搜寻性人力资源服务来说,客户在消费前即可得到与人力资源服务的相关信息;对于经验性人力资源服务来说,客户在消费之后也容易对感知人力资源服务质量做出评价与判断。因此,客户对最终得到了"什么样"的人力资源服务更为重视。可见,人力资源服务结果质量是强调人力资源服务企业的"工具性"。人力资源服务企业应该分析自身所提供的人力资源服务是否属于搜寻性人力资源服务和经验性人力资源服务,从而可以将战略重点放在人力资源服务结果质量战略方面。

(二)人力资源服务过程质量战略

人力资源服务过程质量是指客户接受服务的方式及在人力资源服务过程中的体验,它是指人力资源服务的方式,客户是如何得到人力资源服务的。由于客户很难对无形人力资源服务评价,客户倾向于对人力资源服务过程的评价,重视人力资源服务企业提供人力资源服务的方式。因此,人力资源服务过程质量对客户感知人力资源服务质量评价具有十分重要的影响。为此,人力资源服务过程质量又称为功能质量。人力资源服务过程质量战略是指人力资源服务企业强调在人力资源服务过程方面与竞争对手的差异,突出人力资源服务中不容易感知的层面的战略。人力资源服务过程质量战略经常应用到信任性人力资源服务,因为这类人力资源服务与搜寻性、经验性人力资源服务相比,它的可感知性更低,即便是在消费后,客户也很难对人力资源服务质量做出客观的评价与判断。因此,客户更重视人力资源服务的过程因素,他们往往是通过对人力资源服务过程的感知来形成最终的感知人力资源服务质量。可见,人力资源服务过程质量是强调人力资源服务企业的情感性绩效。因此,人力资源服务企业应该分析自身所提供的人力资源服务是否属于信任性人力资源服务,由此可知,可以将战略重点放在人力资源服务过程质量战略方面。

人力资源服务结果质量战略与人力资源服务过程质量战略二者之间并不是非此即彼的关系。相反,它们是相辅相成的。如果没有一定的人力资源服务结果为基础,那么人力资源服务过程再好,也无法满足客户的基本需求;同理,即便企业非常重视人力资源服务结果质量,但如果人力资源服务过程中客户抱怨很多,最终会影响客户对人力资源服务结果质量的评价,他们也很难对人力资源服务质量做出正面的评价。因此,人力资源服务结果质量战略与人力资源服务过程质量战略二者应是任何一项人力资源服务的内在组成部分,不可分割。人力资源服务企业的战略选择,只是在结果和过程之间寻找一个适当的平衡点。相对而言,是突出人力资源服务结果质量还是突出人力资源服务过程质量,这取决于企业所生产、提供的人力资源服务类型,企业可以从搜寻性、经验性、信任性等不同人力资源服务性质方面进行分析和取舍。

第二节 人力资源服务质量的控制

一、人力资源服务质量的设计

人力资源服务质量不是设计出来的,但做好人力资源服务产品设计工作的确能够提高或控制人力资源服务质量。下面介绍四种通过设计来提高或控制人力资源服务质量的方法。

(1) 人力资源服务包中的质量合成。人力资源服务包设计首先要有一个明确的产品定位。一旦定位明确了,那么对它的支持性设施、辅助物品、显性人力资源服务、隐性人力资源服务四个要素的设计也就有了方向。

(2) 质量功能展开。质量功能展开(quality function deployment,QFD)是将客户期望和偏好融入产品设计的工具,这种方法的基本思想就是,通过一种被称作"质量屋"的图解形式,把客户的期望及偏好与质量功能要素联系起来,然后寻找出与竞争对手的质量差距及提高质量改进的关键手段,最后通过设计使市场服务、工程、制造、人力等职能达到有机结合和共同努力,整体上实现产品质量的提高。客户期望可以被分解成更为详细的、次级的要素。例如,"可靠性"可以进一步被分解为二级水平的"精确性"和三级水平的"正确诊断"。每种期望的重要性大小由对客户的研究得出。人力资源服务功能要素包括培训、态度、能力、信息和技术五个要素。各人力资源服务要素之间的关系分为强、中、弱和无关等。客户期望与人力资源服务要素之间的关系,用1～9不等的数字代表各人力资源服务要素对满足各客户期望要素的贡献水平。用加权分数表示每种人力资源服务要素对满足客户总体期望的重要性。

(3) 超强设计。通过设计多元的、广泛的、复杂的人力资源服务产品,覆盖各个部门和行业,覆盖各种各类企业、社会团体和千家万户不同类型的消费者,尽量符合因为社会环境和各自具备的条件不同而形成的需求弹性,能够以全方位服务匹配消费者个性化追求;通过对人力资源服务人员的技术、技能、技艺更高的要求,持续优化客户服务体验。

(4) 防故障设计。质量管理的挑战是使每天提供的产品或人力资源服务达到"零缺陷",基于自动保险或校对差错的理念,以防止不可避免的差错发展成为缺陷。区分错误和缺陷,并尽量避免错误。因为人们犯了错误才产生缺陷,即使错误是不可避免的,但如果在错误发生以后能及时反馈信息,并立即采取纠正措施,也可以防止缺陷产生。人力资源服务设计过程中,应避免出错,防止衔接失误。人力资源服务提供者所犯的错误体现在工作方法不正确、做没有要求的工作、工作次序错误、工作速度太慢等;接待客户中,不了解客户需求、没有聆听客户的要求、没有正确做出反应等;布置的有形设施不干净、制服不干净、环境因素没能控制好、文字材料没能正确阅读等。

人力资源服务质量对它的感知是主观的,人力资源服务质量的测量在更多的情况下,测量是客观的,但客户是通过调查客户对人力资源服务质量的主观看法和满意度来揭示人力资源服务质量客观水平的。

(1) 标杆瞄准法。人力资源服务质量具有许多关键要素(质量维度),在每个要素上,都有表现最好的企业,我们将之称为标杆企业。通过访问标杆企业掌握它们实现杰出质量的第一手资料,比较找出自己在某个质量要素上的差距,并通过向标杆企业学习来弥补自己在该质量要素的不足。寻找标杆企业可以跨行业进行,如可以寻找人力资源服务态度最好的企业,可以寻找有形展示(如标识、宣传、布局等)最好的公司。标杆瞄准法既是测量人力资源服务质量的简明方法,也是提高人力资源服务质量的有效途径。

(2) 步行穿越调查法。步行穿越调查法的内容涉及客户接受服务的整个经历过程,包括九类问题:维护项目、个人对人力资源服务、等待、地点环境、氛围、产品提供、账单提供、推广产品和提示性销售、小费。步行穿越调查法作为一种从客户角度评价人力资源服务感受的工具,具有重要的应用价值,因为客户经常会意识到那些被所有者和管理者忽视的线索。具体做法是:第一,绘制一张客户消费的流程图;第二,按照消费流程,列出所能接触到的各个方面,包括环境、人员、技术、消费品、其他客户等,并设计成调查问卷;第三,让客户拿着调查问卷在消费过程中填写每一个问题,为了鼓励客户积极、认真、实事求是地填写问卷,需要适当地给予客户奖励;第四,收集齐调查问卷后,对有效问卷进行统计和分析,找出客户的满意和不满意之处;第五,按照对客户意见的调查结论,并结合公司的实际情况,进行纠偏、改进。此外,该问卷同样适用于调查管理人员和员工对人力资源服务质量的认识,要求管理人员和员工像客户一样,按照消费流程,进行步行穿越调查,填写调查问卷。对调查问卷进行统计后,可以比较客户、管理人员、人力资源服务员工三者之间对服务质量感知上的差距,进而找出形成差距的原因和值得改进的人力资源服务环节。

(3) 人力资源服务质量调查法。该方法是由人力资源服务质量差距模型的发明者开发出来的,以人力资源服务质量差距模型为基础,调查顾客满意度的有效工具。该方法使用的标准问卷围绕人力资源服务质量的五个维度(可靠性、响应性、保证性、移情性、有形性),制定了陈述性问题,分别对客户对某类企业的一般期望和对某个具体企业的实际感知进行调查,以便统计分析"期望人力资源服务"与"感知人力资源服务"之间的差距。人力资源服务质量调查法的具体应用还向我们证明了一条管理经验:一线员工的工作是确保人力资源服务质量的关键。就人力资源服务调查法而言,尽管可视程度主要强调的是人力资源服务环境和人力资源服务设施系统中不可缺少的设施、技术,可靠程度反映的是企业接待能力和员工素质的结合,但是其他三项指标(主动程度、熟练程度、投入程度)无一不与一线员工的责任、表现相关。该方法最大的优点在于,通过定期的客户调查来跟踪人力资源服务质量的变化趋势,找出现阶段存在质量问题的部门或环节。

二、人力资源服务质量的改进

人力资源服务质量持续改进的终极目标就是追求卓越,给客户留下深刻体验的人力资源服务。卓越人力资源服务是个性化人力资源服务和增值人力资源服务的合成。

第一,个性化人力资源服务。个性化人力资源服务是在人力资源标准化服务的基础上,针对客户个性化需求提供的一种人力资源服务。如果仅仅依据大众化需求提供标准化的人力资源服务,那么客户也会满意,在每次的客户调查中,他们也都会打满分。但是,很多客户还是流失了。如果询问这些客户离去的原因,也许他会告知一个令人感到吃惊的理由:没什么不满意,但是另外一家公司更好。难道还有高于满分的公司?有。客户给这些公司(作为你的竞争对手)的分数是满分+。这"+"号就来自这些公司能够根据客户的个性化需求提供具有特色的、量身定做的人力资源服务,即个性化人力资源服务。个性化人力资源服务不仅能够在更大程度上满足客户的需求,而且能够通过主动关怀和体贴来增加客户的心理体验。因此,个性化与人情化是分不开的。

第二,增值人力资源服务。增值人力资源服务是价值增加过的或超出一般人力资源服务产品价值的人力资源服务。因此,它也被称作超值人力资源服务。客户需求分为核心需求和边缘需求两大类。一般产品是满足核心需求的,而增值人力资源服务的增值部分是用来满足边缘需求的。

人力资源服务企业如果能够在个性化人力资源服务和增值人力资源服务方面孜孜不倦地追求，一定会达到卓越人力资源服务的顶峰。

达到卓越人力资源服务必须持续改进现有的方法，即包括复杂的运用统计控制手段的图表工具，如工艺流程图、帕累托分析、时间序列趋势图、数据收集表、直方图、散点图、检查表、鱼刺图、控制图等。统计过程控制只能发现质量问题，不能解决质量问题。要解决质量问题还需要有具体的计划和措施。持续改进是一种管理思想，它将产品和工序改进作为一种永不终止的、不断获得进步的过程。这种管理思想与传统的主要依靠技术和理论革新而达到"巨大"改进的思想形成了鲜明的对照。

（一）持续改进的过程

戴明（Deming）为持续改进质量提出了著名的 PDCA 环（常被称作戴明环）：计划（plan）、执行（do）、检查（check）、处理（act），如图 8-6 所示。PDCA 环体现了持续改进过程的循序性和连续性特征。

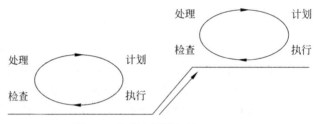

图 8-6　人力资源服务的 PDCA 环

PDCA 环有四个步骤。第一，计划。计划是质量持续改进的第一步，需要确定改进的主题及选择该主题的原因；需要通过收集、分析数据来了解当前情况，并确定主题的关键特征；通过数据分析、关键特征分析及其他分析，找出产生问题的主要原因，以及这些原因与问题的相关性；基于以上分析，设计解决问题的对策。在数据收集、汇总、分析、处理及制订计划的过程中，需要用到各种统计分析工具。第二，执行。执行是实施计划或对策的过程。对于普遍性问题，先在小范围内实验，然后再大面积推广。常常是在一个店进行实验，待成功后，再在其他门店推广。第三，检查。在执行计划的过程中，首先需要收集有关计划执行效果的数据；其次进行前后对比（特别是执行效果数据和计划方案中的数据），找出目前存在的问题；最后对计划方案或实施行为进行修正。第四，处理。对已经得到很好处理的问题的人力资源服务流程、处理方法等进行标准化、制度化；对遗留问题进行进一步观察，或另立主题进行研究；最后对经过处理后的主题的整个流程及效果进行评价。

（二）持续改进的计划

人力资源服务企业都应当有自己的持续改进质量的计划，管理者应该对全部质量的 85% 负责。因此，首先应当改进产生问题的系统和过程，并在满足客户需求的前提下，保持持续的质量改进。为改进产品和人力资源服务质量建立永久目标。管理者必须停止偏见,采纳新理念,停止仅靠价格奖励的商务活动,停止依靠大量的检查,消除工作标准和数量配额,消除计时工的障碍,为未来规划,持久地改进生产和人力资源服务系统,拒绝接受普遍认同的低水平工作和延误、松弛的人力资源服务,建立岗位培训的现代方法和现代监督方法,为增加工人的自豪感提供工具和技术,鼓励通过团队和使用质量控制环解决问题,在所有业务进行创新,为在质量和生产率方面不断改进确定管理的永久承诺和投入。

三、人力资源服务质量的成本

质量成本是为了确保人力资源服务满足规定要求的费用及没有满足规定要求引起损失,是企业生产总成本的一个组成部分。它将企业中质量预防和鉴定成本费用与产品质量不符合企业自身和客户要求所造成的损失一并考虑,形成质量成本报告,为企业高层管理者了解质量问题对企业经济效益的影响,进行质量管理决策提供重要依据。戴明认为质量成本就是公司用在做错事上的开销;拉斯特(Rust)认为质量成本是用于一致基础上的服务资源。通常,我们可以把质量成本解释为,当人力资源服务不是100%合格时,由于服务质量而增加到服务当中的全部成本。

制造业中的质量成本包括返工成本、废品成本、重复维修成本、检验成本、实验成本、保修费及其他与质量有关的成本,约占销售额的15%～20%。

朱兰(Juran)认为质量成本应当分为以下四类。第一,内部失败成本。在交付客户前改正不符合要求的工作所发生的费用。第二,外部失败成本。在交付客户后改正不符合要求的工作所发生的费用。第三,检查成本。检查人力资源服务状况确定是否符合标准或客户需求所发生的费用。第四,预防成本。为避免失败发生所做的各种预防工作而产生的费用。失败成本(内部及外部失败成本)占总质量成本的50%～80%。要使总质量成本最少,应当更多地在预防上下功夫。

对质量的投资,不仅是单纯的成本投入,它还能为企业带来很大的收益。低质量带来的投资回报为8%～18%,高质量带来的相应数字为32%。获得一个新客户,要比保持一个现有的客户多花五倍以上的钱;延续与一个客户的关系可以增加该客户的终身价值;长期的客户买得更多;常客更容易安排和谅解公司的一些失误。实践证明,为降低质量成本而进行努力的同时,常常会附带地提高生产率。

第三节 人力资源服务质量设计

人力资源服务质量的设计方法,能有效识别潜在的人力资源服务质量问题及其内在根源。通过质量屋实施QFD过程是战略人力资源服务定位和服务质量传递规划过程的有效工具,可以为人力资源服务企业提供一种有用的工具,帮助企业设计具体的人力资源服务产品,降低企业人力资源服务总成本。

一、人力资源服务设计的战略意义

人力资源服务产品的无形性,是人力资源服务创意和人力资源服务概念的形成需要面临或解决的困难;而人力资源服务产品的异质性,使得不同客户对同一人力资源服务的感知也存在很大差异，人力资源服务设计过程的界定也不容易。但是，人力资源服务产品作为满足客户需求、赢得市场的载体，人力资源服务设计的战略意义又是不容忽视的。

（一）人力资源服务设计的重要性

人力资源服务企业由于质量设计不良造成的成本占到了人力资源服务企业总成本的25%。一般来说，消除人力资源服务失败的影响，比预防失败的成本要更高。具体来说，它体现在以下几个方面：一是人力资源服务质量问题导致顾客满意度降低和客户流失，并因此减少了销售额，降低了客户忠诚度；二是客户流失导致员工士气低落，并可能引发较高的员工缺勤率和流失率；三是企业在人力资源服务失败之后，不仅需要平息不满意客户事件，处理客户抱怨等，而且为进一步吸引新客户和修复企业形象，还需要付出大量的额外成本。

人力资源服务企业通常是在人力资源服务达不到一定水平后，为挽救和保留不满意的客户才开始重视人力资源服务设计与质量改进工作的。但是，最理想的做法是要求企业从对人力资源服务质量的监督导向转向人力资源服务质量优秀的设计导向，通过科学的设计达到客户满意目标，而不是出现客户抱怨之后才着手弥补过失。因此，在人力资源服务业中，"第一次就把事情做好"十分重要，这就要求企业具有良好的人力资源服务设计能力。人力资源服务设计是一个规划过程，其中的过程设计和分析、能力分析和技术选择、市场调查、产品特征和选择等，都与人力资源服务的首次导入紧密相关，而良好的人力资源服务设计将有利于降低企业的总体人力资源服务成本，提高企业的盈利能力。

（二）人力资源服务设计的挑战

人力资源服务的易逝性、客户接触性等特性使人力资源服务设计变得困难，也限制了产品开发设计中的某些设计技巧的有效应用。由于人力资源服务环境与传统产品生产环境相比存在很大差异，人力资源服务设计将面临更多的挑战。例如，客户角色管理、人力资源服务有形证据的管理、无形产品的展示与沟通问题、人力资源服务供需管理问题、人力资源服务和传递的一致性问题等。这些挑战使得人力资源服务企业各个职能的边界更加模糊，如运营、管理、技术等职能之间的渗透关系更加明显。因此，人力资源服务设计必须综合考虑多方面的因素，这使得人力资源服务设计更加复杂。

在很大程度上，人力资源服务设计就是人力资源服务质量的设计，即对人力资源服务结果和服务过程的设计。人力资源服务质量可以被看成是获取人力资源服务竞争优势的最重要因素，很多研究都强调了优秀的人力资源服务质量所具有的经济价值，比竞争对手更好的人力资源服务质量，可以降低企业成本、提高边际收益，进而改进人力资源服务企业的生产力。人力资源服务质量必须是一种整体、整合的观点：一是人力资源服务环境中的有形证据展示；二是交易过程中参与者的行为与情感；三是人力资源服务传递过程与关键时刻。因此，人力资源服务设计需要综合考虑各方面因素，有形产品生产领域的质量管理工具和技巧并不能有效地在人力资源服务领域进行简单的移植和运用，而必须做出相应的调整。

二、人力资源服务质量设计方法

在人力资源服务设计理论中，有许多具体的设计概念和方法，如分子模型、人力资源服务蓝图、人力资源服务地图、田口式模型、避免错误方法、质量功能展开等。在上述各种方法中，后二者在人力资源服务设计中得到了更多学者的关注，并在日本、美国的许多人力资源服务企业中得到了有效的应用。

（一）QFD 与质量屋概念

QFD 是一套开发人力资源服务结构的方法。它是一套把客户需求转化为在每一阶段上使企业合适的需求系统，其范围从产品设计与开发，到制造、服务、技术、服务、销售与人力资源服务。质量功能展开的核心思想就是产品设计应该反映客户的期望和偏好，它包括一套非常规范的操作指南：识别客户需求及其相对重要性、提出满足客户需求的各项设计特征、确定各项客户需求与各项产品设计特征之间的关系、确定设计特征之间的相关性、比较所设计的产品与竞争对手的产品在满足客户需求上的优劣势。QFD 通过形象的质量屋手段，将客户需求与人力资源服务设计特点连接起来，通过直观的图解形式将人力资源服务特征、客户需求和企业能力相互之间的关系有机地展示出来。虽然 QFD 起源于制造业，但作为一种有效的质量管理技巧，其思路对人力资源服务设计也是适用的。简言之，基于 QFD 的质量屋是一种能提高人力资源服务设计有效性的工具，它针对特定的人力资源服务产品用一个直观的矩阵将客户需求与工程特点联系起来，用图示的方法将客户需求、设计要求、目标价值和竞争者状况联系起来，从而为将客户满意转化为可识别和可测量的人力资源服务设计提供了一个规范性的框架，由于这个矩阵框架的形状像一个屋子一样，所以称为质量屋。

总之，QFD 是一种整合的方法，它综合了以下几个原则：第一，QFD 技术在企业不同职能领域之间提出了一个共同的质量关注点，鼓励在服务、人力资源管理、运营和信息技术等决策者之间的互相沟通，以便更好地理解各部门决策对于人力资源服务设计的意义；第二，QFD 技术是由客户需求驱动的，客户需求不仅决定了企业所设计的人力资源服务特性，而且决定了人力资源服务的传递过程；第三，QFD 技术有助于企业将人力资源服务接触和关键时刻进行分解，并开展深入的分析；第四，QFD 技术有助于企业认识到所设计的人力资源服务特性之间潜在的权衡取舍关系。例如，为了提高效率，要求客户使用机器进行交易，可能会对客户的人际交往等需求产生负面影响。

（二）QFD 质量屋设计整体过程

运用质量屋开发新人力资源服务的一个完整的 QFD 过程，如图 8-7 所示。以下我们以一家职业介绍所为例，对 QFD 规划全过程及其相应的管理决策进行简要的阐述，以对 QFD 质量屋设计方法有一个整体的了解和把握。

第一个屋是根据客户需求界定人力资源服务包或人力资源服务概念，并将这些客户需求与将要设计的关键人力资源服务接触连接起来，这是第一阶段。例如，一家职业介绍所，其人力资源服务概念可以根据目标客户需求界定为高接触的人力资源服务，即在期望

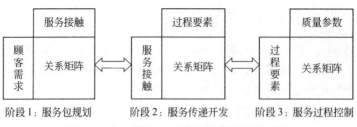

图 8-7　人力资源 QFD 服务质量屋设计过程

的人力资源服务接触中,客户能备受关注地接受高品质人力资源服务。因此,关键的人力资源服务接触可能包括客户咨询职业、体验、缴费、结账和离开等环节。

第二个屋是在确定某一特定人力资源服务接触后,企业为满足客户的接触要求,确定在人力资源服务过程中应包括哪些基本的人力资源服务要素,这是第二阶段。仍以职业介绍所为例,在职业介绍服务接触中,个性与水平将可能与服务人员配备、员工培训、客户定制化程度等有关。因此,人力资源服务企业在这个阶段,必须针对由第一个屋确定下来的每项关键人力资源服务接触开发下一个相对应的质量屋。一旦每项人力资源服务接触的质量屋都开发出来后,客户需求的特性就变得越来越具体了。例如,在第一个质量屋中对"客户关注性"的定义是广义的,它可以定义为在职业咨询时的员工响应性及其行为,而相应的人力资源服务过程可能包括标准的岗位性质、企业所在地、工作待遇等具体环节元素。

第三个屋是将人力资源服务过程要素与人力资源服务质量控制步骤连接起来,人力资源服务质量控制的目的是监控人力资源服务过程,以保证客户在接触的关键时刻都能实现满意的预期,这是第三阶段。仍以职业介绍所为例,为达到职业介绍的目的,服务企业对员工进行的质量控制培训就应该包括阶段性的进修课程计划,如培训员工怎样以友善态度面对客户抱怨等相关课程等。

三、人力资源服务质量设计步骤

QFD 过程是将客户需求转化为企业提供服务的一种有效手段,确保员工参与设计过程,有利于提高员工的共识和士气,有利于降低总体质量成本,有助于创建持续性竞争优势。基于客户的具体需求设计相应的人力资源服务接触,并把所有的人力资源服务接触整合起来,为客户提供人力资源服务包。

第一步,界定关键客户需求属性,也就是确定客户期望。目标客户细分市场感知的人力资源服务关键因素,即客户需求。企业必须从客户的角度,用客户的语言来对客户需求加以描述,如快捷服务、友善态度等。这些客户需求属性代表了目标客户所期望的关键属性,这可以运用多种服务调研的方法来加以识别。

第二步,根据界定清晰的客户人力资源服务需求属性,描述企业相应的人力资源服务接触环节与要素。人力资源服务的关键时刻可能对客户总体质量感知评价产生积极或消极影响。

第三步,将客户的需求属性与人力资源服务接触连接起来,标识出二者间的相关关系。将客户需求属性与人力资源服务接触联系起来。客户需求属性与人力资源服务接触间的关系性质和关系强度可以通过员工调查、焦点小组法、客户调查、历史数据统计分析等方法获得。对客户需求属性与人力资源服务接触的正、负相关关系进行分析和评估。通过客户期望与人力资源服务接触间的相关性质和相关强度比较，我们可以进一步得出人力资源服务质量设计的战略重点方向和领域。

第四步，界定关键客户需求属性，再次确认客户需求期望。人力资源服务企业通过更深入的市场研究，可以分析出前台接待的四个关键客户属性，如快捷服务、结算精确性、灵活性和礼貌行为等客户需求属性与人力资源服务包属性是一致的。人力资源服务企业通过分析接触层面的客户需求属性，揭示出事前没有考虑到的质量维度。值得提醒的是，灵活性这一属性也许在其他人力资源服务接触中也具有重要的意义。

第五步，对客户各项需求属性的重要性进行评估，赋予客户各项期望权重。客户不同需求属性的相对重要性程度可以通过市场调研来获得，按5分制进行评分，评估得分为1分的，表示该客户需求属性最不重要；评估得分为5分的，表示该客户需求属性最重要。

第六步，对竞争性人力资源服务质量定位进行评价。为企业寻找和发现可能创造竞争优势的人力资源服务质量维度，评估采用5分制标准。评估得分为5分的，表明该企业在客户属性方面最为重视，属于该企业的优势项目；评估得分为1分的，表明该企业在客户属性方面最不重视，属于该企业的劣势项目。在评估竞争企业的定位过程中，那些客户评价很高的属性，对人力资源服务企业来说，可能都蕴含着极大的开发潜力，人力资源服务企业应引起足够的注意和重视。

第七步，确定需要开发的人力资源服务特性。在服务接待过程中，即计算机结算系统、数据库、员工知识水平、员工技能水平、员工配备数量、计费系统等都是重要的影响因素，需要列出人力资源服务特性，需要分析它们对目标客户需求的满意程度、达成客户满意的重要性程度。

第八步，将客户需求属性与相应的人力资源服务特性连接起来。在确定客户需求属性和相应的人力资源服务特性后，人力资源服务企业就要将客户需求属性与相应的人力资源服务特性连接起来。客户需求属性与特定的人力资源服务特性之间的内在关系有强有弱。

第九步，对人力资源服务特性之间的相互关系进行评估。权衡人力资源服务特性之间的相互关系评估结果，并做出决策。

第十步，进行竞争性评估，识别创建竞争优势的方向和战略资源配置的领域。将客户的需求属性期望与竞争对手提供的人力资源服务特性进行比较分析，哪些客户对竞争对手评价较低但认为很重要的人力资源服务特性，往往就是创建企业战略竞争优势的潜在领域，人力资源服务企业应该将战略性资源配置到这些领域，以创建竞争优势地位。

至此，基于质量层的人力资源服务设计过程就已基本结束，作为一个完整的人力资源服务设计过程，还必须考虑到人力资源服务的控制问题，尤其是人力资源服务的无形性和异质性使人力资源服务控制变得更加重要。

思考题

1. 人力资源服务质量指的是什么？什么是人力资源服务质量战略？
2. 人力资源服务过程如何控制质量？如果成本很高，如何提高人力资源服务质量？
3. 如何设计人力资源服务质量？

第九章

人力资源服务接触管理

第一节 人力资源服务接触概述

人力资源服务内容是丰富的,客户投入、客户参与及客户接触与人力资源服务内容密切相关。"人力资源服务接触"是从管理角度提出来的,主要研究的是在人力资源服务企业与客户接触的过程中,所发生的一系列事件和各种主导力量,以及遭遇到的各种困难。

一、人力资源服务接触的含义

人力资源服务中的"客户投入"是从系统角度提出来的,主要强调客户投入作为系统输入,是人力资源服务活动的充分必要条件;"客户参与"是从客户的角色提出来的,强调在人力资源服务过程中客户的主动性和被动性;"客户接触"是从服务角度提出来的,主要强调的是客户与人力资源服务企业接触的方式、服务环节、地点、时间、程度等,目的是研究人力资源服务企业可以采取的服务方式。

人力资源服务接触是发生在确定时期的非连续事件,是客户与人力资源服务企业的任何一方面进行接触并得到关于人力资源服务质量印象的那段时间。从广义上讲,人力资源服务接触可以被看作由一系列接触事件构成的整个过程;从狭义上讲,人力资源服务接触可被看作整个接触过程中的某一接触事件。

人力资源服务接触各方如何按照自己的利益和喜好来主导人力资源服务接触过程?站在人力资源服务企业的角度来看,人力资源服务企业应该如何管理人力资源服务接触?客户接触主要强调的是客户与人力资源服务企业接触的方式、地点、时间、程度等,而人力资源服务接触主要研究的是人力资源服务企业与客户之间的互动关系及接触过程中所发生的一系列事件。虽然二者研究的内容有所区别,但却高度相关,很难区分。

人力资源服务接触是由一系列人力资源服务接触事件构成的过程。每一个人力资源服务接触事件都会影响客户的感受、体验和对人力资源服务企业形象的评价。人力资源服务接触过程中任何一次接触失败都可能会对企业形象构成重大危害,"一个坏苹果毁掉一筐苹果","一块臭肉坏了满锅汤"说的就是这个道理。在客户心目中,企业的良好形象是一次又一次的良好接触累积起来而形成的,而企业的恶劣形象可能是由一次恶劣接触形成的。当客户受到某位人力资源服务人员的粗暴对待时,客户并不认为是与一位粗暴的人力资源服务人员打交道,而是认为与一个粗暴的人力资源服务企业打交道;当客户坐在一个不太干净的等待区等待人力资源服务时,客户并不认为是保洁员没有把清洁工作做好,而是认为这是一个环境不太干净的公司。

在人力资源服务接触过程中,并不是每次接触都对客户具有同等的影响。实际上,人力资源服务接触过程所包含的一系列接触事件都是具有前后顺序的。从客户角度看,这一系列具有前后顺序的接触事件构成了整个人力资源服务过程的主线,就像一幕又一幕的电影一样,生动又丰富多彩。人力资源服务过程有的接触次数(事件)很少,而有些接触次数则很多。虽然其中任何一次不愉快的接触都可能导致游客对其整体人力资源服务质量的否定,但是实践经验告诉我们,在大多数情况下,越靠前的接触事件给予客户的感受和体验越深刻,且对于客户对人力资源服务企业整体形象的评价影响越大。人们都有先入为主的思维习惯,客户对企业的初始印象往往能够在很大程度上决定对企业的整体印象。更为关键的是,客户在初始接触阶段形成的情绪和印象,常常会使客户带着"有色眼镜"去评判后续接触,并影响后续接触的效果。这个结论虽然带有一定的普遍性,但并不是绝对的。真正决定顾客满意度或客户真正关注的,是那些具有实质性接触的事件。用人力资源服务的概念解释,实质性接触就是客户寻求的显性人力资源服务。

客户与人力资源服务企业的接触,看似简单,实则体现了多重复杂关系。这些关系为制订人力资源服务接触规范提供了依据。具体而言,我们可以从社会、经济和法律角度来理解人力资源服务接触的特征。

第一,人力资源服务接触的社会特征。人力资源服务接触在大多数情况下是一类人与另一类人的互动关系,也是一种社会性交往。因此,在客户与人力资源服务提供者的接触交往中,要求双方遵循适当的社会交往规范。特别是对于服务提供者而言,要学会主动向客户问候、微笑、应答等。为了使人力资源服务接触更能满足客户的社会心理需要,增强客户的心理感受和体验,人力资源服务企业一般会对服务人员提供适当的培训,甚至制定一些标准用语和着装规则。

第二,人力资源服务接触的经济特征。人力资源服务接触的双方代表着两个利益主体。双方之所以能够在此时、此地进行接触,是因为他们都企图通过对方达成自己的目的。人力资源服务提供者通过提供人力资源服务获得经济利益,而客户通过花钱获得自己需要的人力资源服务。因此,接触双方是一种经济交换关系或供求关系。对于客户而言,"天下没有免费的午餐",因此必须为获得人力资源服务支付必要的费用。

第三,人力资源服务接触的法律特征。客户雇佣人力资源服务企业为其提供特定的人力资源服务,相当于客户授权人力资源服务企业为其生产做出一定的决策和处置。只要这种雇佣关系成立,即形成事实上的人力资源服务与被服务关系,就意味着人力资源服务企业与客户之间建立了一种合约关系。尽管在大多数情况下不需要签署真正的法律合同,但是这种合约关系仍然成立。只要在人力资源服务过程中出现超出合约规定的人力资源服务导致人力资源服务失败,而且人力资源服务失败对一方构成伤害,那么受害的一方就可以按照合约规定向对方追究责任和寻求赔偿。

二、人力资源服务接触的方式和程度

了解人力资源服务接触的方式和程度有益于我们设计、管理和创新人力资源服务流程。我们可以从接触的主客体和接触的距离来划分人力资源服务接触的方式。

(一)人力资源服务接触的方式

第一,按照接触的主客体划分人力资源服务接触方式。人力资源服务提供者(主体)可以分为人和机器两类,人力资源服务接受者(客体)也可以分为人和机器两类。交叉分类,可以分为四个部分。第二,按照接触的距离划分人力资源服务接触方式。按照接触的距离,可将人力资源服务接触方式分为四种:面对面接触、电话接触、邮寄接触及网络接触。其中,面对面接触是一种近距离的接触方式,互动性最强;电话接触(如电话咨询)大多发生在同一个城市,属于中程距离的人力资源服务接触,而且互动性也比较强;邮寄接触大多数情况下发生在跨地区人力资源服务的情况,属于远程人力资源服务接触,基本上不存在互动性;网络接触比较特殊,不受人力资源服务距离的影响(即不因距离变化而影响人力资源服务成本),因此人们也把网络接触人力资源服务看作远程接触人力资源服务。由于网络接触具有一定的互动性、信息容量大、人力资源服务功能强等优势,而且随着网络科技的进一步发展,这些优势将变得越来越突出。因此,网络服务已经成为人力资源服务管理研究中的一个新型、独特的研究领域。

接触方式中的信息流量、销售机会、生产效率、员工要求、作业焦点和创新方向,如表 9-1 所示。随着信息流量的增加,客户与人力资源服务企业的接触程度在加深。而且,人力资源服务接触程度与销售机会成正比,与生产效率成反比。因此,在选择接触方式时,需要考虑销售机会与生产效率之间的平衡。

表 9-1 人力资源服务接触方式

接触方式	信息流量	生产效率	服务机会	对员工要求	运营焦点	创新焦点
邮寄接触	↓	↓	↑	办公技能	文件处理	办公自动化
网络接触				网络设计技能	系统处理	协调其他手段并用
电话接触				语言技能	通话内容	客户信息管理
面对面接触	↓	↓		诊断技能	客户组合	客户/员工团队建立

(二)人力资源服务接触的程度

按照人力资源服务接触距离划分的接触方式本身反映了人力资源服务接触的程度。随着信息流量的增加,人力资源服务接触程度加深。在表 9-1 的四种人力资源服务接触中,面对面接触的程度最深。在面对面接触中,人力资源服务接触程度可以用客户出现在人力资源服务系统(或人力资源服务活动)中的时间与人力资源服务总时间的百分比表示,也可以按照接触的人力资源服务环节或接触事件的多少来衡量。前台的人力资源服务接触程度很高,而后台的人力资源服务接触程度则很低。在设计人力资源服务系统时,需要根据人力资源服务接触程度的高低,将高接触作业和低接触作业进行分离。其优点是,在高接触作业中可以更多地体现人力资源服务的个性化、特色化、人性化、人情化;在低接触作业中可以更多地采用自动化、标准化、流水线等作业方法。高接触人力资源服务系统比低接触人力资源服务系统更难以控制。在高接触人力资源服务系统中,由于客户的高度参与,导致需求时间、人力资源服务流程、人力资源服务工作质量、客户对人力资源服务质量的感受等都会受到很大的影响,甚至还会改变人力资源服务的性质。

(三) 人力资源服务接触的作用

从客户角度来看,当客户与人力资源服务企业或人员接触时,接触瞬间所包括的所有人力资源服务要素,如人员、设施、布局、设计等都能给客户带来最生动的,也是最深刻的印象。客户通过一系列人力资源服务环节(接触过程)对企业整体人力资源服务质量形成第一印象,而且以后的每次接触都会影响客户的满意度和再次接受服务或使用人力资源服务产品的意向。因此,从企业角度来看,每次人力资源服务接触都是企业或员工为客户提供卓越价值和提升满意度的机遇。由于人力资源服务企业的性质不同,客户与人力资源服务企业的接触机会多少也不同。但无论人力资源服务接触的多与少,任何一次不愉快的接触都有可能导致客户整体感知质量的下降。虽然在客户与人力资源服务接触过程中,前面的几个人力资源服务环节特别重要,但是在影响顾客满意度和忠诚度众多因素中,任何环节的接触都可能成为潜在的关键性因素,因为多次的正面经历(接触)积累起来会形成高质量的整体形象,而负面经历(接触)会降低整体形象。另外,既有正面经历又有负面经历会使客户对企业的质量产生不信任感,怀疑其提供的服务质量的一致性,客户资源很容易转向竞争对手。客户愿意对优质的、满意的人力资源服务接触做出积极的反应,并愿意建立良好的关系。客户与人力资源服务企业或员工间的良好的、长久的关系自然会带来持续的经营、成本的降低和利润的提升。

三、人力资源服务接触的影响因素

在人力资源服务接触过程中,并不仅是人力资源服务员工与客户的互动接触,在他们接触的背后还存在着"第三只手",即人力资源服务企业。人力资源服务企业在人力资源服务接触中,是通过人力资源服务策略、人力资源服务流程设计、人力资源服务制度与标准的制定及随处走动的管理人员的监督等方式来发挥作用的。因此,在人力资源服务接触过程中,实际上存在着三方互动力量:客户、人力资源服务员工、人力资源服务企业。三者之间存在着两两互动关系,如图9-1所示。通常把三方力量之间的互动关系称为服务接触的三元组合。

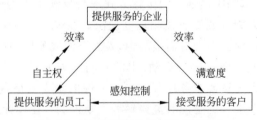

图 9-1 人力资源服务接触的三元组合

人力资源服务接触的三元组合中,每一方的利益和出发点是不同的。人力资源服企业关心的是效率、成本、质量和企业声誉；人力资源服务员工关心的是自主权和与之相关的责任及对客户感知的控制和引导；客户关心的是通过对接触过程的控制，更大程度地满足自己的个性化要求。

在三方互动接触过程中，每一方都试图从自己的出发点来支配接触过程，或者说使这种互动安排更符合自己的利益。两方利益一致而与另外一方利益发生冲突的现象是常见的。人力资源服务企业坚持客户永远是对的，客户也喜欢受到这种待遇，但是员工希望在面对极端无礼的客户时，可以维护自己的尊严。因此，在设计互动接触的人力资源服务工作时，作为设计者的企业或管理人员，应当尽力协调三方在生理、心理和经济上的利益，设法减少或减缓可能发生矛盾或冲突的地方。从服务角度看，人力资源服务接触的三元组合，人力资源服务企业与人力资源服务员工之间属于内部服务，人力资源服务企业与客户之间属于企业服务，员工与客户之间一般是业务服务；从管理角度看，人力资源服务企业与员工之间是营造人力资源服务能力和员工授权；人力资源服务企业与客户之间是市场沟通；员工与客户之间是人力资源服务传递过程。

客户通常是通过人力资源服务接触对所接受的人力资源服务质量形成印象，并最终影响到顾客满意度。一般来说，在人力资源服务接触中，影响顾客满意度的因素主要有以下五个方面：人力资源服务失误后人力资源服务企业或员工的补救能力、员工对客户需求的适应能力、员工提供人力资源服务的主动性、员工对"问题客户"的应对能力及人力资源服务接触的一致性。

(1) 失误后员工的补救能力。这是指人力资源服务企业的人力资源服务和传递系统或其他方面发生故障时，人力资源服务人员必须采取某种方式对客户的投诉和失望做出及时且恰当的反应。这些人力资源服务故障包括人力资源服务人员忘记了客户的要求，对于这些人力资源失败服务，人力资源服务人员处理的方式及内容直接影响客户对人力资源服务接触的满意程度。

(2) 员工对不同客户需求的适应能力。这是指人力资源服务企业的人力资源服务和传递系统如何适应客户对人力资源服务过程的特殊需要或要求。客户的特殊需要既有明示的，也有暗示的。这就需要人力资源服务人员站在客户角度，认真体会、仔细观察客户的言行，并根据客户的要求，及时调整人力资源服务内容或人力资源服务方式，更好地满足客户需要。即使无法满足客户特殊需要，人力资源服务人员也应该耐心地向客户解释清楚，以取得客户的理解或谅解。由于一些客户往往根据员工和系统的灵活性来评估人力资源服务接触的质量，这就需要企业给予一线员工适当的自主权以满足客户的特殊需求。特别是一些企业为了提高效率或降低成本，建立了一系列的操作规程使人力资源服务系统标准化，其结果是严重限制了员工的自主权。客户只能选择仅有的几种人力资源标准化服务，从而忽视了个性化的服务。在人力资源服务接触中，面对客户合理的个性化要求，人力资源服务人员只能拒绝，被迫执行规定。这不仅降低了顾客满意度，而且还降低了员工的满意度。

(3) 员工提供人力资源服务的主动性。这是指人力资源服务人员扩大其工作范围，主动向客户提供人力资源服务的积极行为。有时即使不存在系统故障和客户的特殊要求，客户也有可能对人力资源服务接触产生不满。因为客户在接受人力资源服务时，很在意人力资源服务人员的态度是否热情,是否积极主动。人力资源服务人员热情、积极主动的态度会使客户感到他们受到特别重视、享受着一流的待遇,从而从心理上获得愉悦感。人力资源服务人员积极主动的态度、丰富的专业知识,不仅会使客户对人力资源服务质量满意,还会使其对人力资源服务企业及人力资源服务人员产生信任。

(4) 员工对问题客户的反应能力。这是指人力资源服务人员面对影响他人正常接受人力资源服务的客户的处理能力。

(5) 人力资源服务接触的一致性。这是指人力资源服务企业在与客户的服务接触中,提供稳定的高质量人力资源服务,即保持人力资源服务接触的一致性,客户才会感到满意,才会愿意继续与人力资源服务企业和人力资源服务人员保持服务接触。由于客户往往根据自己所接受的一次或者多次人力资源服务接触,在结果质量和功能质量上来评估人力资源服务质量。因此,人力资源服务企业无论是在一次或多次的与客户的人力资源服务接触中,都要力争保持人力资源服务质量在结果和功能上的稳定性和一致性。只有这样,客户才能从中获得满意和价值,进而愿意与人力资源服务企业或人员建立长久、稳定关系,企业也才能将与客户的一系列人力资源服务接触转变为具有价值的营利性关系。在结果质量方面,它所提供的"汉堡"也许并不是客户所"品尝"中最好的,但客户知道他们会得到什么样的产品(结果质量的一致性);在功能质量方面,统一店面、统一清洁标准的环境及快速而准确的收款等,同时更以人力资源服务人员的礼貌和热情,体现了功能质量的一致性。

第二节 人力资源服务接触管理策略

人力资源服务企业需要正确理解人力资源服务接触中的客户角色,科学、合理地定义客户的需求,正确选择客户、教育客户和激励客户,管理好客户,使客户参与变成一种让企业和客户"双赢"的策略。

一、人力资源服务接触的客户工作

客户工作就是指确定客户参与的范围和内容。客户参与有利有弊,其中最大的弊端就是由于无法准确预测客户参与行为,而造成人力资源服务质量不稳定或出现意外事故。在人力资源服务业,客户的即时投入是必需的,而且在很多情况下需要客户参与到人力资源服务过程中来。不同的人力资源服务业,客户的参与水平也有高低之分。在一些情况下,仅要求客户出现在人力资源服务现场即可(低水平参与);在另外一些情况下,要求客户投入精力或提供信息、材料等(中等水平的参与);甚至还有一些情况,如要求客户实际生产人力资源服务产品(高水平参与)。客户参与既有优点也有缺点。其优点包括:使客户变成临时劳动力,既增加生产能力又降低服务成本;使客户亲身实践和体会,既提升人力资源服务价值,又增强客户体验;使客户根据服务速度调整需求时间和消费进度,既协调供求关系,又稳定人力资源服务秩序。其缺点包括:客户参与导致人力资源服务系统输入不稳定,因而造成人力资源服务质量不稳定;管理难度加大;容易出现意想不到的人力资源服务失败;容易使客户成为潜在的竞争者。因此,准确定义客户参与的范围和内容,进而降低客户参与行为的不确定性,是成功实施客户参与策略的主要环节之一。

(1) 客户工作的依据。客户工作取决于客户的参与水平,有些公司通过提高客户参与程度获得了成功,有些公司通过减少客户参与程度获得了成功。客户参与水平的确定既取决于公司的战略定位,也取决于业务性质,同时也会随着高科技(特别是因特网)的发展而发生重大变化。客户参与水平确定了,人力资源服务企业就可以更具体地确定客户应承担的工作,进而对客户工作做出完整、详细的"工作描述"。在这些情况下,客户的角色非常有限,客户与人力资源服务员工几乎不存在互动,客户几乎不干扰人力资源服务的供给过程。

(2) 客户工作的贡献。客户作为人力资源服务企业生产力的贡献者主要体现在以下三个方面。第一,帮助自己。客户通过自助服务不仅为商家提供了生产能力,而且也帮助了自己,使人力资源服务价值得到了提升,使自己的消费经历更加丰富。第二,帮助他人。客户之间是相互影响的,可以考虑让其中一部分客户帮助另一部分客户,鼓励客户积极参与整个过程的各个方面。第三,为公司推广产品。人力资源服务产品的口碑服务非常重要,满意客户或忠诚客户的口碑服务更重要。公司培养一大批满意忠诚的客户,让他们通过口碑做公司的义务推广产品员具有很大的价值。

(3) 客户工作是人力资源公司的"助推剂"。"不是客户依赖我们,而是我们依赖客户""客户不会打断我们的工作,他正是我们工作的目的所在""我们不是通过人力资源服务帮他,而是他通过给我们机会去帮我们",这些人力资源服务理念一直被人力资源服务业沿用到现在。尽管所有企业都不会认为所有客户在任何情况下都是正确的,但是大多数人力资源服务企业还是愿意维持这个理念,因为它对人力资源服务员工的人力资源服务行为具有良好的指导作用,对于人力资源服务企业构建人力资源服务文化提供了核心的文化价值观。为了说服人力资源服务员工,也为了说服自己,一些精明的企业领导人对该人力资源服务理念进行了进一步的解释。"客户永远是正确的""如果你认为客户错了,请参考原则一""如果你认为是客户错了,那么就把对让给客户"。客户第一和员工第一都正确,因为看问题的时空界限不同。客户第一是从企业对外关系上看的;员工第一是从企业对内关系上看的。

二、人力资源服务接触的客户管理

从客户参与的整个过程来看,为了减少客户输入的不稳定性,客户选择、角色培养、客户激励、避免参与失误是四个重要环节。

第一,客户选择。为了使客户整体能够扮演好观众的角色,确定、吸引和选择那些适合担当此角色的客户,是首要环节。为此,人力资源服务公司需要通过市场调研和人力资源服务产品设计来确定目标客户群体;通过广告、人员服务和公司的其他信息资料来清楚地描述所期望的客户角色和相应的要求,并以此来吸引潜在的目标客户。客户了解到角色要求后,通过预见他们承担角色的能力及完成角色要求的可能性,来决定是否进入人力资源服务系统。在公司提出的角色要求的基础上,客户自我选择的结果是提高了对人力资源服务质量的感知,降低了人力资源服务系统输入的不确定性。

第二,角色培养。角色培养也被称作客户教育。为使客户能扮演好他们的角色,需要培养他们的角色意识和角色行为,使他们认同人力资源服务企业的价值观,理解角色的期望和要求,学会扮演好角色所需的知识和技巧,掌握与企业及其他客户互动的能力。客户角色培养的手段包括:广告、客户经验、其他客户经验、服务手册、流程图、客户入门、客户手册等。

第三,客户激励。当客户有效地完成了他们的角色要求,就应该对其贡献和积极参与的意愿给予适当的奖励。企业对客户的激励和企业对员工的激励道理相同。给予客户的奖励应当是显而易见的利益,否则客户是意识不到的。例如,咨询公司为客户提供解决方案时,客户能够积极配合,并能够按照咨询要求及时提供必要的信息,那么就会使解决方案更有效、更完整、更具体,而且能够缩短咨询时间。如果咨询公司能够把这些潜在的利益传达给客户,客户就会积极地给予配合。

第四,避免参与失误。客户参与失误会带来许多消极后果,轻则引起客户抱怨、延长人力资源服务时间、造成物质浪费等,重则引起意外伤害事故、客户之间产生纠纷、客户投诉等。为了避免客户参与的失误,需要对如下一些可能造成失误的原因有针对性地避免。①客户不了解人力资源服务系统。客户不了解人力资源服务系统的直接结果是:延迟人力资源服务时间,如何让客户了解和熟悉服务系统是一项重要的工作内容。②客户不能扮演好他们的角色。客户不能扮演好他们的角色的直接结果是:员工无法按照承诺提供相应的人力资源服务质量,客户自身的感受和体验也会相应地降低。③客户不能胜任角色。如果客户的选择不合适,他们便没有能力和信心完成角色任务,那么人力资源服务提供者也会在感情上受到伤害,因而会降低人力资源服务质量。

每个企业都有自己的信仰和价值观,有自己独特的理念口号。它们可以相同,也可以不同,不必强求一致,也很难说清楚哪家的最好。应当说,最好的是适应和促进企业发展的。总体来看,对于低接触人力资源服务,并依靠员工的高工作效率来获得低成本优势的人力资源服务企业,通常更强调"员工第一";而对于高接触人力资源服务,依靠员工对客户无微不至的关怀来赢得高附加值的人力资源服务企业,通常更强调"客户第一"。此外,随着时代的进步,服务理念及理念口号也会进行相应的调整。制度、政策、口号、符号、仪式、故事等形式都可以向员工传播企业的理念和文化。像宗教通过故事传播它的信仰一样,优秀事迹、英雄故事也是人力资源服务企业传播人力资源服务理念、表达人力资源服务思想的有效手段。大多数人都喜欢听故事,听一个英雄人物的故事比听培训教师大讲"如何处理客户投诉"简单有效得多。故事是活生生的,比僵硬的"七个要点"更容易记忆,且更能感染人。

三、人力资源服务接触的客户管理组合

在互动人力资源服务工作中,尽管客户参与为人力资源服务工作带来了很多的不确定性,但还是可以制定出标准化的流程、技术、动作、微笑、语言等。人力资源服务工作标准化的结果就是制度、规范、标准、流程、技术要领等。如果说人力资源服务理念为员工提出了奋斗目标,人力资源服务政策为员工提供了做事的判断能力和反应方式,那么人力资源服务工作标准就为员工提供了具体的可以操作的规矩。在人力资源服务管理中,规范化、定型化与标准化具有相同含义,目的是使人力资源服务工作"单纯、简洁且具有强制性"。

在物质产品服务中,我们需要对市场进行细分,选择目标细分市场,并且针对不同的目标细分市场采取不同的服务策略。在人力资源服务中,也需要做同样的工作。但是,人力资源门店服务与一般的产品服务有很大的区别,人力资源服务场所相互之间存在着一定程度的相互打扰。

对多样化的、有时是冲突性的细分客户群的管理称为兼容性管理。其过程为,先尽力吸引同类客户进入人力资源服务企业;然后对人力资源服务场景及客户之间的接触进行主动管理,尽量减少不同类型客户之间的冲突,以此来提高客户对人力资源服务接触的满意度。兼容性管理对于一些企业非常重要,而对另外一些企业,其重要性相对弱一些。

针对容易引起客户之间冲突的情形,人力资源服务企业需要采取适当的兼容性管理策略。例如,客户彼此在身体上靠近、客户从事大量不同的活动、彼此在语言上相互影响、人力资源服务企业吸引异质的客户群、客户需要长时间等待人力资源服务、客户彼此之间需要分享时间、空间或人力资源服务设施等。

在人力资源服务接触中,人力资源服务企业主要是通过两种方式发挥作用的:一是制作"剧本",二是充当"导演"。人力资源服务企业的"剧本"既包括标准、制度、流程、政策等硬性的规定,也包括经营理念、经营思想、创业故事等软性的企业文化。"剧本"一旦被设计出来,作为演员的人力资源服务员工就有了"表演"的依据。其中,前者的"硬性规定"部分为人力资源服务员工与客户之间的接触规定了框架或模板。在人力资源服务接触中,人力资源服务企业还通过它的管理人员来发挥作用。从舞台概念来讲,管理人员扮演着"导演"的角色,它不仅设计"剧本"(包括硬性规定和软性文化)、组织"彩排",还要给予现场监督指导,有时也需要出面解决人力资源服务员工与客户互动接触中发生的问题,或与客户见面,以表示人力资源服务企业对客户的重视和关怀。在大多数情况下,管理人员隐藏在人力资源服务员工与客户接触过程的背后。

人力资源服务员工是人力资源服务产品的经营者、传递者和服务者,是人力资源服务接触工作能否赢得客户满意、能否赢得人力资源服务工作质量和效率的直接责任人。从舞台概念看,每一个与客户接触的员工都是演员,他们的工作就是表演。不同岗位的员工有不同的角色要求,要求员工不仅要熟背"剧本",掌握人力资源服务规范用语、穿着规则、人力资源服务程序等,还要学会如何与客户及其他员工沟通与协作。

人力资源服务接触中的员工行为实质是人力资源服务行为。人力资源服务行为具有二重属性。从客户角度看,人力资源服务行为是人力资源服务产品的组成部分,具有人力资源服务性,可以为客户提供某种利益或效用,在这个意义上,人力资源服务行为是一种情感劳动;从人力资源服务员工和企业角度看,人力资源服务行为具有"工作性",是完成人力资源服务产品生产所必需的工作,在这个意义上,人力资源服务行为是一种技术劳动和体力劳动。由此可以看出,工作质量好不等于人力资源服务质量好,技术好不等于人力资源服务态度好。只有技术好、态度好,才能说人力资源服务质量好。

人力资源服务行为的服务性要求人力资源服务行为必须以客户服务为导向,以客户需求为中心,以增强客户体验为目标。人力资源服务行为包含两个方面:一是规范化和个性化设计;二是人力资源服务行为构成要素的设计。

第三节 人力资源服务接触的业务管理

对人力资源服务员角色及角色要求的深刻认识是培养合格员工的基础。培养合格的人力资源服务员工又是做好人力资源服务接触工作的基础。

一、人力资源服务接触中的工作规范化

人力资源服务行为的"工作性"要求人力资源服务行为必须以提高生产效率、降低人力资源服务成本,同时又能提高员工工作满意度为目的。

人力资源服务行为的"工作性"关系到人力资源服务企业与人力资源服务员工二者之间的关系平衡。第一,及时性。及时性是人力资源服务员工对客户需求的反应能力,它表现为供应速度和供应节奏两方面,这两方面是人力资源服务行为在时间效率上的两个重要指标。在另外一些情况下,强调人力资源服务节奏。第二,可靠性。按照人力资源服务企业或个人的承诺,或按照客户的要求,准确无误地提供所需人力资源服务或产品,使客户能够感到企业对他们的信任,对所委托的事情感到放心。第三,灵活性。在人力资源服务方式、人力资源服务类型、人力资源服务质量的选择下,保持一定的灵活性。第四,人力资源服务质量。人力资源服务行为既是人力资源服务产品的一部分,又是影响人力资源服务产品其他部分的重要一环。因此,从"工作性"角度看人力资源服务行为时,必须考虑人力资源服务行为对最终人力资源服务质量的影响。第五,成本。人力资源服务行为的简单和烦琐,直接关系到人力耗费、技术耗费和时间耗费,进而关系到人力资源服务成本的多少。第六,职业生活质量。所谓职业生活质量,是指一系列客观的组织条件,如工作多样化、民主性和工人参与管理的程度及工作的安全性等。从员工角度讲,是指员工工作后产生的安全感、满意程度及自身的成就、发展感。

人力资源服务行为的"工作性"涉及许多职业生活质量要素:员工的人力资源服务技能多样化程度、职业发展前景、生理和心理压力、对工作的兴趣、健康和安全等。规范化与个性化是人力资源服务行为既相互矛盾又相互联系的两个方面。像产品标准化一样,人力资源服务行为也需要标准化。人力资源服务行为的标准化称为"规范化"或"定型化",人力资源服务行为不可能真正做到标准化,但需要向标准化方向努力。所谓人力资源服务行为的规范化,是指为满足客户的共性需求,人力资源服务企业需要制定统一的服务行为规范。所谓人力资源服务行为的个性化,是指在规范化人力资源服务的基础上,针对客户的个性化需求提供有特色的人力资源服务,它是规范化人力资源服务行为的延伸和扩展,其目的是更能满足客户的需求和赢得客户的欢迎。

(1) 规范化人力资源服务的优点和缺点。人力资源服务规范是针对常见的、共性的客户需求制定的。有些规范是行业通用的,有些是人力资源服务企业自己制定的。规范化人力资源服务的好处在于能够提高人力资源服务效率、减少犯错误的概率。规范化人力资源服务的缺点也很明显。从客户角度来看,由于客户每天都能见到同样的规范性人力资源服务,所以很难对规范化用语表达的热情有任何反应。从员工角度来看,由于规范性人力资源服务已经变成一种职业化行为,嘴上念念有词,表情却无任何变化。

（2）个性化人力资源服务的优点和缺点。个性化人力资源服务的优点和缺点正好与规范化人力资源服务相反。优点是能够针对客户的个别需求提供有特色的人力资源服务，能够充分表达人力资源服务员工的感情，而且人力资源服务不落俗套，能够引起客户情感上的共鸣。因此，我们可以认为：个性化＝人情化＋特色化。缺点是效率低、容易犯错误或引起客户不满。

（3）规范化与个性化之间的相互转化。人力资源服务行为的构成要素主要包括三个方面：人力资源服务用语、人力资源服务形体语言、人力资源服务程序。但规范化与个性化是相对的，是可以相互转化的。由于环境、时间的变化，原本属于个性化的人力资源服务，如果被认为效果很好，完全可以把它升为人力资源服务规范。如果发现过去的人力资源服务规范已经不合时宜，就需要改进或重新修订规范，使之变成富有企业特色的人力资源服务规范，或由人力资源服务人员根据当时的情境灵活应变。人力资源服务行为的规范化与个性化称作人力资源服务行为的格调，那么人力资源服务行为构成要素就属于细节。

二、人力资源服务接触中的员工规范化

人员配备的数量和素质决定了人力资源服务的水平和效率，是实行标准化管理的根本。人员配备标准化的基本要求是根据工作岗位要求配备具有相应知识、工作能力和技能的人员，实现岗位设置满足管理要求，人员素质满足岗位要求。

（一）人力资源服务人员的招聘

员工规范化首先要把握好入口。人力资源服务企业在招聘员工时，主要以年龄、学历、专业容貌等外在条件作为主要依据。但是，人力资源服务员工除了满足这些外在条件的基本要求外，下列的内在素质也许更重要：灵活、宽容、监督与改变客户行为的能力、设身处地为客户着想的个人品质等。人力资源服务业中比较流行的一句话"态度比技能更重要"也证明了这一点。当然，最理想的情况是，外在条件和内在素质二者皆备。这为企业的员工招聘和培训工作提供了方向和依据。招聘人力资源服务员工的真正挑战在于对"灵活，宽容，监督与改变客户行为的能力，设身处地为客户着想的个人品质等"的考察。为此，需要对申请者进行深度面试。深度面试的方法包括抽象提问、情景模拟和角色扮演等。第一，抽象提问。抽象提问是通过向申请者提出一些开放式问题，由申请者回答，借此考察申请者对人、对事的态度和处理能力。例如，如果要了解申请者对待客户的态度，那么可以提问："依据你过去的经验，哪种客户最难应付？为什么？"如果想了解申请者的人际关系风格，则可以提问："应付那种类型客户的理想方式是什么？"第二，角色扮演。角色扮演是要求求职者参加到一个模拟的人力资源服务情景中，同时要求人力资源服务环境是真实的，机构中的其他人需要给予配合，与求职者同时作为情景中的"演员"。角色扮演的面试技术为面试官提供了一个很好的机会，来观察在现实客户交往中求职者的优点和缺点。第三，情景模拟。情景模拟是通过向求职申请者提出特定情景下的问题，要求申请者回答，借此考察申请者的态度、常识、人际关系能力、沟通能力、判断能力和处理突发事件的能力，以及能否站在他人的立场思考问题等。

（二）人力资源服务人员的培训

员工规范化需要持续的培训。人员的教育培训要紧贴人力资源服务的实际，遵循专业对口、按需施教、学用一致、讲求实效的原则。坚持全员培训、紧缺人才优先培训、重点人才重点培养，做到需求与储备、当前与长远、普遍提高与重点培养、培训质量与效益相结合。人力资源服务人员培训方式包括课程培训、岗位轮训、纪律培训、团队协作培训和积极心态训练等。人力资源服务人员培训方法包括情景教学法、角色扮演法、专人指导法、示范讲座与直观教学法、对话训练法、组织比赛、对经营场所实地评估等。

建立学习培训制度，定期组织管理人员学习管理和业务知识；积极派人参加各种类型的培训班，开展专业培训活动，提高管理人员对标准化管理的认识和实施能力，提高业务素质；有计划地做好建设人才培训、培养和储备工作，对有一定管理经历的人员进行新知识培训，对有专业知识但缺乏实践经验的人员进行现场培训。短期培训主要包括新员工培训、岗位培训、继续教育、适应性培训和职业技能培训等形式。新员工培训以公司概况、规章制度、企业方针、职业道德、质量意识、相关法律法规、技术操作规程等为主要内容的岗前培训。岗位培训以关键岗位管理人员为重点，坚持"先培训、后上岗"的制度。规范化培训与适应性短期培训相结合，转岗教育和晋升培训相一致。职业技能培训以国家职业技能标准为依据，科学设置课程，有效开展初、中、高级职业技能培训。

员工规范化通过意志管理使岗位角色形成做好工作的意志，通过能力管理保证每一个岗位角色都具备与其岗位工作职责相适应的能力素质，通过情感管理和情绪管理，使岗位角色在不断强化外在激励的同时，强化内在激励，以不断提升岗位角色的信心和责任感，形成其做好工作的稳定意志、热情和耐心。

三、人力资源服务接触中的管理规范化

人力资源服务企业的管理规范化等同于制度化管理，或叫标准化管理，通过规章制度来实施。但制度化管理仍远不等于规范化管理，制度仅是形式，任何一种形式管理都可以以制度的形式予以界定和贯彻。制度化管理仅仅是强调要把企业老板或上司主管的意志加以稳定，不能动不动就心血来潮。以制度的形式予以界定，是与能人强权管理相对立的一种管理，强调的是事事有章可循的"法制"化管理。

人力资源服务管理规范化所寻求的效果标准是决策制定零失误、组织结构零中间层、产品质量零次品、客户零遗憾、资源管理零浪费、合作伙伴零抱怨、竞争对手零指责。企业管理规范化的标准表现在每一个岗位、每一次活动、每一份资产、每一个时刻，都处于受控之中，实现了决策程序化、考核定量化、组织系统化、权责明晰化、奖惩有据化、目标计划化、业务流程化、措施具体化、行为标准化、控制过程化。

人力资源服务企业的管理规范化需要让每一个员工都参与到游戏规则的制定过程中来，贯彻整体统一、普遍联系、发展变化、相互制衡、和谐有序、中正有矩的理念，对企业管理的方法和技术进行整合和协调，有一套企业内部一致认同的价值观念体系作为指导思想来协调企业组织运行和管理的行为，必须完整地承认被管理者的主体地位，充分尊重人的价值、尊严、地位和个性，以保证员工理解、认同和支持。企业规范化管理强调要协调企

业发展的所有利益关联主体的关系,而不单是服务于营利目的。

人力资源服务企业的管理规范化需要制度化,也需要标准化,但它的重点在于为企业构建一个具有自我免疫、自动修复的机能,使企业组织形成一种内在的自我免疫功能,能自动适应外部环境的变化,能抵御外部力量的侵害。并且当企业组织在发展过程中遭遇外部创伤后,能自动地修复愈合,使企业实现持续稳定的发展。或者说,它是要赋予企业组织一种生命力量,让企业像一个生命有机体一样,无论受到内部原因还是外部原因的影响,企业组织在发生创伤和病变后,具有自动愈合、自动产生抗体抵御病源,恢复健康的机能。现实中绝大部分走上不归路的企业,之所以会,是因为很小一点挫折就导致企业组织分裂解体,其原因就在于它没有这种自我免疫和自动修复的机能。

人力资源服务企业的管理规范化要对员工进行适当的培训,管理层必须激励员工,挖掘员工的潜力,让员工充满热情和乐趣地去工作。还要授权员工,让员工承担一定的责任,使员工富有使命感并以主人翁的意识去工作。

如果员工受到充分的激励,其能力就可发挥至 80%~90%。这就是说,同一个员工在受到充分激励后所发挥的作用相当于激励前的 3~4 倍。除了采取心态训练、鼓励员工以正面积极的心态去努力工作外,人力资源服务企业还可以采取如下两种方式来调动员工的积极性。团队压力使谁也不愿意"拉后腿",否则就得不到同事的尊重。团队可以概括为"任务、目标、合作、绩效"四个词。具体来说,团队具有明确的任务和目标,通过真诚、有效的合作来完成,尽管观点可能不同,但是必须保持相互理解、支持、沟通和合作。绩效是考核团队是否成功的最终指标,而不是形式或感情上的东西。团队精神就是团队的灵魂,配合默契,补位及时。

团队有明确的目标;着重投入而不是身份地位;团队鼓励争论但不允许诋毁他人;支持团队成员取得自己都不曾想到的成就;既庆贺团队成就,也庆祝成员个人成绩。从职能角度来看,人力资源服务企业管理人员除了传统的管理职能"计划、组织、指挥、协调、控制"外,还要有"服务、激励、团队、效率"等服务职能。

在人力资源服务接触中,管理人员代表着企业的文化价值,他们的表率作用和示范作用对于引领整个人力资源服务队伍具有举足轻重的作用。作为教练,管理人员首先是行家里手。如果外行管内行,是难以让员工信服的。当员工有错误或操作失误时,教练应该能够及时给予帮助,教会他们。当团队队员有好的表现时,要及时给予鼓励;当队员的表现不佳时,要及时给他们加油打气,调整他们的比赛状态。激励理论和激励方法还有很多,如目标管理、参与管理、变动工资、灵活福利、工作再设计、股票期权、年薪制等。

人力资源企业服务人员总是喜欢拥有更多的自主权,希望能有更多的自我发挥的余地。但是,任何权力都是和责任相联系的,有权就有责,权责对等。如果考虑到责任问题,很多人其实并不喜欢拥有更多的自主权。从人力资源服务业务角度看,增加员工自主权的好处在于增加人力资源服务工作的创新性、适应性和个性化,适应无法标准化的人力资源服务情景;减少员工自主权(遵守人力资源服务标准)的好处在于保持质量一致、减少人力资源服务失误率、提高效率、降低成本,适合于标准化程度比较高的人力资源服务工作。

人力资源服务企业作为"一只无形的手"在发挥作用,它的主要作用在于设计和管理人力资源服务接触。为此,人力资源服务企业需要在深刻认识其角色的基础上,树立正确、鲜明的人力资源服务理念,制定积极的人力资源服务政策,促进互动人力资源服务工作的标准化,确保人力资源服务接触活动在良好的状态下、和谐的氛围下进行。

思考题

1. 什么是人力资源服务接触?有哪些方式?如何衡量人力资源服务接触的程度?
2. 人力资源服务接触过程如何管理客户?
3. 人力资源服务接触过程中,如何对服务工作、员工及业务进行管理?

第十章

人力资源服务品牌管理

人力资源服务企业不仅要求开发优良的产品,制定有吸引力的价格,使它易于被接受,人力资源服务企业还必须与它们现行和潜在的利益关系者及公众沟通,需要口碑和品牌来实现企业目标。

第一节 人力资源服务品牌管理基础

一、人力资源服务品牌的内涵对象

任何产品包括三部分:实质产品、形式产品和附加产品,形式产品为外部形态,附加产品即为服务。品质、服务、技术、价格、诚信等要素都是产品品牌构成的"内在基因",这无疑弱化了服务、技术对产品品牌营销的价值。打造服务品牌已经不再是金融、电信、邮政、零售等服务领域企业的专利,人力资源管理领域也迎来了服务品牌时代。

品牌是由名称、标志、象征物、包装、口号、音乐或其组合等一些区隔竞争的符号联想到的、基于价值的、客户与组织或个人之间的关系,及其所带来的无形资产。这个概念中包容了符号、联想、价值、关系、无形资产等关键词,而且既有客户角度的理解(如联想、价值),也有企业角度的理解(如区隔竞争、无形资产)。概念中的这些关键词均体现了品牌的某一方面内涵,它们之间并不是替代关系,而是不断升华、不断丰富的关系。

随着技术的迅猛发展,物质越来越丰富,人们可以选择的商品或服务也越来越多。此时,品牌仅作为区隔的工具并不足以吸引客户,人们需要知名度高、特色鲜明的优质产品。因此,企业开始不断提升品牌带给客户的功能性、情感性、社会性和财务性价值,使品牌成为某种消费价值的担保。品牌是为买卖双方所识别并能够为双方都带来价值的东西。受到各种接触点的综合影响,客户形成了对品牌价值的印象。对客户而言,品牌意味着对企业所能提供价值的信任。

品牌管理目的是借以辨认某个产品或服务,并使之同竞争对手的产品和服务区别开来。也就是说:①品牌与符号有关,品牌外显为一个可视的符号,符号代表了品牌;②品牌是一种区分的工具,品牌存在的意义在于辨认或区别,其存在的前提是有同类产品或服务的竞争者;③品牌的界定有客户和企业两个视角,客户利用品牌来辨认产品或服务,而企业利用品牌来区别自己与竞争品。品牌管理对象至少包括属性、利益、价值观、文化、个性、使用者六个方面的内容。有了品牌这一载体,这些分散的联想才能集中在客户脑海中。

品牌的建立是企业和客户共同努力的结果，包含客户与企业和产品互动后所积累而形成的全部感受，包括对品牌相关知识的认知、对品牌的情感及对品牌的行为意向。

二、人力资源服务品牌的理念建立

人力资源服务企业属于中介机构，其中的一些劳务公司、派遣公司等用虚构事实或者隐瞒真相的方法，骗取财物，被大众称为"黑中介"，背后的原因是什么呢？

第一，高额返费脱离了工作的本质。某劳务中介称，入职就返8000元。现实中，的确有些求职者从各大厂进进出出就是为了挣返费。但是工厂给出的招聘费用就这么多，人力资源服务公司不可能倒贴钱，也就先把人骗进厂里再说，等到拿返费的时候，就找不到人了。

第二，定期返费不符合真实的工作过程。某劳务中介称，35天就给返费。现实是，不同的工厂，返费下来的日期也不一样，先忽悠进去，最后多那么几天，返费没下来，员工也不会走的。他们以为抓住求职者的心理，实际上砸了自己的招牌。

第三，可以选择企业的某部门工作超越了普通人的常识。某中介说可以到求职者指定部门去工作，但进厂基本上都是随机分配的。当然如果在里面有人，找人安排也是有可能的，可中介每天招那么多人，不可能一个一个地指定部门，实际上收完费也就不管求职者了。

第四，以非法占有为目的，用虚构事实或隐瞒真相的方法，骗取求职者。由于这种行为完全不使用暴力，而是在一派平静甚至"愉快"的气氛下进行的，加之受害人的一般防范意识较差，较易上当受骗。

这些现象在媒体的宣传效应和网络的传播效应下，"好事不出门，坏事传千里"，对人力资源服务公司的形象树立远比正面新闻的要大很多，影响会会更深刻，传播速度也是非常惊人。当负面传播过程中出现利益因素、个体情感或其他因素时，其传播方式往往会将真实内容引导于错误方向，导致在社会上出现错误舆论，负面信息的披露使得形象树立从正面引导走向了负面引导，人力资源服务公司在社会的正面形象受到了负面的诱导和影响，导致整个行业走向毁灭性。出现这一现象的主要因素不仅与传播内容有关，也与传播方式和"从众效应"有直接关联，当一个人相信传播内容并主动传播，那么就会有成百上千的人跟随相信。如果一家企业丧失了公信力，那么这家企业的经营将会是如履薄冰。人力资源服务业正处在高速发展的时期，人们对于各种需求十分强烈，但是某企业没能满足这种要求，这就造成了不良偏见的信息传播，人们对于一些企业的问题认识模糊，有可能进一步造成企业面临新的问题。负面新闻的传播，不仅是企业之间的传播，更是一个关乎人力资源服务业在社会上受到影响的整体氛围问题。一个木桶漏了一个小洞就会一直有水从那里流出来，如果不设法堵住这个缺口，填再多的水进去都无济于事。

人力资源服务品牌的建设是通过对名称、名词、象征、符号、设计、组合等要素及一系列市场活动表现出来的结果所形成的一种形象认知度、感觉、品质认知以及通过这些而表现出来的客户忠诚度，是一种信任，是人力资源服务商与客户行为之间相互磨合衍生出来的产物。当人力资源服务品牌被市场认可并接受后，品牌才产生其市场价值，增值的源泉来自于合作者心中形成的关于其载体的印象。人力资源服务品牌是具有经济价值的无形资产,用抽象化的、特有的、能识别的心智概念来表现其差异性,在人们的意识当中占据一定位置的综合反映,是通过对理念、行为、视觉、听觉四方面进行标准化、规则化,使之具备特有性、价值性、长期性、认知性的一种识别系统总称。人力资源服务品牌的内在三要素是功能、质量和价值,外在三要素是知名度、美誉度和普及度(图10-1)。

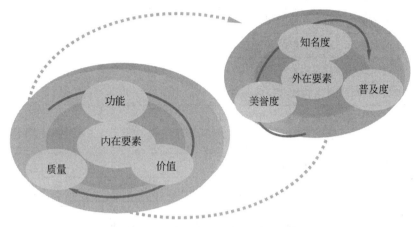

图 10-1　人力资源服务品牌的要素

人力资源服务品牌的创建是一个系统工程,需要激情、智慧与信念,需要花费人力与时间打造出来,为了获得大众的认可就需要持之以恒地树立良好的形象。企业的品牌所代表的不仅是一个企业的产品,还包括企业的历史、企业的文化与价值观,在客户看到企业品牌的时候虽然不会特意去考虑这些内容,但潜意识里,在选择消费品时,或多或少都会通过自身或学习他方的经验、知识来挑选,所以对于人力资源服务企业,品牌营销已经越来越影响到招工、培训、咨询等业务的可持续性。

人力资源品牌是雇主和雇员之间被广泛传播到其他的利益相关人、更大范围的社会群体及潜在雇员的一种情感关系,通过各种方式表明企业是最值得期望和尊重的雇主,它是以雇主为主体,以核心雇员为载体,以为雇员提供优质与特色服务为基础,旨在建立良好的雇主形象,提高雇主在人才市场的知名度与美誉度。人力资源品牌是一种情感关系,是一种情感维系,是一种具象化的概念,它应该给人以特定的心理印象,如同在提到一个品牌时,客户心中形成的既定的印象一样,人力资源品牌也应是一种一提到某企业雇主时,就能联想到"诚信""特立独行""追求创新""福利好"等词汇或短语的具象化的形象。同时,人力资源品牌管理主要包括外部性和内部性两个方面。外部性是指在潜在的雇员中树立最佳工作地的形象,形成具有强烈吸引力的品牌;内部性则是在现有的员工中树立品牌,是公司对雇员做出的某种承诺。人力资源品牌管理的根本目的是通过内外两方面的努力留住现有人才并吸引潜在员工。

综合分析了人力资源行业品牌的知名度、员工数量、企业资产规模与经营情况等各项实力数据,知识与品牌大数据研究院大数据平台发布了2020年人力资源品牌榜(表10-1~表10-5)。

表 10-1　上海市人力资源服务企业知名品牌 TOP10（2020 年）

排名	企业名称
1	上海外服（集团）有限公司
2	上海肯耐珂萨人才服务股份有限公司
3	上海力德人才服务有限公司
4	上海仁联劳务服务有限公司
5	东浩兰生（集团）有限公司
6	罗盛（上海）人才咨询服务有限公司
7	摩根麦肯立人才服务（上海）有限公司
8	上海圣德人力资源管理有限公司
9	上海人惠商务咨询有限公司
10	上海沃锐人力资源有限公司

表 10-2　北京市人力资源服务企业知名品牌 TOP9（2020 年）

排名	企业名称
1	中国国际技术智力合作有限公司
2	北京科锐国际人力资源股份有限公司
3	北京外企人力资源服务有限公司
4	锐仕方达人力资源顾问有限公司
5	北京英工教育科技有限公司
6	北京仁立地途管理咨询股份有限公司
7	北京易才宏业管理顾问有限公司
8	中人（北京）人力资源管理有限公司
9	北京聚贤兴邦人力资源开发有限公司

表 10-3　省域中小型人力资源服务企业知名品牌 TOP10（2020 年）

排名	企业名称
1	威海市联桥国际合作集团有限公司
2	北京英工教育科技有限公司
3	罗盛（上海）人才咨询服务有限公司
4	摩根麦肯立人才服务（上海）有限公司
5	深圳市展动力人才资讯有限公司
6	北京仁立地途管理咨询股份有限公司

续表

排名	企业名称
7	上海圣德人力资源管理有限公司
8	西安嘉骏人力资源有限公司
9	北京易才宏业管理顾问有限公司
10	上海人惠商务咨询有限公司

表10-4　全球人力资源服务机构50强榜单(2020年)

排名	企业名称	营收(百万美元)
1	德科(The Adecco Group)	26 681
2	任仕达(randstad)	26 245
3	万宝盛华集团(ManpowerGroup)	21 043
4	瑞可利(Recruit Holdings)	17 315
5	安德普翰(ADP)	12 380
6	中国国际技术智力合作有限公司(CIIC)	11 256
7	韦莱韬悦(Willis Towers Watson)	8202
8	瀚纳仕(HAYS)	6542
9	必胜(KELLY)	5374
10	派瑞森(Persol)	5279
11	罗致恒富(Robert Half)	5267
12	怡安翰威特(Aon Hewitt)	4604
13	美世(MERCER)	4528
14	辰宇(Insperity)	3300
15	沛齐(PAYCHEX)	3151
16	英国穆派人才集团(IMPELLAM GROUP)	2796
17	法国聚合人力集团(Groupe Crit)	2727
18	盎赛人才集团(On Assignment)	2626
19	新纳吉(SYNERGIE)	2620
20	深蓝人力(TRUEBLUE)	2509
21	米高蒲志国际(PageGroup)	1766
22	光辉国际(KORN FERRY)	1622
23	工作日(workday)	1569
24	华德士(ROBERT WALTERS)	1501

续表

排名	企业名称	营收(百万美元)
25	英国司瑞猎头(sthree)	1435
26	科力集团(KFORCE)	1358
27	克罗诺思(KRONOS)	1300
28	员工在线集团(Staffline Group)	1233
29	南非爱帝科普公司(Adcorp)	1208
30	渥特(VOLT)	1194
31	瀚纳仕猎头公司(HARVEY NASH)	1010
32	极限软件(Ultimate SOFTWARE)	941
33	巴雷特商业服务(Barrett Business Services,BBSI)	920
34	日本善诚科技(TechnoPro Holdings)	893
35	越野保健公司(Cross Country Healthcare)	865
36	英国给塔公司(GATTACA)	827
37	西科咨询(seek)	807
38	明达科(MEITEC)	802
39	工服人力(Work Service)	706
40	海德思哲(HEIDRICK & STRUGGLES)	640
41	荟才(RESOURCES GLOBAL PROFESSIONALS)	583
42	中伯伦人力(CPL Resources)	513
43	希索软件(Cornerstone)	482
44	印度团服(TeamLease Services)	471
45	英飞集团(Empresaria Group)	460
46	翰德(Hudson)	457
47	海峡人力(Strait Human Resources)	448
48	佩科软件(Paycom Software Inc)	433
49	前程无忧(www.51job.com)	426
50	点米科技(DIANMI)	406

表10-5 人力资源服务机构加盟项目排行榜

排名	企业名称	投资额(元)
1	广州骏伯人力资源有限公司	0~1万
2	重庆金禾人力资源管理有限公司	1万~5万

续表

排名	企业名称	投资额（元）
3	中职网（上海升裕企业管理有限公司）	5万～10万
4	汇人聚德（北京）人力资源有限公司	50万～100万
5	汇英国际集团（中国）有限公司	5万～10万
6	青岛智企人力资源有限公司	1万～5万
7	中国人力资源联合开发集团有限公司	30万～50万

三、人力资源服务品牌的管理定位

我国农村劳动力的供给格局正在由"无限供给"向"有限剩余"转变。中国劳动人口的增量每年减少13.6%。农民工阶层内部也开始出现分化，老一代农民工逐渐淡出人力市场，新生代农民工的就业观点发生重大转变。第二代农民工对尊重、平等和社会承认有更多的期盼，特别是在择业观上对工作环境、福利待遇、发展机会及文化生活等有了更高的要求。与此对照的是，企业在用工问题上存在一定的偏向。在人才紧缺，人力资源市场招聘方竞争越发激烈的当下，人力资源服务公司需要考虑打造自己的品牌，以便提升竞争力，获得求职者的认可。

人力资源服务公司品牌不仅是一个标志和名称，更蕴含着精神文化层面的内容，品牌体现着公司的价值观，象征着人的身份，抒发着人的情怀。品牌植根于广大客户心中，品牌巨大的价值及市场感召力是来源于客户对品牌的信任、偏好和忠诚，如果一个品牌失去信誉，失去客户的信任，品牌会一文不值。虽然任何品牌不可能把所有客户都招揽过来，但是其必然对某一部分目标客户产生强烈的吸引力。人力资源品牌也会对其目标应聘者产生强烈的吸引力及黏着力。

人力资源服务品牌是一个复杂的内容，与企业管理者的价值观密切相关，与在职员工对企业的认同感、潜在员工习自他方的信息和印象密切相关。人力资源品牌的高低在于它形成于受众的主观印象，也就是说他对受众有一种主观依赖性，受制于品牌受众的口碑，可以通过一系列企业内外部措施、管理改善、品牌宣传等方式提升人力资源品牌。在塑造、维护人力资源品牌时，不仅要求人力资源部门的执行，还需要各个相关部门的共同参与，毕竟人力资源品牌与企业人力资源管理水平及各部门具体工作人员的工作认同感均相关。不同企业的HR在选人、用人、留人、育人方面的理解并不完全相同，从而在人力资源建设方面的策略、人力资源制度的建立和对外的人力资源宣传也存在差异化，而把这种差异化的内容作为品牌管理就是人力资源品牌在管理中的应用。

人力资源服务品牌建设能够促进资源、资金、人才等生产要素集聚，使投资者了解重点发展产业，促进自身的专业化程度和协作水平的提高，促进企业提高效益，有效获取品牌溢价收入。良好的人力资源服务品牌是一种识别工具，它是一种高质量的、可靠的象征，不仅带来经济利润，还会产生高额的品牌附加利润。人力资源服务品牌一般包括人力资源服务品牌理念、人力资源服务品牌名称、人力资源服务品牌形象、人力资源服务品牌传播、人力资源服务品牌管理五大体系(图10-2)。

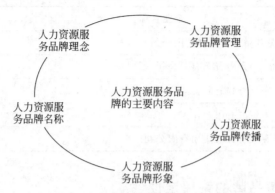

图 10-2　人力资源服务品牌的主要内容

第一，人力资源服务品牌合理命名。从人力资源服务品牌名称来看，人力资源服务品牌命名经历了一个由同质到差异、由普通到个性、由直白到概念的过程。优秀的人力资源服务品牌同样始于命名，既要容易识别，又要个性化，还要易于传播，这就是衡量人力资源服务品牌名称是否科学、合理的标准。

第二，专业服务运营机构。企业要想打造人力资源服务品牌，就必须建立专业品牌管理组织体系，包括组织机构和专业人员配置，负责品牌规划、管理、推广、传播等工作。

第三，专业服务形象体系。品牌识别系统(Brand Identity System，BIS)是形成品牌差异并塑造鲜明个性的基础，基本可以分为三个组成部分：理念识别(Mind Identity，MI，包括服务宗旨、服务方针、服务哲学、传播定位等)、视觉识别(Visual Identity，VI，包括标准色、标准字、LOGO、卡通形象、服务车辆、人员着装等基础要素、应用要素系统)、行为识别(Behavior Identity，BI，包括服务语言、服务动作规范等)。

第四，专业服务渠道体系。专业化服务渠道是一个体系，可以包括多个子渠道，如人员服务渠道(销售服务人员主动服务)、电话服务渠道(电话中心或呼叫中心)、网络服务渠道(专业服务网站)、渠道媒体服务(专业平面服务刊物、声光电媒介服务资料等)、店面服务渠道(如特许授权服务店)、会议服务渠道(组织客户俱乐部)等多方面。

第五，建立快速反应机制。企业快速反应不仅代表诚信形象，更可把有损品牌形象的危机事件化解萌芽之中。企业优质高效的服务对化解危机亦有用武之地，因为很多危机事件甚至那些把企业搞垮的危机事件，是因为企业在客户投诉或索赔过程中没有端正服务态度或采取有效措施加以解决，结果产品的牌子"砸"了的。产品品牌怕负面传播，人力资源服务品牌亦是如此。

第六，科学运作人力资源服务品牌传播。人力资源服务品牌塑造离不开传播，但在人力资源服务品牌传播过程中，仅凭"说"得好听还不行，在实际中"做"得好才行。确切地说，人力资源服务品牌是实实在地"做"出来的，因此服务人员才是最实效、最权威的传播大使。对于口碑的形成，双向沟通(公关传播)比单向沟通(广告传播)更有效。因此，企业要把活动传播、事件传播、新闻传播、人际传播等工作做好。当然，这并不是否定广告对于人力资源服务品牌建设的作用，在打造人力资源服务品牌的过程中，形象广告、信息告知广告(如服务产品信息、服务活动信息)也必不可少。

四、人力资源服务品牌的管理要素

人力资源服务品牌的根本要素是人,一个成功品牌的塑造不是一个人、一个部门或一个咨询公司能够独立完成的,它需要全体员工的参与,要求全体员工都必须有品牌管理意识,有意识地维护品牌形象,即要进行"全员品牌管理"。事实上,每一个人都有自己的品牌,人力资源品牌要以员工的个人品牌为基础,即人力资源服务公司的"大品牌"在很大程度上是由全体员工的"小品牌"的有机集合而成的。人力资源服务公司要成就卓越品牌,其员工必须重视个人品牌的建设,因为员工是外界了解人力资源服务公司的"活广告",只有良好的个人品牌形象才能传播良好的人力资源品牌形象,否则,品牌形象就失去了赖以生存的根基,成了"无本之木"。人力资源服务品牌的建设要素,如图10-3所示。

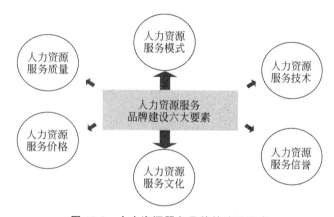

图10-3 人力资源服务品牌的建设要素

第一,人力资源服务质量。就人力资源服务内容而言,包括人力资源服务项目、人力资源服务标准、人力资源服务方式、人力资源服务承诺等诸多方面,共同构成了人力资源服务质量的评价标准。评价标准必须以客户为中心,而不是以企业为中心。

第二,人力资源服务模式。如外包、咨询、猎头等人力资源服务模式、管理模式等方面,与人力资源服务反应速度、人力资源服务规模共同构成人力资源服务的三大核心竞争点。通过人力资源服务模式可以稳定人力资源服务运营质量(包括人力资源服务质量、抗风险能力、持续经营能力等)方面的稳定性,使企业不会因组织机构变革、人力资源服务人员岗位调整、流失等因素而影响到人力资源服务运营,尤其是人力资源服务质量,而品牌就是标志一种优质的、稳定的人力资源服务质量。同时,也有利于保证人力资源服务战略的实现。

第三,人力资源服务技术。人力资源服务的技术含量是决定人力资源服务质量的关键要素之一,同时通过不断创新人力资源服务技术可使企业获得持续竞争优势。不仅可为客户提供基于软硬件的服务,还能提供诸如信息技术和管理咨询服务,从而满足客户日益复杂和个性化的需求。

第四,人力资源服务价格。人力资源服务亦有成本,这就决定了企业无限制地提升人力资源服务质量而不计人力资源服务成本是不可行的。反而,可能导致为客户提供人力资源服务的价格攀升,难令客户满意,结果与预期背道而驰。因此,企业必须在立足于人力资源服务定位的基础上,保证人力资源服务价格的公平、合理,为客户所接受,才有利于人力资源服务品牌营造。

第五,人力资源服务文化。人力资源服务文化是人力资源服务品牌内涵的"构件"之一,人力资源服务文化立足于对企业传统文化的继承,以及对市场消费文化的融合,人力资源服务文化必须是建立在客户导向的品牌文化,并且这种文化必须随着企业发展、社会环境、市场环境等因素变化,不断扬弃与创新。

第六,人力资源服务信誉。诚信是品牌不容缺失的关键因素之一,然而我国很多企业人力资源服务都缺乏诚信。一些企业在人力资源服务上做了承诺,却不去落实,"说了不算,算了不说",其实这是一个短期行为。企业应该认识到这样一点,客户的不满始于产品而可能止于人力资源服务,如果在人力资源服务上再缺乏诚信,那么这家企业可能无药可救了,更不要提打造人力资源服务品牌。

人力资源服务品牌建设需要四大工作内容(图10-4)。

图10-4　人力资源服务品牌建设的工作内容

第一,提炼人力资源服务品牌理念:人力资源服务品牌理念是人力资源服务品牌的灵魂,是制定人力资源服务品牌行为标准和设计人力资源服务品牌形象的主要依据。主要包括人力资源服务品牌名称、定位、理念、主张等内容。

第二,设计人力资源服务品牌行为标准:管理"服务关键点",重视"客户关注点",提供极致服务,引领行业服务标准。主要包括服务流程关键点控制、员工行为规范、客户需求反馈等。

第三,设计人力资源服务品牌形象:设计个性VI,理念融合创意,传递人力资源服务品牌的个性与内涵。包括LOGO、辅助图形、VI体系、宣传海报、宣传片等。

第四,策划人力资源服务品牌传播:"好酒也怕巷子深",人力资源服务品牌只有通过有效地传播才能在客户心中占据一个独特位置。包括内部传播和外部传播两大内容,内部传播:培训、内刊、网站、庆典、会议、文化活动、评优评先等;外部传播:报纸、杂志、电视、户外广告、手机、网络、发布会、征文比赛、广播等。

第二节　人力资源服务品牌的传播

一、基于客户价值的品牌传播

品牌能为客户带来价值,是客户价值的重要驱动因素。因此,客户价值可作为品牌管理的一种衡量尺度,品牌的建设和管理应围绕着客户价值展开。

(一)培育人力资源服务品牌权益

品牌权益是由品牌认知和品牌意义构成的。品牌权益之所以对客户有价值,是因为品牌认知和品牌意义能给客户带来价值。人力资源服务品牌权益的六项构成元素:品牌展示、品牌认知、品牌意义、客户经验、外部品牌交流与品牌权益。而品牌权益又受前五项因素直接或间接的影响(图10-5)。实线表示主要影响,虚线表示次要影响。品牌认知是指当客户被暗示后,他们对于企业或品牌名称能否有所记忆和认知。品牌意义指的是客户对品牌占主导地位的感知,是当提及一个品牌时客户首先想到的该品牌形象。

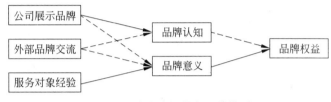

图 10-5　人力资源服务品牌模型

培育人力资源服务品牌权益应建立优良的品牌认知和品牌意义。但重点应在品牌意义上,因为它的内涵比前者深远,能为客户提供更多的客户价值。人力资源服务企业可以通过公司展现品牌、外部品牌交流、客户经验三个途径影响品牌认知和品牌意义,进而影响品牌权益的形成。

人力资源服务企业展现品牌是品牌认知的主要影响因素,但是对品牌意义也有一定的影响。因此,人力资源服务企业可通过其广告、服务设施及人员向客户展示所欲传达的品牌风貌,使客户熟悉品牌。在这一过程中,人力资源服务企业应注意形成与众不同的品牌特点。拥有卓越品牌的人力资源服务企业总是以崭新的思想建立接触和取悦客户的新途径。

客户经验是形成品牌意义的主要决定因素,而品牌意义是品牌权益的主要构成要素,因而客户经验是人力资源服务企业培育品牌权益的重点。品牌展示虽然对品牌意义也有一定影响,但是没有客户经验的作用强,客户对自己的亲身体验将保持绝对的忠诚。人力资源服务的过程性特点和人力资源服务交互过程质量对客户价值的影响,决定了企业加强人力资源服务过程的管理程度,所以形成良好的客户经验是至关重要的。在人力资源服务过程中,除了注意人力资源服务的环境、态度、灵活性等因素,还应该建立与客户情感上的联系。实际上,品牌的真正力量来自客户情感上的投入,这是一种超越经济层面的力量,能形成客户亲密和信赖的感受。伟大的品牌总是能够与客户建立起情感上的连接。

人力资源服务过程是由员工来完成的,员工是否能以品牌为自己行动的准则,并在人力资源服务过程中提供优质的客户价值,对于形成良好的客户经验是决定性的。因此必须进行品牌的内在化,即对人力资源服务人员解释与推广产品品牌,以有效和创新的沟通方式使其认识品牌,获得员工的认同。虽然外部品牌交流不是品牌认知和品牌意义的主要决定因素,但是其作用也不可忽视。人力资源服务的无形性使客户无法认识和理解品牌,这时口碑等企业外部交流方式便成为了解品牌的重要途径。

(二) 对品牌忠诚和品牌转换的管理

品牌转换是相对于品牌忠诚的一个概念,指的是客户转而接受另一品牌的服务。品牌转换意味着客户关系的终结,对企业来说是一种损失。客户的品牌忠诚能为企业带来竞争优势,因此在品牌管理中一直很重视对品牌忠诚和品牌转换的研究。

从为客户提供价值的角度,人力资源服务企业品牌忠诚和品牌转换的策略就是价值增加与价值恢复策略。品牌忠诚与品牌转换的发生主要取决于三个方面因素:一是客户感知的人力资源服务质量,即感知利得与损失的权衡。二是客户在品牌转换中投入的多少,即客户中断与一个品牌的关系将会失去的利益。三是竞争对手提供的价值,如果竞争对手能提供更大的价值,品牌转换便会发生。因此,要保持品牌忠诚防止品牌转换,人力资源服务企业应该不断增加客户感知的价值,即实行价值增加策略。一方面增加客户在品牌转换中的投入,另一方面在竞争对手提供的价值对比中取得优势。此外,如果发现客户转换了品牌,人力资源服务企业应该在客户价值上进行弥补,为客户创造超过竞争对手的价值,即实行价值恢复策略。需要指出的是,对于人力资源服务失败所造成的品牌转换,人力资源服务企业应当通过人力资源服务过程的设计和操作来控制和管理客户的消费过程(虽然客户在交互过程中对人力资源服务有所影响,但总体上还是受企业控制的),同时采取价值恢复的策略。

实行价值增加策略对品牌忠诚进行管理,要求人力资源服务企业不断地为客户提供新的、超过竞争对手的价值。具体而言,可以从三方面入手。

第一,增加财务方面的价值,这不仅包括尽量减少成本,降低价格,为客户提供各种折扣,还应提供一些间接的财务价值。

第二,为客户提供更多功能上的价值,这是最直接的方式,也是客户最容易感知的方式。

第三,增加客户心理上的价值。这方面的价值往往对保持品牌忠诚有重要的作用,因为客户一旦与品牌建立了情感上的联系,企业微小的失误或其他品牌的竞争都较难使客户转换品牌。人力资源服务企业为求职者建立个人档案,详细记录求职者的素质。当求职者下一次光临时,便会对人力资源服务产生亲近感。

如果对品牌转换采取价值恢复策略的话,企业需要建立完整的监测体系,如 24 小时营业的客服中心,通过接受客户的投诉和对客户的调查,发现本企业人力资源服务的缺陷或竞争对手的优点。在受理客户投诉时,要让客户相信他们所反映的问题一定能得到企业的重视及时的解决。另外,信息收集应有预见性,发现客户将需要什么样的人力资源服务,而不只是将视线停留在现阶段的补救上。企业应根据客户提供的信息,对服务系统进行相应完善与改进。

(三) 人力资源服务品牌策略

人力资源服务是无形的,是系列的活动或过程,是客户高度参与人力资源服务的交互过程。考虑到人力资源服务的独特性,人力资源服务品牌需要采取与有形产品不同的策略。

第一,建立企业品牌主导的品牌组合。人力资源服务是无形的,缺乏实体的东西来展示和包装,客户在接受服务前对人力资源服务也缺乏直观的感受,无法进行客观的评价。因此,企业的实力、形象、口碑等往往成为直接影响客户购买决策和消费后评价的重要依据。客户在接受人力资源服务产品时,不仅关心服务的具体内容,也十分看重提供人力资源服务的企业。客户常常根据人力资源服务的提供者来决定是否接受人力资源服务产品。在人力资源服务企业的品牌组合中,企业品牌理应成为主导品牌,成为重点建设的对象。

第二,创造强的组织联想。看到品牌而联想到企业就是所谓的组织联想,它是形成品牌特色或个性的关键因素。由于人力资源服务产品极易模仿,提供什么样的人力资源服务往往不重要,重要的是谁在提供人力资源服务,如何提供服务。不同的企业,在提供同种人力资源服务时可能差别很大,特别在人力资源服务质量方面。企业人员、技术、专长等是能够直接或间接影响客户评价人力资源服务质量的重要品牌联想。基于抽象的企业价值观、成员、企业资产、技术等特色所产生的组织联想,与基于产品特色的联想不同,它有利于提高品牌的可信度。通过组织联想,企业还可以建立品牌与客户之间的感情。

第三,使用全方位的品牌要素。无形性对品牌要素的选择有重要意义。由于人力资源服务决策和安排常常是在人力资源服务现场之外做出的,因此品牌回忆成为重要的因素。作为品牌核心因素的品牌名称应易于记忆和发音,相应的文字和标识等刺激物要仔细策划;人力资源服务的"外观",如环境设计、接待区、着装、附属的材料等对形成客户的品牌认知也有影响;其他品牌要素,如标识、标志、人物和口号,均可以全部用来辅助品牌名称,向客户展示品牌,建立品牌认知和品牌形象。使用这些品牌要素的目的是试图使人力资源服务和其中的关键利益更为有形、具体和真实。人力资源服务企业在使用品牌要素时,应力图使无形的人力资源服务有形化。

第四,建立合理的品牌科层结构。随着产品和业务的多样化,人力资源服务企业需要根据不同的市场和产品特性,推出相应的品牌。人力资源服务企业经营的服务项目在品种上一般远远超过生产企业的产品种类。产品多样化是人力资源服务企业的一个显著特点。人力资源服务企业建立品牌架构,有利于瞄准和定位不同的细分市场,突出不同人力资源服务产品的特征。从纵向来看,人力资源服务等级可以根据价格和质量体现,纵向延伸需要采用合作或辅助品牌策略。

二、客户体验驱动的品牌传播

人力资源服务具有二重性,即作为结果的人力资源服务和作为过程的人力资源服务。客户不仅关注人力资源服务的结果,也关注人力资源服务的过程。人力资源服务消费在很大程度上是过程消费,客户价值基本上是在人力资源服务过程中形成的。人力资源服务品牌的价值主要取决于客户对人力资源服务过程的体验,价值受客户体验的驱动。

(一)人力资源服务品牌的驱动力——客户体验

在人力资源服务中,人力资源服务过程一直是关注的焦点。人们识别出的人力资源服务的无形性、不可分割性、易逝性和易变性四个主要特征基本上都与人力资源服务过程的性质有关。人力资源服务是在传统的服务组合（产品、定价、渠道和推广产品）之外增加了人员、过程、实体环境等要素。在人力资源服务质量模型中，人力资源服务质量分为技术质量和功能质量两个维度，用来分别反映人力资源服务的结果和人力资源服务的过程。

在人力资源服务过程中，企业提供人力资源服务，而客户完成了人力资源服务的消费，所以客户与人力资源服务企业间的互动极大地影响客户感知价值。人力资源服务交互过程至少有三个方面影响客户价值的感知：一是人力资源服务态度。人力资源服务态度的好坏将直接影响客户感知价值。例如，人力资源服务人员的热情周到且彬彬有礼，使客户感到愉悦和放松，为进一步的感知价值奠定了基础。二是交互过程中人力资源服务的灵活性。当代社会千变万化，每个人都追求自己独特的个性表现。对于不同的客户，交互过程中人力资源服务的内容和方式会有所不同，可以满足不同客户的需求。三是客户在人力资源服务过程中表现出来的主动性。客户主动参与人力资源服务的设计与生产，使得客户感觉到自己能决定人力资源服务过程和结果。此外，人力资源服务的场景、环境等对客户心理也有重要影响。

如果品牌建设的直接目的是创建品牌权益，人力资源服务过程中的客户体验就是决定品牌权益的关键因素，客户体验应该是人力资源服务企业培育品牌权益的重点。在人力资源服务过程中，除了注意人力资源服务的环境、态度、灵活性等因素，更重要的是建立与客户情感上的联系。品牌的真正力量来自客户情感上的投入。这是一种超越经济层面的力量，能形成客户亲密和信赖的感受。伟大的品牌总是能够与客户建立起情感上的纽带。从本质上看，客户体验是个体对某些刺激（包括人力资源服务企业在客户消费过程中及接受服务前后做出的服务努力）产生回应的个别化感受，是由于对事件的直接观察或参与造成的，是发生的事件与个人的心理状态之间互动的结果。

体验是一种客观存在的心理需要。用工企业或求职者接受人力资源服务，不仅用它们来解决单纯的问题，同时也透过它们获得一种体验，满足个人心理需求。每一次消费，其实都在一定程度上反映了客户认可的价值、情感、经历；每一次消费，从开始接触到接受服务再到使用，都是一次经验之旅，而这些经验将会强化或改变人们原有的消费行为。

随着社会的进步，用工企业或求职者已经不再满足于人力资源服务提供的功能效益，而对体验表现出越来越多、越来越强的需求。以客户体验为价值诉求的服务活动早已出现，只不过没有现在这样普遍。客户体验历来就是旅游和娱乐业关注的焦点。人们外出旅游观光或听音乐会。追求的是心理和精神上的享受，客户花钱接受的服务就是体验。

注重客户体验已经渗透到越来越多的行业和领域。当客户以个性化和可记忆的方式与企业交往时，企业实际上就不再单单是提供产品或人力资源服务，而是在为客户提供体验服务。人力资源服务的核心是客户体验，而客户体验是可以被塑造的，这就为人力资源服务企业创建品牌提供了更为广阔的发展空间和新的角度。服务人员应跳出与竞争品牌无止境的功能标榜竞赛，发挥想象力，专心为客户创造一份全新的体验，用更具感染力的服务方式找到新的生存空间和盈利机会。

(二)创建客户体验驱动型人力资源服务品牌

传统服务建立品牌的方式,重点在于名称、商标与广告识别语等静态标识物。这些虽然是必要的,但是人力资源服务品牌建设的核心在于客户体验,在于将客户体验品牌化。品牌化的客户体验可以看成是随机体验的另一个极端(图10-6),需要精心设计和有效管理。它应该是稳定的、有意为之的、与众不同的和有价值的。只有这样,客户体验才能真正成为企业实现差别化的途径;只有这样,才能建立良好的品牌关系,赢得客户的忠诚。

图 10-6 人力资源服务品牌化体验的特征

创建客户体验驱动的人力资源服务品牌,企业需要加强以下几个方面的工作。

第一,注重客户体验的开发和设计。客户体验本质上是一个持续性的过程,企业不能顺其自然,让客户体验随机地、自发地产生。人力资源服务企业着力塑造的客户体验应该是经过精心设计和规划的,应具有稳定性和可预测性。客户在接受服务前能够知道将获得什么样的体验。从竞争的角度看,人力资源服务企业要提供的客户体验应该是与众不同的,对客户来说是有价值的。这两个特征对于建立差别化竞争优势十分关键。在设计客户体验时,应注重客户心理需求分析和人力资源服务产品心理属性的开发,因为客户心理需要的满足是形成人力资源服务评价的重要因素。人力资源服务企业应重视客户心理需求的分析研究,加强人力资源服务产品心理属性的开发,重视人力资源服务产品品位、形象、个性、情调、感性等方面的塑造,营造出与目标客户心理需要相一致的心理属性。

第二,明确体验的主题。人力资源服务企业应有明确的体验主题作为对品牌的承诺。体验主题不一定是企业经营使命的简单重复,它应该作为体验设计的指导性纲领,将企业的各种活动和产品有机地结合在一起。客户体验是复杂的心理现象,包括多个层面。在心理学上,体验分为感官、情感、思考、行动和关联等几种类型。为了加强客户对体验的印象,创造令人难忘的客户体验,企业常常会使用多种手段刺激客户多方面的体验,而这些手段都必须支持体验主题。

第三,品牌的内部化。由于人力资源服务过程是由员工来完成的,员工是否能以品牌承诺作为自己行动的准则,并在人力资源服务过程中提供优异的客户价值,这对于形成良好的客户体验具有决定性的作用。因此,必须进行品牌内部化,即对人力资源服务人员解释与推广产品品牌,传达品牌的理念。在让员工创造期望的客户体验之前,首先需要让员工了解他们应该提供什么样的客户体验,为什么提供这样的体验及如何在实际工作中具体实施。人力资源服务不仅对客户,而且对员工来说也是无形的。品牌不仅是针对客户提供心智图像和存在的原因,而且为人力资源服务提供者了解人力资源服务也提供了机会。越是将品牌的概念和价值内部化,员工就越能稳定、有效地提供服务。品牌的内部化是一个持续的过程。

第四,改进和完善经营管理系统。从关注品牌识别、产品功能利益和对外沟通转向通过客户体验塑造品牌，这不仅意味着品牌服务策略重点的转移，也对企业的经营理念、作业流程和部门关系等都提出了新的要求。持续地提供与众不同的客户体验单靠员工态度的转变是不够的，必须有良好的运营系统和制度的支持。这意味着企业应以客户体验为导向，充分发挥内部员工的创造力，不断地完善和改进人力资源服务系统。

三、基于品牌关系的品牌传播

品牌可以定义为建立在客户的品牌关系概念基础上的品牌形象，即品牌是通过持续开发品牌关系，使客户对有形产品、人力资源服务、解决方案、信息及其他要素有区分性的认识，这些都基于客户所面对的所有品牌接触。

根据该品牌关系的定义，没有考虑相关的现有客户和潜在客户及其与品牌活动之间的关系的品牌开发活动是没有意义的。从关系的角度来看，"创立品牌"一词是不准确的，因为其暗含服务人员可以发起并实施创立品牌的行为之义。事实上，品牌是在一系列的品牌接触过程中于客户的头脑中形成的。这一系列的品牌接触是指客户的供应商或服务提供者的相互作用，包括有形产品、人力资源服务过程和信息，以及双方正在联系中的计划性服务传播因素。形成某种人力资源服务品牌时必须考虑以下两条规则。

第一，创立品牌没有可以参照的现成的标准格式，处于品牌化过程中心的是人力资源服务过程本身。

第二，品牌化过程的基础通常是企业和企业的人力资源服务过程本身，而不是单独的人力资源服务，尽管企业有时会创造能与企业本身相分离的人力资源服务项目。

从有形产品的角度来看，品牌化过程中的关键因素是服务人员使用特殊的服务传播媒介进行传播的计划性服务传播手段，而产品本身则是其支持性因素。从人力资源服务的角度来看，由于人力资源服务具有过程性的特点，人力资源服务管理过程即成为品牌化过程的核心。在品牌化过程中，计划性服务传播仅是支持性的因素。如果人力资源服务过程形成负品牌价值，计划性的传播就无法对其进行弥补，用计划性服务传播手段作为品牌创立的主要手段的人力资源服务人员将有极大的失败风险。如果人力资源服务过程不是品牌化过程的一部分，就会产生负面的品牌接触，抵消计划性传播努力的效果。包括积极品牌接触的以客户为导向的人力资源服务过程，要极大地依赖组织内的支持性的人力资源服务文化。如果存在这样的文化，人力资源服务过程就能有效地帮助形成计划性的品牌特征。因此，在组织的价值与客户的价值不发生冲突而且互相补充时，人们预期的品牌就产生了。

创建品牌关系时，必须考虑以下几个因素：第一，品牌化过程中的主要任务是人力资源服务管理过程，使得企业能向客户提供积极的品牌接触，从而创建良好的品牌关系；第二，计划性服务传播手段在创建品牌关系的过程中仅仅是支持性的活动；第三，不良的人力资源服务过程可以毁坏一个良好的人力资源服务品牌；第四，如果企业定位的品牌特性与企业的文化相冲突，那么人力资源服务过程对该品牌的创立就没有帮助；第五，如果人力资源服务过程在客户的头脑中没有形成良好的品牌形象，计划性服务传播手段就无法对其进行补偿，因为该手段只支持组织文化和人力资源服务过程中无法体现的品牌特性。

培育人力资源服务品牌才能发展基于客户的品牌资产，包括企业在培育品牌资产等。

创建良好的品牌关系时应该考虑的四个战略性观点：差异化、提升企业声誉、建立情感联系和品牌内部化，如表 10-6 所示。

表 10-6　如何创建成功的服务品牌关系

观　点	评　价　内　容
差异化	具有良好品牌的企业从不将其服务作为一般商品出售。它们总是创新而不是模仿，即创建与其他竞争者相区别的品牌关系。因此，客户心目中的品牌印象非常清晰
提升企业声誉	具有良好品牌的企业为客户开发出重要并具有价值的服务。仅将自己的服务和竞争者的服务区别开来是不够的，提供给市场的服务必须是有价值的。宣传品牌是表明企业在市场中的目标。因此，这种企业的服务业绩比竞争者要好，在此过程中也会获得好的口碑
建立情感联系	服务通常和情感相连。因此，具有良好品牌的企业总是试图超越服务的逻辑和经济层面。它们给客户带来信任感、热情和亲近感。品牌应该反映客户的核心价值，这些核心价值往往是超越常规逻辑的
将品牌内部化	品牌关系很大程度上是在服务接触中产生的。在这里，和客户接触的员工占据非常重要的地位，在服务过程中他们可以支持或破坏塑造品牌的过程。具有良好服务品牌的企业往往将品牌接触内部化。对这种公司来说，内部营销是一个很重要的工具

基于关系的口碑传播是建立在客户的长期体验和行为基础上的。客户的口碑传播反映了他们对与企业的关系情节或人力资源服务接触的感知，同时还表明了处于这种关系中的客户是否愉快。其变化主要是由这种关系的强弱程度引起的。口碑传播对客户的接受服务行为具有显著的影响。在人力资源服务业中，口碑的重要性显得尤为突出。客户在做出接受服务决策的时候，往往依赖于口碑来降低感知风险和不确定性。同有形产品的接受服务者相比，人力资源服务接受者更信任源于个人的信息，也更倾向于在接受服务前运用个人信息来进行判断。口碑传播的服务影响是巨大的，通常比计划性沟通的影响更大。口碑传播意味着企业的组织情况、可信度、经营方式和人力资源服务等信息会从一个人传播到另一个人。人力资源服务通常是建立在不断发展的客户关系的基础上。因此，应该从关系的角度去理解口碑传播。

在潜在客户看来，某个与人力资源服务供应商接触过的人是信息的客观来源。如果口碑传播所传达的信息与企业的广告相矛盾，广告将完全失败。如果企业与客户建立牢固的关系，客户对该企业的拥护程度也会增加。这样的客户会将该企业的人力资源服务向其亲朋好友推荐，从而吸引他们来接受该项人力资源服务。这些客户会成为人力资源服务企业的积极拥护者。在沟通周期中，口碑传播具有非常重要的地位。沟通周期包括：预期/接受服务、互动或人力资源服务接触、体验和口碑参考。如图 10-7 所示。现有客户或潜在客户对人力资源服务有了某种预期，决定进行接受服务，从而出现了与人力资源服务企业的关系。在接受了想要的人力资源服务产品之后，客户进入了客户关系生命周期的消费阶段。此时，客户处于与企业互动的阶段，并能了解企业提供人力资源服务的技术质量和功能质量。这些互动通常涉及关键时刻，客户在企业的互动服务影响下接受人力资源服务和信息。企业员工的工作方式、系统的运作方式传播了大量关于企业的信息,同时客户也传播了信息,客户所传播的口碑信息往往会放大好几倍。如果这种口碑信息的内容是正面的,客户的预期就会朝有利于企业的方向发展——对企业和企业提供的人力资源服务具有正面印象的客户更有可能成为企业的回头客。新的潜在客户开始对该企业产生兴趣,他们认为该企业有可能满足他们的需要并解决他们的问题。口碑参考与推荐表明企业可以积极利用口碑所传播的正面信息进行服务,从而为企业带来更广泛的好评。总之,口碑传播对于现有客户或潜在客户具有很强的影响力,是客户将来接受服务行为的决定性因素之一。

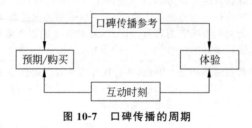

图 10-7　口碑传播的周期

对人力资源服务业中口碑传播的决策因素进行了实证研究,发现影响口碑的因素包括客户对信息的需要、偶然交流、口碑传播者对服务是否满意和其他的沟通因素等。

第三节　人力资源服务品牌的整合管理

由于人力资源服务具有无形性的特点,因而品牌传播对于人力资源服务产品的传递具有特别的意义。品牌传播有助于界定和表现一个人力资源服务企业的个性特征,并且突出特定的人力资源服务竞争优势,提供信息给客户,帮助其做出明确的选择,以便他们能从所接受服务的人力资源服务中获取更高的价值。人力资源服务的品牌传播需要系统和连贯的方案来解决,因此整合传播成为企业的选择。

一、人力资源服务整合管理的原则

整合管理是从接受者的角度考虑人力资源服务过程,是一种理解如何开发和管理全面沟通信息的方法。它是将传统的媒介服务、直销、公共关系和其他确定的服务传播媒介,以及产品和人力资源服务的传递和其他客户接触的沟通因素进行整合的战略。通过整合管理向现有客户和潜在客户传递人力资源服务提供商及其产品信息的手段包括使用电视、印刷品、邮寄广告等传播媒介的计划性传播活动。尽管服务人员可以很容易地规划并实施这些传播活动,但还有其他方面也包含传播的因素,这一部分的客户关系传递出的信息可能比客户从广告、宣传册和其他传统的服务沟通媒介接受的信息要有效得多,如图 10-8 所示。

计划性信息是系列计划性服务传播的结果,它使用单独的传播媒介(如电视、印刷品和网络等)发送信息。一般来说,对于这些信息客户的信任度最低,因为人们知道它们是服务人员用来说服现有客户或潜在客户进行接受服务的手段。产品信息是有关生产企业

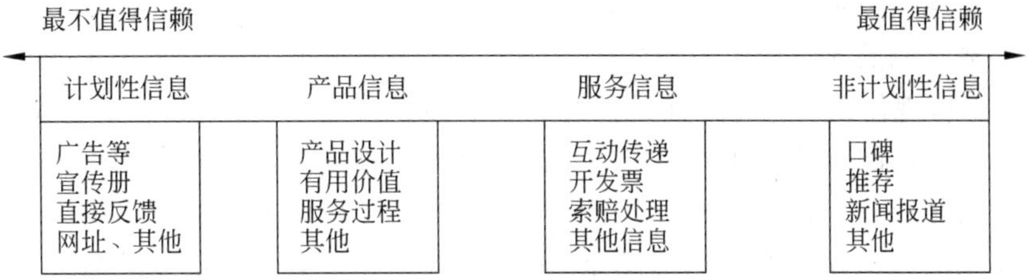

```
最不值得信赖                                              最值得信赖
┌─────────────────────────────────────────────────────────────┐
│   计划性信息      产品信息        服务信息      非计划性信息  │
│  ┌────────┐   ┌────────┐   ┌────────┐   ┌────────┐          │
│  │广告等  │   │产品设计│   │互动传递│   │口碑    │          │
│  │宣传册  │   │有用价值│   │开发票  │   │推荐    │          │
│  │直接反馈│   │服务过程│   │索赔处理│   │新闻报道│          │
│  │网址、其他│  │其他    │   │其他信息│   │其他    │          │
│  └────────┘   └────────┘   └────────┘   └────────┘          │
└─────────────────────────────────────────────────────────────┘
```

图 10-8　人力资源服务品牌传播信息的来源

及其产品的信息，包括产品如何设计、如何使用、功能如何等。人力资源服务信息是在人力资源服务过程中出现的信息。提供人力资源服务的人员的仪表、态度和行为、系统和技术发挥作用的方式及环境等都带有人力资源服务信息。在人力资源服务过程中，客户和人力资源服务人员的互动包含了传播的实质成分。客户不仅能从这些人力资源服务接触中得到大量的信息，还可以在这些互动的基础上形成他们对该企业的信任。系统运作方式及企业的环境为人力资源服务过程提供支持的方式同样也可以传递信息，以便获得客户的信任。人力资源服务信息通常会比计划性信息和产品信息更值得信任，因为客户知道掌握产生这一类信息的资源要比掌握产生计划性信息和产品信息的资源更难。最值得信赖的就是非计划性信息，包括客户之间的口碑传播，客户向潜在客户进行推荐的意愿，以及新闻媒体的报道或文章等。

对于人力资源服务企业而言，若要实现最优的服务传播效果，不仅要利用传统的传播工具，如广告、销售促进、公共关系与宣传、人员服务和直接服务，更重要的是要充分发挥人力资源服务信息和非计划性信息的传播手段的作用，争取更高的客户信任度。

对大多数人力资源服务企业而言，以下 10 条服务原则具有指导意义。

（1）提供有形线索。人力资源服务的无形性为信息传播带来了困难和挑战，无形的人力资源服务容易变得抽象。人力资源服务企业应该尽量提供有形线索，使信息变得更具体和有形化，从而强化信息传播的效果。这种较为具体的传播展示可以变为非实体性的化身或隐喻。知名的人物和物体，通常可用来作为人力资源服务信息的有形线索，而这是人力资源服务本身无法实现的。

（2）让人力资源服务易于理解。运用抽象的语言和程度最高的形容词并不能达到很好的传播效果，人们并不清楚该人力资源服务能给客户提供什么。因此，用具体、形象的词汇来描述人力资源服务是很必要的。

（3）传播具有连续性。人力资源服务企业的传播应持续连贯地使用象征、主题、形象，以克服人力资源服务业的两大不利特点的无形性和异质性。在人力资源服务行业对服务人员耐心方面的要求比对提供有形产品的行业中服务人员的要求高。

（4）只承诺企业能提供的和客户能得到的。人力资源服务企业的承诺应当是务实的，如果承诺没有兑现，那么客户的体验和预期之间的差距就会越来越大，客户的感知质量就会下降。企业必须兑现诺言，这一点对于劳动力密集型的人力资源服务企业具有一定的难度，因为这类人力资源服务业的表现，往往因人力资源服务传递者的不同而有所差异。这就意味着，有必要使用可以确保表现的最低一致性标准的方法。对不可能完成或维持的人力资源服务标准所做的承诺,往往造成对员工不当的压力的后果。最好的做法是,只保护"最起码的人力资源服务标准",如果能做得比此标准更好,客户通常会更高兴。

(5) 建立口碑传播。口碑传播是一种服务者难以支配的资源,可以成为企业最有效的传播工具。正面的口碑会使客户更易于接受外部的服务传播手段,对客户的接受服务选择产生重大的影响。人力资源服务企业可以使用下列方法来建立口碑传播:说服满意的客户让其他的人也都知道他们的满意;制作一些资料供客户转送给非客户群;针对意见,领导进行直接的宣传活动;激励潜在客户同现有的客户交流。

(6) 与员工直接沟通。在人力资源服务业中,员工的作用更加重要,尤其在高接触的人力资源服务中,传播不仅面向客户,而且面向员工,以激发他们的主动性和团队精神。提高员工在对外沟通活动中的地位是从内部加强员工的作用和增强对他们工作的激励的一种方式。由于客户所要接受服务的人力资源服务是由人表现出来的,因此人力资源服务传播者所要关心的不仅是如何激励客户接受服务,而且更要激励自己的员工去表现。

(7) 强调人力资源服务利益。强调人力资源服务利益能引起注意的有影响力的传播,应该强调人力资源服务的利益而不是强调一些技术性细节。强调人力资源服务利益才符合服务观念,也与满足客户需要有关。不过所强调的利益应与客户寻求的利益一致。因此,必须建立在充分了解客户需要的基础上,确保传播积极的影响效果。

(8) 传播无形的信息。强调人力资源服务过程中的有形因素。例如,岗位的准确性、求职人员的匹配性,在区分不同企业人力资源服务的问题上,可能不会有多大意义。但如果突出人力资源服务中的无形要素,有时会真正做到将人力资源服务同竞争者区分开来,以差异化赢得竞争优势。

(9) 了解缺乏沟通的影响。在人力资源服务失败的情况下,人力资源服务企业如果回避提供信息,那么客户通常会因为失去对局面的控制而将其理解为负面的信息。与客户分担坏消息胜过一言不发。

(10) 对服务传播的工具和信息进行整合。客户置身于不同的传播工具所传递的信息之中,这些信息可能不协调,甚至是相互矛盾的,这必将削弱服务传播的效果。因此服务人员应该尽力将各种传播信息整合起来(包括计划性信息、产品信息、人力资源服务信息和非计划性信息等),以便客户了解企业的立场,从而与企业建立信任关系。

二、人力资源服务整合管理的方式

对于人力资源服务传播组合的选择涉及以下一些问题:是做广告,还是人员服务,或是通过报纸、杂志、出版发行或网络发布等手段来实现更大规模的公众认知。如何才能在目标受众中使其实现最有利的认知,决定了对不同传播媒介的选择。

(1) 整合广告。广告是人力资源服务企业使用的非人格化传播的主要形式之一。在人力资源服务中,广告的作用是建立人力资源服务意识、增加客户对人力资源服务的了解、说服客户前去接受服务。推广产品目标受三个条件的影响:告知、说服和提示。通过市场细分,可以很好地识别目标受众。制定一个有效和整合的传播组合的关键是识别人力资源服务企业所期望达到的传播目标。传播的主要目标包括:①有助于强化定位、塑造和提高品牌及形象、告诉客户有关人力资源服务及特征的相关信息、对于正在运营中的人力资源服务向客户明示。②确定合适的传播工具,包括个人传播,如销售活动、口碑及人力资源服务传递过程中的互动等;非个人传播,如大众传播技术,即广告、销售点、宣传手册和人力资源服务环境等。③明确传播组合中不同要素之间的相对重要性,是把广告还是人员服务作为主要的推广产品工具,这需要考虑所提供的人力资源服务的关键特征及它在人力资源服务分类系统中的位置。其他的一些因素包括营利性、非营利性、存在的限制,如在某些一专业人力资源服务领域竞争的程度是高还是低、地理分布的宽窄、在某些特定的人力资源服务领域内的习俗支配着推广产品实践、管理者是否经验丰富等。

(2)整合口碑。人力资源服务企业是基于人的,对它们而言,与客户接触的员工是企业广告的潜在的第二受众。当员工的行为表现本身就是客户所要接受服务的产品时,那么广告就不仅要鼓励客户接受服务,而且还有责任去鼓励员工积极地表现。为了整合管理,口碑传播扮演了重要的角色。当客户接受服务了低质量的人力资源服务后,如果其后果对客户来说较为重要,那么他们倾向于接受口碑传播所传递的信息。口碑在人力资源服务环境中的重要作用表明,服务人员在广告和其他推广产品活动中应该对口碑传播有充分的考虑。对口碑的利用方式包括:说服满意的客户把自己的经历告诉其他人;开发沟通材料,便于现有客户传递给潜在客户;指导潜在客户如何搜集口碑信息;让满意客户的言论直接出现在广告之中,这是一种把传统的广告与口碑广告有效地结合在一起的战略。客户在接受服务人力资源服务时会承担比产品更多的风险,愉快的接受服务经历也更少一些。由于口碑传播可以降低接受服务风险,所以在人力资源服务消费中口碑传播方式是很普遍的。基于同样的原因,客户特别注意那些能体现人力资源服务质量的有形线索。

(3)整合承诺。人力资源服务的无形性所导致的问题之一是人们难以定义人力资源服务或从理念上把握它。尽管人力资源服务难以实现差别化,但这并非是完全不可能的事。持续性的广告是一种有助于解决这一问题的重要战略,因为无论各种具体的广告活动之间会存在怎样的不同,都将塑造并提高企业所希望得到的形象。持续性广告为企业的广告赋予了可识别性,这种可识别性传播并提高了企业的形象。理想的情况是,即使广告中不慎遗漏了企业的名字,客户也能够把广告同该企业联系起来。由于客户只能在可以实现的承诺中获益,所以人力资源服务企业按照其广告中所承诺的来生产和传递人力资源服务就显得特别重要。对于劳动力高度密集的人力资源服务企业,人力资源服务产品存在异质性。

(4)整合方法。人力资源服务企业一般都借助多种方法来整合传播:展现人力资源服务将人力资源服务与客户的体验结合在一起,摆明人力资源服务带来的好处,说服潜在客户摆脱犹豫不决的境地;介绍人力资源服务的突出特点,表现出服务的提供者是用什么技术提供服务和满足客户实际需求的;通过已接受过人力资源服务的客户来传递满意的信息;利用名人来证明人力资源服务的价值和利益等。

三、人力资源服务整合的保证类型

在人力资源服务业里,为了实现差异化和获得竞争优势,竞争一直在持续,而人力资源服务保证则成为这场竞争中有力的战略工具。"保证满意,否则退款。"人力资源服务保证具有许多潜在的优势,包括通过降低客户的风险来提高客户的满意度和保留率、改进人力资源服务质量及建立客户标准。一项有效的人力资源服务保证将对企业利润产生重大的影响。

我们可以从以下四个不同的角度来对人力资源服务保证进行划分。

(1) 无条件满意保证和特定结果保证。在无条件满意的人力资源服务保证下,即使一些人力资源服务失误超出企业的控制能力,企业也必须提供补偿。总体来看,客户很少利用这些无条件保证的漏洞。特定结果保证是指在人力资源服务保证书上附加补偿条件,企业只对那些对客户重要的人力资源服务内容提供保证。附加条件会削弱人力资源服务保证对潜在客户的影响,并且会导致前台人力资源服务人员难以处理索赔,还会导致公司忙于应付各种因保证书引起的诉讼。

(2) 外部保证和内部保证。人力资源服务保证不仅适用于外部客户,同时也适用于企业内部,是否实行内部保证也是企业需要抉择的问题。通常内部人力资源服务保证可以有效地促进公司部门间的协作和人力资源服务改进。

(3) 全面保证和具体保证。如果人力资源服务保证覆盖人力资源服务产品的所有方面,那么前台员工和高层管理人员就无须浪费大量的时间,与客户争论保证的适用性。但是,企业一般不可能对人力资源服务的所有方面进行控制,这就有必要实现保证书的具体化。针对具体问题的保证会更加合适。因为如果对保证进行了明确规定,人力资源服务人员就更清楚保证的内涵,客户将难以作弊,企业可以更准确地达到客户所期望的人力资源服务标准。

(4) 公开保证和隐性保证。如果人力资源服务保证是为了吸引客户,帮助他们建立对人力资源服务的期望,激励员工改进服务,那么最好将保证公开,使其对客户而言具有高度可见性;如果企业希望针对客户的具体要求提供人力资源服务补偿,以求越超客户的期望,创造较高的顾客满意度,那么可以只让员工知道人力资源服务保证的存在。

人力资源服务保证不仅可以作为一种服务工具,同时也是在组织内对质量进行定义、培育和保持的一种方法。人力资源服务企业可以利用人力资源服务保证改进程序,将客户纳入改进过程中,体现对优质人力资源服务的重视程度。人力资源服务保证使公司清晰定义什么是对员工的期望,并为此与他们进行沟通。人力资源服务保证为员工提供了以人力资源服务为这一导向的目标,它可以让员工很快围绕客户策略一起行动起来。人力资源服务保证促使企业关注客户,便于及时地获得客户的反馈,了解什么是客户最关心的,即他们的期望是什么,客户满意的特定含义是什么。通过人力资源服务保证的反馈,人力资源服务得以改进,这既使客户受益,也使员工产生了自豪感。人力资源服务保证降低了客户的风险感并建立了对人力资源服务企业的信任。

人力资源服务企业在决定实施人力资源服务保证之前,应该仔细考虑自己是否具备一定的条件。第一,强行提供人力资源服务保证,将会付出高昂的代价。第二,人力资源服务保证条款能否取信于人,关键在于客户是否认为企业有能力提供高质量的人力资源服务。第三,当客户对人力资源服务质量不确定时,人力资源服务保证常常是最有效的,人力资源服务保证将有助于降低不确定性和风险。第四,人力资源服务保证的利润高于成本,公司要仔细计算其预期收益(客户忠诚、质量改善、赢得新客户和口碑)和成本(对人力资源服务失误的赔偿和人力资源服务补救的成本）。第五,如果企业提供的保证是客户对人力资源服务的基本要求,则这些保证毫无意义。第六,人力资源服务保证能够产生更好地激励和控制效果,使公司的人力资源服务有明显的优势。

人力资源服务企业在实施人力资源服务保证前还要考虑其他一些问题,对此进行总结,如表10-7所示。

表10-7 提供人力资源服务保证需要考虑的问题

主 要 问 题	细 分 问 题
谁做决定？	公司中是否有一位敢于保证的"勇士"？ 高级经理是否认可保证？ 保证的设计是否是团队努力的结果？ 客户是否要参与？
服务保证何时有意义？	质量的标准有多高？ 我们能负担该保证吗？ 客户的风险有多大？ 竞争者是否也提供保证？ 企业文化是否与保证兼容？
提供何种类型的保证？	我们应该提供无条件保证还是特定结果的保证？ 我们的服务是否可评估？ 我们的具体保证应该与什么有关？ 什么是不可控制的？ 公司对不合理的突发事件是否敏感？ 应该赔偿什么？ 退款是否会发出错误信息？ 全额退款是否会使客户感到内疚？ 服务保证易于被引用吗？

思考题

1. 你了解哪些人力资源服务企业？你是通过什么渠道了解的？你认为还有多少人了解这家人力资源服务企业？为什么大家都关注它？
2. 人力资源服务品牌如何建立起来？如何得到客户的认可？
3. 人力资源服务企业的知名度或者认可度是如何形成的？
4. 提高人力资源服务品牌需要哪些措施？

第十一章

人力资源服务收益管理

人力资源服务产品、推广产品和服务渠道均会增加企业成本,它们需要合理的价格体系来支持。价格作为信息传递的工具,向外界表明人力资源服务价值或市场定位。

第一节 人力资源服务企业盈利模式

人力资源服务利润链理论认为,企业的利润大小和增长速度取决于客户的满意度和忠诚度,客户越满意、越忠诚,他们接受服务的回头率就越高,为企业创造的利润就越大;客户的满意度和忠诚度取决于他们获得的人力资源服务价值的大小,人力资源服务价值越大,客户的满意度和忠诚度就越高;人力资源服务质量和效率取决于员工的能力和他们对企业的忠诚度,人力资源服务价值的大小取决于人力资源服务人员提供的人力资源服务质量和效率,而人力资源服务质量和人力资源服务效率又主要取决于员工的能力和对企业的忠诚度。

一、人力资源服务利润链

人力资源服务价值是凝聚在人力资源服务中的必要劳动,既包括产品的有用性,又包括客户为获得产品所付出的代价或成本。由于"利润=服务数量×单位价格-成本",因此,在"价值"和"为客户创造的人力资源服务效用+人力资源服务过程质量"一定的情况下,如果能够降低"获得人力资源服务的成本",那么就可以相应地提高"人力资源服务的价格",进而提高企业的利润水平。

人力资源服务利润链认为,利润是由客户的忠诚度决定的,忠诚的客户给企业带来超常的利润空间;客户忠诚度又是靠顾客满意度取得的,企业提供的人力资源服务价值(人力资源服务内容和人力资源服务过程)决定了顾客满意度;企业内部员工的满意度和忠诚度决定了人力资源服务价值。

人力资源服务利润链将"硬性"的价值建立在一系列"软性"的标准上,将企业的盈利能力、客户忠诚度和顾客满意度与人力资源服务的价值紧紧相连,而人力资源服务的价值又是由满意、忠诚和富有活力的员工所创造的。人力资源服务利润链将企业利润、增长与客户满意、忠诚联系起来,同时又将客户满意、忠诚与客户价值联系起来,并且将这种传递价值与企业内部的员工满意、忠诚联系起来,从而构成了一条企业内外部相关联的企业成长链。为了获得忠诚,必须使客户对从企业所接受到的外部人力资源服务价值达到满意,而这种外部人力资源服务价值又直接受到由企业员工所创造的内部人力资源服务质量的影响。

人力资源服务利润链主要有七种逻辑关系：一是客户忠诚驱动企业盈利与企业成长；二是客户满意驱动客户忠诚；三是价值驱动客户满意；四是员工生产率驱动价值；五是员工忠诚驱动员工生产率；六是员工满意驱动员工忠诚；七是内部质量驱动员工满意。这样，人力资源服务利润链理论就通过价值互动服务环节将企业的内部服务与外部服务连接起来了（图11-1）。人力资源服务利润链与人力资源公司的资源密切关联。这些资源包括员工、技术、知识、客户时间和客户。员工在不同的人力资源服务流程中承担着为客户创造价值的职责，如人力资源服务传递、客户培训、满足客户要求、人力资源服务等，另一些员工则直接参与销售及关联销售的工作。员工的知识和技能对人力资源服务的影响很大，客户时间管理也可以视为技术资源。无论是个体求职者，还是用工单位，或接受服务的组织，都对感知人力资源服务质量和感知价值的形成具有重要的影响。

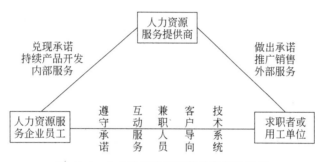

图 11-1 人力资源服务利润链的背后逻辑

人力资源服务过程是感知质量和感知价值的过程，是由这个过程中的一系列资源要素所决定的。人力资源服务企业必须有能力将这些资源有机结合起来，并为客户提供他们所需的价值。为了管理人力资源服务过程和整合资源要素，企业必须建立客户导向的技术系统，对运营状况进行定期或不定期的审计、检查，针对不同环节采取相应的措施，优化企业人力资源服务与传递，使人力资源服务利润链中的各个环节形成一个良性的有机循环。

人力资源服务利润链理论表明，人力资源服务企业要重视内部服务质量与外部服务价值之间建立联系，人力资源服务不仅要有效开展外部服务，还要针对员工进行有效的内部服务，要认识到内部服务质量与外部服务质量之间的互动关系。人力资源服务人员面临的挑战是保留满意客户，如果客户发现不同产品和相近人力资源产品之间没有什么差异时，他们很容易被其他人力资源服务企业吸引。而客户之所以忠诚，是因为他们感知到企业品牌与其他竞争对手之间的差异，因此提高人力资源服务满意度对建立客户忠诚度十分关键。忠诚是通过为客户提供优质的服务所产生的积极差异化建立的。外部人力资源服务高价值导致了客户满意，进而导致了人力资源服务忠诚。企业不能等到客户对人力资源服务质量产生抱怨时，才采取行动。相反，企业应该不断监控客户满意度，这样才能通过倾听客户评价来不断改善人力资源服务。

二、人力资源服务利润环节

从人力资源管理六大模块衍生出来的人力资源外包、人力资源派遣、人力资源培训、人力资源招聘、人力资源测评、猎头服务、人力资源管理咨询、人力资源战略咨询等都属于利润环节。

第一,劳务外包。把人事管理的部分或全部工作外包给一个服务机构来完成,叫作劳务外包。外包后,管理者能有更多的精力,投入激烈的市场竞争中去。一般来说,一些技术性的和事务性的工作,往往可以被外包。人力资源管理流程包括职位需求分析、工作分析、招聘、筛选、培训、绩效考评、员工意见调查、薪酬福利、员工关系等方面的内容,这些内容都可以外包,公司低层人员招聘需求最多,也最繁杂,这种业务可以外包;国家法定的福利,如养老保险、失业保险、医疗保险、住房公积金等事务性的工作也可外包。关于公司文化建设、关系协调、激励和留住人才之类的核心工作不能外包。

第二,劳务派遣。又称人才派遣、人才租赁、劳动派遣、劳动力租赁、雇员租赁,是指由劳务派遣机构与派遣员工订立劳动合同,把劳动者派向其他用工单位工作,接受用工单位的管理,再由其用工单位向派遣单位支付管理服务费用的一种用工形式。要派企业向劳务派遣机构支付服务费,劳务派遣机构向劳动者支付劳动报酬。即由人力资源公司作为员工的法定雇主,用工单位与人力资源公司签订劳务派遣协议,用工单位负责派遣员工的工作管理,人力资源公司负责派遣员工的人事管理,为用工单位实现"用人不管人,用人不养人,增效不增支"的最大人力资源管理效益。劳务派遣的服务内容包括:①代发工资;②劳动合同管理;③派遣员工党团关系/工会关系管理;④派遣员工人事档案关系管理;⑤派遣员工招聘;⑥工伤事故处理及相关争议处理;⑦劳动用工管理的法律支持等。

第三,人力资源事务代理。这也是一种人力资源管理外包,是指企业根据需求将一项或多项人力资源管理工作或职能外包给专业的人力资源公司,以此降低人力资源管理成本,提高人力资源管理效率。

第四,人力资源管理技能培训。人力资源管理培训是指人力资源公司运用人力资源开发与管理的理论和方法及专业精准的诊断方式,对客户单位企业人力资源开发与管理进行分析,找出企业人力资源管理的薄弱环节,制订和设计有针对性的培训方案,采取和运用各种现代化培训手段和工具,提供培训服务,提升企业整体素质,为企业创造核心竞争力。

第五,人力资源管理咨询。主要包括企业管控咨询、企业战略管理咨询、人力资源管理咨询、企业变更咨询、经济信息咨询、企业经营管理咨询、企业文化咨询、企业劳动法律法规咨询等。

第六,人力资源信息系统研发与维护。主要包括信息系统集成服务、软件技术转让、软件技术服务、电子商务平台的开发建设、计算机网络平台的开发及建设、软件开发系统集成服务、物联网技术服务、信息技术咨询服务等。

第七,生产业务承包。按照客户公司对所生产产品的要求招聘员工,使用客户公司的场地、设备,自行组织生产,最终以劳动成果与客户进行结算的一种用工方式,有利于客户公司降低劳动力和人事管理成本。

第八,猎头与职业中介。通过介绍候选人或工作岗位收取管理费、服务费等方式来盈利。实际上合规操作确实是可以双赢的。

上述人力资源服务利润环节中的每个基本元素,都是利润的决定因素。实施人力资源服务利润链管理的一个基本要求,就是必须对人力资源服务利润链中的这些基本元素进行连续的跟踪测量,反映利润链管理的绩效、反应利润链基本元素与企业利润之间的关系,使企业个体员工和管理人员增强利润链管理的信心。

人力资源服务利润环节的基本元素包括:销售额、成本等财务指标;顾客满意度和忠诚度;人力资源服务和物品的价值成本分析(按照客户价值等式);员工满意度、忠诚度和生产效率等。要想对这些影响利润的基本元素进行连续测量,必须按照人力资源服务利润链管理的思想,首先建立一个合理的标准量化企业绩效的指标体系。由于人力资源服务活动(或企业)性质不同,每个元素对企业利润的贡献程度不同,每个元素的细化指标也不同(图11-2)。

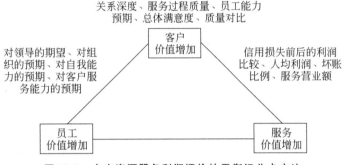

图 11-2 人力资源服务利润评价的平衡记分卡方法

按照人力资源服务利润链管理的思想,企业首先要建立有助于提高服务效率的企业文化,强调把效用传递给客户,强调变化的重要性。提高服务效率必须改革传统的服务策略,除了传统的产品(product)、渠道(place)、价格(price)、推广(promotion),还应当再加上保留(retention)、关联服务(relate)、推荐人(referral),着眼于提高服务的质量,提高忠诚客户的份额。所谓保留,就是奖励保留老客户的营销人员;对背弃客户,一定要搞清楚原因,这是任务,也要奖励,可以建立客户背离研究小组;建立客户档案,建立会员制。所谓关联服务,就是研究客户接受服务倾向,向合适的客户在合适的时间推荐合适的人力资源服务产品,给予忠诚客户优惠。所谓推荐人,就是一些人力资源服务具有较高的接受服务感觉风险,朋友的推荐对于接受服务决策具有重要作用,应当加强对推荐人的服务能力。此外,关键在于提高客户价值,进而提高顾客满意度和忠诚度。依据行业特征,创造一些能够引起客户"话题"的线索。

人力资源服务利润提升过程中,可能会出现用户满意度水平总体很高,但是公司可能没有盈利的现象。原因在于很多客户无法带来盈利,而他们对人力资源服务很满意;另外小部分客户贡献了大多数利润,却对人力资源服务很不满意。所以,人力资源服务应当以建立客户忠诚为基础,以提高营业额的质量和挖掘市场的盈利潜力为目标,努力使客户对人力资源服务有强烈需求,或愿意与自己公司建立牢固忠诚关系的客户增加服务份额。

也就是说,要关注重量级客户数量、客户每次接受服务量、客户关系持续期。

三、人力资源服务的效率

(一) 人力资源服务效率的提出背景

人力资源服务的利润与服务过程是不可分的,客户要直接面对人力资源服务提供者。客户出现在人力资源服务现场,不仅是人力资源服务的客户,而且成为人力资源服务企业资源投入的重要内容。客户与人力资源服务人员作为企业投入,共同参与人力资源服务和传递,人力资源服务系统的这种开放性使客户在人力资源服务和传递过程中与服务人员发生互动。客户所接受的人力资源服务产出,并不完全是由企业人力资源服务人员决定;相反,它在很大程度上受到客户参与程度、合作意识等方面的影响。在人力资源服务行业,客户既是人力资源服务的接受者,也是人力资源服务现场的积极参与者,通过提供信息与完成某些特定任务,协助服务人员进行传递,客户与员工间的互动,将影响到企业的人力资源服务产出。不友好的互动可能导致双方的冲突和关系的不和谐,将影响到人力资源服务人员的情绪,又对客户感知造成负面影响,进而影响到人力资源服务的效益。

由于人力资源服务的无形性,客户很难客观评价人力资源服务,他们经常将人力资源服务员工作为质量评价和感知的线索。在客户看来,企业的客户接触型员工代表着人力资源服务本身。因此,员工的形象(如着装、服饰、魅力等)与举止(如人力资源服务意识、专业技能、社交技巧等)都会对客户人力资源服务感知产生重要影响。与客户接触的员工会极大地影响客户对人力资源服务的评价。人力资源服务人员与客户之间的互动关系成为人力资源服务产出利益的重要决定因素之一,也对人力资源服务效率构成直接影响。实现企业盈利和企业成长的目标,就是要提高人力资源服务效率,这要求人力资源服务企业必须根据人力资源服务和消费的内在特点,采取不同于制造业的生产措施。效率问题影响到人力资源服务企业的运营绩效和盈利能力。

(二) 人力资源服务效率的概念

传统的效率概念被定义为产出与投入之间的比率,这种效率概念是以制造产品为导向的,它将投入与产出之间的转化过程看成是一个黑箱,也就是把这一转化过程看成是一个封闭系统,它保持着清晰的边界和稳定性,不受外部因素的影响。一定的投入就能得到一定的产出,投入经过转化过程所得到的产出是同质不变的。这就是传统效率概念内含的质量恒定假设。在制造业这一黑箱假设中,很重要的思想就是认为有形产品可以储存,产品的生产和消费是独立分开的。因此,客户并不参与生产过程,客户只是相对被动的产出接受者而非主动的产出创造者。人力资源服务业在上述方面与制造业有着本质的区别。

人力资源服务产出高度依赖于客户参与,除非客户有效合作,否则是不可能有理想人力资源服务产出的,也就是说客户对自己所接受到的人力资源服务产出质量有直接贡献。作为合作者的客户越多,他们对质量影响越大,客户参与对产出质量具有重要影响。在人力资源服务消费过程中,客户进入服务过程,并在服务过程中接受人力资源服务;而在制造业中,客户消费是在企业的产品生产完成之后才开始。根据合作创造价值观念,人力资源服务效率与质量是一物之两面,人力资源服务效率和质量的三个主要来源:一是人力资源服务提供者独立于客户所做的贡献,二是客户独立于服务提供者所做的贡献,三是双方在互动中所做的贡献,并将这三个方面分别称为提供者引致效率和提供者引致质量、客户引致效率和客户引致质量、互动效率和互动质量。因此,人力资源服务效率就是提供者引致效率、客户引致效率和互动效率三者的函数。或者说,人力资源服务效率是内部效率、外部效率和产能效率三者的函数。其中,内部效率是指投入资源是如何有效地转换成人力资源服务产出的,即不仅应该考虑人力资源服务企业自己的资源投入,还必须考虑客户参与所带来的客户投入;外部效率是指人力资源服务质量是如何被客户感知的,即不仅要考虑人力资源服务结果质量,还要考虑人力资源服务过程质量;产能效率是指人力资源服务过程能力是如何被利用的,即与人力资源服务需求和人力资源服务能力的匹配程度有关。

(三)人力资源服务效率的影响因素

人力资源服务的客户无法像有形产品那样在接受服务后独立消费,往往需要客户亲临人力资源服务现场,在人力资源服务业中,客户之间的互动将影响到其他客户对人力资源服务产出的感知,进而成为人力资源服务效率的重要决定因素之一。在开放的人力资源服务和消费过程中,客户与人力资源服务人员之间、客户与客户之间存在交互关系,两种互动关系正处于人力资源服务转化过程这一界面上,成了人力资源服务质量和人力资源服务效率的重要决定因素。

人力资源服务是开放的系统,客户也会参与人力资源服务和传递过程,该系统受到许多外部因素的极大影响,打破制造业的封闭系统假设。客户参与进一步导致了人力资源服务产出的异质性。服务是无形的,是客户的一种主观判断,客户很难根据客观的功能标准来对人力资源服务产出加以评价,体现为客户对人力资源服务结果和人力资源服务过程两个方面的感知。也就是说,客户既重视企业提供了什么人力资源服务,也重视企业是如何提供人力资源服务的。不同客户对同一人力资源服务可能会做出不同的评价,同一客户在不同时间对同一人力资源服务也可能做出不同的判断。

第二节 人力资源服务的收益设计

人力资源服务企业的收益管理既是一种思想又是一种工具,包括超额预约、产能分配和价格制定三种基本策略。人力资源服务行业因提高盈利水平的需要非常重视和关注收益管理。

一、收益管理的基本思想

(一)收益管理的内涵

收益本质上反映的是企业资源(能力)获得全部潜在回报的程度。收益管理实质上是对人力资源服务需求和人力资源服务能力的管理,通过平衡人力资源服务需求和人力资源服务能力,使企业的收益达到最大化。收益管理是在特定的时间,以合适的价格,分配最佳类型的能力给最合适的客户,以获得最大的资金回报。许多人力资源服务企业已经开发了自己的收益管理系统,为企业带来了很多好处。

(二)收益管理的功能

收益管理是通过对市场的细分,对不同目的的客户在不同时刻的需求进行定量预测,然后通过优化方法来进行动态控制,最终使得总收益达到最大化,并保持公司的持续增长。但是,对于不同类型的人力资源服务企业,甚至同一类型的不同人力资源服务企业,由于其业务内容、市场定位、经营方式、管理机制等方面的不同,因而其收益管理方法也不尽相同。收益管理的主要功能归纳为以下八个方面。

第一,客户分类及需求预测。收益管理的一个重要功能就是通过科学的方法对不同的客户进行分类,并得出各种行为模式的统计特性,然后再对每一类客户的未来需求进行精确的预测。有了这些精确的预测,再根据各种客户对价格的敏感度等,就能很好地控制资源,提高收益。

第二,优化控制。有了精确的需求预测,还必须有一套相应的价格和收益控制体系,使得收益或利润最大化。

第三,假期价格需求控制。假日及特殊事件日往往是获利的最佳时机,要使收益和利润最大化,必须有一套完善的假日需求预测及控制方法。

第四,动态价格设定。定价管理是调节盈利能力的最直接杠杆。常见的以成本为基础的定价方法虽简便易行,但往往缺乏竞争的灵活性,且不能反映市场需求的动态变化。而建立在收益管理基础上的一些定价方法通过对市场的细分和有效的控制从而使得价格杠杆的功能发挥到极致。

第五,超额预约控制。由于预约和实际接受服务往往存在一定的差异,如何预测及控制这种差异从而保证实际服务效率是要解决的一个问题。对人力资源公司而言,既要保证尽可能高的签约率,又要避免超额预约导致用人单位招不到人的尴尬。

第六,附设资源管理。许多人力资源服务公司常有许多附设资源,如体检、服装等。收益管理系统应当包含对这些设施的收益管理,即实现"全收益"管理,不仅对具体服务项目的收益进行预测和控制,而且对整个收益进行预测和优化,以达到整体收益最大化。

第七,经营状况比较。人力资源服务企业经营状况的及时反馈和历史分析是保证正确决策的重要途径。由于收益管理系统拥有大量的历史数据,同时具有预测未来需求的功能,因此它是一个很好的战略和战术的决策工具。并通过比较不同控制模式所得到的实际收益和理论最大收益之间的差值,随时判断经营管理的状态。

第八,结合客户价值的收益管理。人力资源服务企业正在由以利润为中心的管理转向以客户为中心的管理,如何确定每一个客户的价值并通过相应的收益控制来区别对待具有不同价值的客户,是收益管理的一个新方向。

综上,收益管理是计算机智能和人为经验高度结合的产物,是系统功能、员工素质、规章制度等因素的综合结果。

(三) 人力资源服务企业实施收益管理的条件

第一,供应能力相对固定。有多大的需求就能提供多大的能力,那么追求最大收益问题也就变得相对简单了。人力资源服务企业的最大接待能力、员工数量、技术匹配支持情况是供应能力与需求取得平衡的决定因素。

第二,市场能够被细分。要使收益管理有效,人力资源服务企业必须能够将市场细分为不同类型的客户,这样可以针对不同细分市场制定不同的价格和配置不同的能力,进而可以提高人力资源服务能力的有效利用率和总体的收益水平。

第三,服务产品可以被预约。能力受限制的人力资源服务企业可以开发自己的预约系统,可以通过统计历年的预约数据,掌握各细分市场的预约量在时间的分布状况,进一步制定出在什么时段按照什么价格提供给什么细分市场的服务,从而使收益达到最大化。

第四,需求波动是可预测的。为了实施收益管理策略,企业必须建立准确详细的需求信息系统。定价策略是建立在对需求波动规律的准确预测基础之上的。如果需求波动规律无法预测,或需求波动是随机的,那么分时定价策略是无法实施的。在实践中,收益管理的实施是通过打开或关闭某些预约部分实现的。

第五,边际服务成本要低,边际能力增加成本要高。

第六,在定价方面没有严格的制度管制。收益管理需要完全市场化的环境,没有来自政府在价格上的严格管制。按照国家统一的政策管制进行定价,收益管理就发挥不了作用。

二、收益管理的基本策略

收益管理一般通过三个基本策略来实现:超额预约,即接受的人力资源服务预约要求超过人力资源服务供应能力;产能分配,即对不同的客户群分配不同的人力资源服务供应能力;价格制定,即在不同的时间段、不同的地点、不同的情形下,针对不同的客户群收取不同的费用。人力资源服务企业需要交叉实施这三个策略,使收益实现最大化。

(1) 超额预约策略。预约相当于与客户预先签订了人力资源服务意向,为其潜在的人力资源服务供应找到了客户。预约为客户带来的好处很大,在保证能够获得人力资源服务的同时,还免去了不预约而直接上门寻求人力资源服务时的排队等待。预约为人力资源服务企业带来招揽客户和增加竞争力等好处的同时,也有一定的缺点:预约客户不履行预约诺言,造成人力资源服务供应能力闲置。人力资源服务企业为了减少能力浪费并获得更大的收益,采取了超额预约的策略。如果超额预约数太少,仍然会造成供应能力浪费;如果超额预约数太多,一旦应约而来的客户超过企业的供应能力,那么就会造成部分客户无法获得预约的人力资源服务。

(2) 产能分配策略。在超额预订的方法中,我们没有考虑客户之间的区别,也就是说没有对市场进行细分。然而,对市场进行细分并在不同的客户群之间合理配置人力资源服务能力同样可以提高公司的收益水平。客户预约的行为将直接影响人力资源服务企业的预约决策和预订实施过程。

(3) 收益导向定价策略。产能分配虽然强调的是在不同的客户群之间分配不同数量的人力资源服务供应能力,但是它有一个前提假设:为不同的客户群提供不同的人力资源服务、制定不同的价格。产能分配与价格制定作为增加收益的两种策略,就像产能分配与超额预约一样,具有相互交叉和密不可分的关系。

(4) 成本导向收益策略。成本导向收益法是指企业依据其提供人力资源服务的成本决定人力资源服务的价格。这种方法的优点:一是比需求导向更简单明了;二是在考虑生产者合理利润前提下进行。当客户需求量大时,能使人力资源服务企业维持在一个适当的盈利水平,并降低客户的购买费用,其具体的方法有利润导向收益和政府控制的价格。

(5) 竞争导向收益策略。竞争导向收益法是指以竞争者各方面之间的实力对比和竞争者的价格作为收益的主要依据,以竞争环境中的生存和发展为目标的收益方法,主要包括通行价格收益和主动竞争型收益两种。

(6) 需求导向收益策略。需求导向收益方法着眼于客户的态度和行为,人力资源服务的质量和成本则为配合价格而进行相应的调整。

在人力资源服务企业的经营中如果考虑成本,则很难确立什么是人力资源服务的"单位",要计算单位的成本就更难。尤其高度非实体性的人力资源服务,"人"是成本的主要要素,更是难以测量。衡量某项人力资源服务表现花费的时间就更不容易,总费用的分摊就更难进行。然而没有明确的成本观念就难以制定出一套价格策略。劳动力密集的人力资源服务企业若要克服成本上的问题,就要制定出确切的方式来辨认和分配。尤其是不易描述和衡量的人力资源服务产品、成本主要为人的人力资源服务产品,其他成本是与人关联的人力资源服务产品、人的成本计算远较机械的成本计算困难的人力资源服务产品,要通过成本分配、行动衡量和能力评估等,使人们发现传统的成本会计方式并不适合人力资源服务企业,而应该使用另外一种产品利润率分析方法。

三、收益管理的主要模式

收益管理方法根据预约时间、使用时间和使用的客户来细分生产能力,综合运用微观经济、市场情报、企业管理、数理统计、数学优化等知识,以持续增长企业经济收益为目标,在准确地预测未来客户需求和产品供给趋势的基础上,动态地制定最佳产品价格以满足客户需求的现代科学综合管理方法。简单地说,收益管理是一种指导企业如何在合适的时间、以合适的价格、把合适的产品、卖给合适的客户的科学管理方法。

(一) 基于定价金字塔的收益管理

首先,细分战略的基础是根据客户的不同特征进行市场划分,包括人口统计学特征等,其中最重要的是对定价决策有帮助的客户特征,主要有以下三类:①确定与价格支付意向相关的细分标准;②兼顾服务成本;③充分估计客户的重点价值。其次要明确市场细分:①确定基本的细分标准,如年龄、性别等人口统计资料,或者合作模式、客户描述、被满足和未被满足的需求清单等客户信息;②确定区别性的价值驱动因素,咨询行业专业、分销商和销售人员的意见;③确定执行限制和执行优势;④设定细分市场的计量单位和间隔。企业不仅要会卖,还要会宣传。只有做好了价值沟通的工作,客户才更可能为产品或服务付费。"沟通价值"就是让客户也知道、认同产品价值,并且愿意花钱购买。只要让客户了解产品所有的优势和功能,那么提高价格与销售量,并非是不可能完成的任务。

企业制定定价策略时,需要思考以下问题:谁来定价?企业该采用稳定的价格还是变动的价格?价格政策是以个体为基础还是以团队为基础?根据实际情况,定价战略要区分正式与非正式的定价政策,前面的调查与分析才能攀上定价金字塔顶端,最后按照程序制定出让获利最大化的价格:以价值评估和战略目标为基础制定基准价格,判断客户所获的价值、产品生命周期阶段进行优化价格,并在管理方法上不断调整。

(二) 基于产品生命周期的收益管理

在产品所在的不同生命周期阶段,由于其市场表现的差异,要进行价格战略调整,以实现利益最大化。①引入阶段:只有2%~5%的潜在买家接受产品后,产品需求才开始加速增长。在定价时,企业应通过试验进行价值沟通,此外还可通过直接销售进行价值沟通。②成长阶段:回头客户不再对产品价值犹豫不决。对于有差异化的产品,将集中精力发展产品的独特性;渗透价格法可以防止竞争者模仿。对于低成本产品,若价格弹性低,实施中性定价;若价格弹性高,实施渗透定价。③成熟阶段:此时价格竞争加剧——回头客户提高了识别、评价能力;竞争对手的模仿、超越减弱了产品差异性;已有的利润会吸引大量新进入者——企业要对成本和使用改善加以控制,扩充产品线,并对分销渠道实施持续评估。④衰退阶段:有三种不同策略——精简、收割、巩固。

(三) 基于成本与竞争的收益管理

基于交易的数量与价格变化的频率,建立并完善自动价格优化系统,并在此基础上进行"增量保利分析"与"风险分析",最终完成利润率分析的工作,从而实现收益管理。增量成本是由增量导致的总成本的变化量,等于生产增量之后的总成本减去生产增量前的总成本。可避免成本是指在某特定方案下可消除的成本,一般而言,可变成本都是可避免成本。可变成本和沉没成本对价格的影响,是通过边际收益率对盈亏平衡造成影响的。高度竞争环境下的定价尤为困难。竞争环境的市场具有不确定性,定价不仅要考虑企业的内部因素,还要考虑外部竞争者的行动及市场的变化。在确定性环境下,定价的改变一定会导致销售量的改变;而在竞争环境下,定价改变很可能导致竞争对手的定价改变。只有拥有竞争优势,企业才能在合理定价的基础上获得可持续利润。以低价策略为例,只有那些拥有成本优势,可以阻止竞争者将价格降到更低的企业,才能通过降价获得长期优势。对于竞争对手做出的价格行动,企业是否需要全部做出回应?这需要企业做出合理权衡,并有两个主要考虑因素:竞争者价格调整是否会威胁到企业市场地位及企业回收成本。

信息时效性是价格竞争中的关键。企业需要实时搜集并评估对手的信息,并快速做出判断选择应对方式。在以下四种情况下,企业就可以考虑采取价格调整:①企业已经拥有或者可以通过低价战略实现巨大的增量成本优势;②价格的调整不会导致竞争对手定价同向调整或引起价格战;③公司可以用配套产品的利润来有效地补贴它在某一市场上的损失;④价格竞争可以充分扩大市场容量,就算竞争对手跟随降价,全市场的利润仍然增加。

（四）基于渠道的收益管理

渠道是独立的组织，致力于向客户或商业用户提供产品或服务。从定价的角度看，合适的渠道、良好的渠道关系能加强企业与客户之间的黏性，提高市场竞争力，降低销售成本和掌握市场信息，从而缩短产品向客户转移的时间，使产品价值尽快转化为收益。渠道合作关系主要有三种：生产商与零售商关系，生产商与分销商关系及分销商与零售商关系。对于企业来说，出于不同的目的、经济考虑等多方面的因素，根据不同的合作关系，需要采取不同的渠道战略。良好的渠道关系是通过渠道获利的关键，在实际的运作中有非常多的维护关系方法，但是每种方法都有其特定的使用条件，在合适的条件下灵活应用合适的方法才能发挥其应有的效果。在与强势渠道商谈判的过程中，可采取以下策略：①让强势渠道之间相互谈判，在一定程度上削弱其谈判实力，但要防止强强联合；②对于具有排他性的强势渠道商要给予充分支持，以合作共赢；③将渠道商的价值量化，以更好地比较不同方案，作出最明智的决策；④消除不必要的成本，为自己争取更大的谈判余地；⑤对提供的产品进行细分，以更有针对性；⑥采取"分而治之"的战术。

第三节　人力资源服务的定价管理

一、人力资源服务定价的特殊性

（一）人力资源服务定价的原则

人力资源服务定价的基本准则用于指导定价的全过程。人力资源服务企业不仅要考虑自身的经济效益，而且要考虑社会效益。遵纪守法、规范合理的定价决策，有利于企业树立良好的社会形象，提高企业或人力资源服务产品的信誉度和美誉度，从而为自己赢得长期的利润回报。定价目标应当尽可能量化，以便在实现过程中能够度量和控制。当有些目标难以量化时，文字描述应当清晰明确。企业的定价目标不应当只被高层管理者或定价部门掌握，每位员工都应有清楚的认识。目标过高会使企业劳民伤财，难以达到，甚至影响员工士气，目标过低则会使企业失去发展动力，使员工容易产生骄傲情绪，从而导致目标起不到有效的激励作用。在目标的指引下，对成本、竞争、客户进行科学分析，在获取准确、完善的价格信息的基础上，用科学的方法制定价格，还要通过市场检验对价格进行调整，以确定最终价格。在人力资源服务业，还应考虑其他相关因素，如付款的时间、地点、方式、价格如何传递等。人力资源服务定价是一个既动态变化又相对稳定的过程。动态性表现为企业要根据环境变化及时调整自己的定价方法、定价策略；稳定性表现为价格一旦制定，需要保持一段时间，即价格变动不易太频繁。

（二）人力资源服务定价的特点

人力资源服务企业应当依据内外部环境和自身实力来制定定价目标，还应根据客观实际情况和环境的变化及时调整。定价目标是价格决策的前提和首要内容，它是确定定价方法、制定价格策略的主要依据，应当明确、具体、可行、切合实际。定价目标既有定量目标又有定性目标：定量目标有一个具体的衡量标准，如市场份额占到35％，投资回报率达到10％。定性目标没有具体的衡量标准，如提高客户的满意度、让客户感知公平等。定价目标可以财务结果为导向，以提高竞争力为导向，以稳定市场为导向，以树立和维护企业形象为导向，以竞争为导向和以客户为导向。

人力资源服务产品包括核心产品和附加产品，核心产品是指人力资源服务提供给客户的主要利益，附加产品是指人力资源服务过程中提供给客户的附加利益。人力资源服务产品具有无形性、不可储存性、易变性和不可分离性的特点，这些特性决定了人力资源服务定价将更复杂、更灵活。①复杂性，人力资源服务价格既要体现核心产品的价值，又要体现附加产品的价值。人力资源咨询价格更多依赖于人员经验、知识、知名度、公司的品牌等。②灵活性。人力资源服务价格由于包含无形部分产生的溢价，因此比有形产品价格更易发生变动，企业可以根据市场情况及时做出价格调整，同一位客户第一次消费人力资源服务与第二次消费人力资源服务价格可能就不一样。人力资源服务业也正是利用灵活的价格来获取最大收益的。③客户价值驱动性。人力资源服务、传递、消费都需要客户参与，服务价格更多依赖于客户的感知。对于企业来讲，人力资源服务价格表现为收入，对于客户来讲，人力资源服务价格表现为自己的成本。人力资源服务价格的制定应当更多考虑客户感知价值，而不能采用简单的成本加成的方法。

二、人力资源服务定价的影响因素

人力资源服务产品的定价不同于工业品定价，工业品定价一般只需要考虑成本、竞争和客户，而人力资源产品的定价由于客户的更多参与，除了进行成本分析、竞争分析和客户分析外，还要考虑其他影响因素，如客户的付款方式、品牌知名度、国家的相关政策。一般来讲，成本决定了人力资源服务价格的下限，客户决定了人力资源服务价格上限，而竞争、法规政策和其他相关因素决定了人力资源服务价格的变动幅度。

（一）成本分析

成本分析属于企业内部分析，成本分析的目的是确定产品的价格底限，价格低于成本就会给公司带来损失（有时为了竞争需要，在短时间内价格也有可能低于成本）。传统上将公司成本分为固定成本和变动成本两大类，在大多数制造企业中，变动成本占生产总成本的60％～90％，而在多数人力资源服务业中，变动成本占总成本的比例却很小，并且变动成本经常难以估算和衡量。因此，在这类人力资源服务业中，基于固定成本和变动成本的定价方法没有实际意义，极易导致价格失真。

结合人力资源服务的特点，可将与定价相关的成本分为增量成本和可避免成本。增量成本是指成本中反映由于价格变动而使成本发生变动的部分，增量成本与价格、销售量的变动紧密相关；与之相对应的是非增量成本，非增量成本与定价无关。固定成本中有一部分属于增量成本，而变动成本都属于增量成本。正确识别固定成本中的增量成本是非常必要的，这部分增量成本往往是由于价格的变动或提供新的人力资源服务而产生的。公司为提供人力资源服务展开的广告宣传和购置新技术就属于增量成本。可避免成本是指那些没有发生或已经发生但可以收回的成本，与之对比的是公司已经支付但不能收回的成本,即沉没成本。企业许多经营成本属于可避免成本,如巨额广告费用和平时的推广产品费用。购置的技术中有一些是沉没成本,有些是可避免成本。公司在运营中,正确区分成本的性质对公司的运营能力有很大帮助,可避免成本的增多,减少公司的损失,为公司带来更多收益。

(二) 竞争分析

竞争分析属于外部分析,主要包括竞争环境分析和竞争对手分析。竞争环境分析主要针对经济、法律、技术、社会、人口等宏观因素,在定价决策过程中,必须充分考虑宏观环境对企业定价决策的影响和制约力。竞争对手的价格政策直接关系到公司的利益,因此应当密切关注竞争对手的价格变动和新产品定价。由于经营领域的不同,公司要首先确认竞争对手,其次考虑竞争者的定价目标及定价策略。竞争对手的信息资料有多种来源,可以通过新闻媒体、市场调查和公司观察等方法获得。还要对竞争对手的高层领导个人资料进行分析,以确认其领导风格和对价格的重视程度。对于竞争对手的分析主要包括的内容,如表 11-1 所示。

表 11-1　人力资源服务业的竞争分析表

谁是目前或潜在的关键竞争对手?
竞争者的优势和劣势是什么?(包括人员素质、组织结构、市场规模、技术等)
竞争的业务领域有哪些?在本领域竞争对手的关注程度如何?
竞争对手的未来发展方向是什么?正在进行什么样的技术投资?
从竞争对手以往的行为、风格和组织结构看,它们的定价目标是什么?
竞争对手的定价机制是什么?谁起主导作用?
竞争对手采用了哪些定价策略?价格体系怎样?
目前市场上,竞争对手的交易价格是多少?目录价格是多少?
针对公司即将采取的价格,竞争对手会有什么样的反应?有可能采取什么样的行动?
公司将如何在这种博弈中获得最大收益?
客户对竞争者的价格有什么反应?

(三) 客户分析

由于客户要参与人力资源服务,所以客户分析在人力资源服务定价中显得尤为重要。客户分析主要有四个方面,即客户特征分析、客户消费心理分析、客户需求弹性分析和客户价值分析。

(1) 客户特征分析。客户特征分析包括客户的年龄、性别、职业、收入、客户行为、心理等。对客户特征分析主要包括以下方面:细分市场的依据是什么;如何对不同的细分市场定价;客户的需求点在哪里;需求程度有多强;潜在需求是什么;现有客户有什么样的特征;他们为什么选择本公司;客户正在发生哪些变化;公司应如何把握这种变化;现有客户对公司的贡献有多大；竞争对手的现有客户结构如何；客户的价格敏感度有多强；潜在客户有什么特征；他们的需求点在哪里；客户对价格变动会有什么反应；公司应采取哪些措施应对这种反应；客户对本公司的总体评价如何；如何维护公司形象；等等。

（2）客户消费心理分析。对客户消费心理进行分析，需要考虑许多影响因素，它们直接影响到客户对企业价格的感知。客户对价格的感受与基础价格的水平无关，客户对价格的感受更多地取决于变化的相对值，而不是绝对值，即价格在上下限内变动不会被客户注意，而超出这个范围客户会很敏感。让客户放弃一种财产给他们带来的痛苦比获得该财产给他们带来的欢乐要多，他们宁可维持现状也不愿意失去对某种财产的拥有权。如果损失和利得的数额一样，那么它们对于客户的价值就相同。在价格上限内一点点提高价格比一下子提高价格更容易被客户接受；相反，如果一次性将价格下降到下限以下，比连续几次小幅度的减价效果更好。

其次，同样的价格变动客户也会有不同的反应。例如，企业将价格从89元降至75元或从93元降至79元，尽管下降数额相同，但客户感觉第二组（从93元降至79元）价格下降更多。因为客户对价格的比较首先从第一个数字开始，只有当第一个数字相同时才会依次比较后面的倍数。客户对实付成本的感觉比对机会成本的感觉更敏感，对感知成本比实付成本更敏感。实付成本是指失去了已经拥有的财产，而机会成本被视为潜在的放弃的所得，因为客户认为机会成本有更多的不确定性，客户在考虑获得一种好处时，是不愿意冒风险的。

（3）客户需求弹性分析。客户需求弹性反映了客户对价格的敏感程度。影响客户需求弹性大小的因素主要包括替代品的多少、服务必要性、产品独特性、产品对客户的重要程度、产品价格在客户消费中的比例、客户支付价格的比例、产品的转换成本、价格对质量的反应程度、产品本身的用途是多少、产品价格的可比性、客户对价格变化的期望、接受服务频率、客户的品牌认知和品牌忠诚度、公司的推广密度等。客户价格敏感性表现为十大效应：①感知替代品效应是指客户对替代品感知越充分，对产品的价格就越敏感；②独特价值效应是指客户对产品特色评价越高，对价格就越不敏感，差异化能提高公司产品的价格；③转换成本效应是指更换供应商所必需的投资越大，接受服务者挑选产品时的价格敏感性越低；④对比困难效应是指很难比较替代品的优劣时，接受服务者对已知的或声誉较好的供应商的价格敏感性较低；⑤价格质量效应是指当高价在某种程度上代表高质量时，接受服务者的价格敏感性会较低，此时可以显示接受服务者的身份，并且避免与他人共享，这种排他性可以带来附加价值；⑥支出效应是指当产品支付占消费总额或收入的比例较大时，接受服务者的价格敏感性较高；⑦最终利益效应分为派生需求和在总成本中的份额，接受服务者对最终利益的成本越敏感，对能够帮助获得最终利益的产品的价格也就越敏感，产品价格占最终利益总成本的份额越大，客户对价格越不敏感；⑧分担成本效应是指接受服务者实际支付的比重越小，价格越不敏感；⑨公平效应是指产品的价格超出客户理解的"合理""公平"的价格范围；⑩心理账户效应是指为服务对象一个冠冕堂皇的理由减少购买支出的心理愧疚感，从而促成购买行为，降低价格敏感性。

（4）客户价值分析。需求弹性反映客户对价格"量"上的敏感性，人力资源服务价值则反映客户对价格"质"上的敏感性。客户对产品效用价值的感知决定了客户的接受服务意愿。客户在决定接受服务人力资源服务产品时要对获得的价值和付出的成本进行比较,只有当价值不小于付出的成本时,才会发生接受服务行为。客户让渡价值是指总客户价值和总客户成本之差。总客户价值就是客户从某一特定产品或人力资源服务中获得的一系列利益;而总客户成本是在评估、获得和使用该产品或人力资源服务时引起的客户预计费用。让渡价值可以用绝对数表示,也可以用相对数表示。总客户价值包括用货币衡量的产品价值和不易用货币衡量的人力资源服务、人员、形象价值。总客户成本包括可以用货币衡量的货币成本和不可以用货币衡量的时间、体力、精力成本。在客户成本中还包括:心理成本,如担心、害怕等;感观成本,如不愉快、粗鲁、难以忍受等。

(四)品牌与价格

唯一能代替价格竞争的办法是创建品牌。品牌可以降低客户的价格敏感度,优质品牌能为公司带来更多溢价,并且使公司在价格战中处于有利地位。人力资源服务业应当根据自己的实力、地理位置、竞争情况进行品牌定位。人力资源服务定价应与品牌价值相同,价格超出品牌价值,客户会不认可,价格低于品牌价值,有损于品牌资产和形象,最后也会失去客户。当人力资源服务在本行业知名度不高并且客户对这种服务的了解不充分时,用价格推广产品会引起客户对其品牌价值的负面评价。当人力资源服务的价格发生变动时,有好声誉的公司将有更多优势。一个有"好"声誉的公司如果从价格提升中不获取利润,客户则会对这种价格增长表示认可,对公司的动机表示理解,不会引起负面影响;如果公司从价格提升中获取利润,客户则会对这种行为表示排斥。一个有"坏"名声的公司从价格提升中无论获取还是不获取利润,客户对这种价格提升都会表示反对,并且认为公司的动机不良。

(五)政策分析

人力资源服务定价要考虑国家的相关法规政策。人社部是人力资源服务业的主管部门,商务部负责牵头拟订服务贸易发展规划并开展相关工作。人力资源服务行业涉及的主要政策法规如下。

1.《中华人民共和国劳动法》,1995年
2.《人才市场管理规定》,2001年
3.《中外合资人才中介机构管理暂行规定》,2003年
4.《关于加快发展服务业的若干意见》,2007年
5.《就业服务与就业管理规定》,2008年
6.《中华人民共和国劳动合同法》,2008年
7.《中华人民共和国就业促进法》,2008年
8.《中华人民共和国劳动争议协调仲裁法》,2008年
9.《关于同意建立消防等行业特有工种职业技能鉴定站的函》,2009年
10.《国家中长期人才发展规划纲要(2010—2020年)》,2010年
11.《中华人民共和国社会保险法》,2011年
12.《产业结构调整指导目录(2011年)》,2011年

13.《劳务派遣行政许可实施办法》,2013 年

14.《关于加快推进人力资源市场整合的意见》,2013 年

15.《劳务派遣暂行规定》,2014 年

16.《关于加快发展人力资源服务业的意见》,2014 年

17.《关于加快发展生产性服务促进产业结构调整的指导意见》,2014 年

18.《人力资源和社会保障法治建设实施纲要(2016—2020 年)》,2016 年

19.《关于深化人才发展体制机制改革的意见》,2016 年

20.《人力资源和社会保障事业发展"十三五"规划纲要》,2016 年

21.《人力资源服务业发展行动计划》,2017 年

22.《国家职业资格目录》,2017 年

23.《国务院办公厅关于促进建筑业持续健康发展的意见》,2017 年

24.《关于分类推进人才评价机制改革的指导意见》,2017 年

25.《"十三五"促进就业规划》,2017 年

26.《人力资源市场暂行条例》,2018 年

27.《国家级人力资源服务产业园管理办法(试行)》,2020 年

28.《国民经济和社会发展第十四个五年规划纲要》,2021 年

(六) 其他相关因素分析

在客户价值让渡中,客户成本不仅包括货币成本,还包括不能用货币衡量的时间、体力、精力成本,这些因素同时影响客户的接受服务决策。在制定价格时,不仅要考虑付款地点、付款时间和付款方式等,还要考虑价格的传递途径、传递时间、传递方式。在何时用何种方式传递价格有时可以提高客户的价格感知或降低价格敏感度。价格传递的途径包括新闻媒体、口碑、营业网点、宣传品等,它们都会影响价格的可信度和客户的接受服务决策。

三、人力资源服务定价的基本策略

人力资源服务企业可以通过灵活的定价增强公司的竞争优势,如低价格广业务、高价格精业务等手段。定价策略是实现定价目标的工具,不同的定价目标要求有不同的定价策略,有时一种定价策略可以同时满足多种目标,有时一种目标需要多种定价策略才能实现。

(一) 非线性定价策略

非线性定价是指客户由于接受不同的服务量或使用方式而支付不同的价格。非线性定价要求有更多的价格参数,要求有更多的价格点,决策的过程复杂。非线性定价应被视为一种强大的提高公司盈利能力的工具。非线性定价主要有批量折扣、两部收费、多类收费、多人定价等。

(1) 批量折扣策略,是指根据接受服务量的不同而给予不同的价格,可以在非累计基础上(单项接受服务)或累计基础上(在一定时期内接受服务数量)给予价格优惠。一般情

况下,使用量越多,单位价格越低。

(2) 两部收费策略,是指价格由两部分组成:一部分是固定的不随用量的变化而发生变化;另一部分与用量有关,使用越多客户的付出也就越多。员工体检常常采取这种办法。

(3) 多类收费策略。多类收费是指有多于两部收费,客户可以自己选择制定高入门费低使用费和低入门费高使用费的价格组合,然后由客户自由选择,可以让客户获得更多的参与感,增加人力资源服务量,为公司带来更多收益。

(4) 多人定价策略。多人定价是指根据客户人数的不同而采取不同的优惠措施,人力资源服务业针对个人和团队的价格差基于此策略,但这种情况要防止客户之间发生共谋。

非线性定价的运用要有一定的条件。客户的需求是独立的,不能捆绑在一起。产品具有时效成本,客户不可能提前进行大量接受服务。另外,非线性定价还要注意时间限制,如果时间过长,那么多数客户会取得批量折扣的资格,从而最终降低这种折扣的吸引力,如果时间过短,又不会引起客户的关注。最后要强调的是,价格的传递一定要清晰、准确,客户对计算复杂的资费会感到迷惑。

(二) 捆绑定价策略

捆绑定价策略是常用的有效定价策略之一,根本原因就在于被捆绑的人力资源服务能满足客户更多的需要,客户能从这种捆绑中得到更多的感知价值。一般情况下,捆绑定价的价格要比人力资源服务单独定价时的价格总和要低。但当人力资源服务独自使用给客户带来更小的利益时,捆绑定价的价格要比单独定价时的价格总和高。捆绑定价策略要求充分理解客户最关注捆绑中的哪一部分,然后才能制定各部分的价格。捆绑定价策略有多种形式,每种形式都对应某些使用环境或条件,在环境成熟或条件具备时,用捆绑定价策略可以提高公司的价格竞争力。

(1) 完全捆绑策略。完全捆绑策略是指只有一种捆绑形式,人力资源服务不单独销售。当市场客户对产品的评价不一致时,易用这种策略。比如劳务输出价格与培训费用捆绑。

(2) 混合捆绑策略。人力资源服务既可以捆绑销售,也可以单独销售,人力资源服务既有零售价格也有捆绑价格,由客户自己选择。一般情况下采取"领导"捆绑形式,即客户以全价接受第一代创新服务后,可以用更低的价格接受服务第二代人力资源服务。当市场有多类客户,一些客户的偏好比较具体,另一些客户的偏好比较平均时,也可采用此策略。

(3) 搭配销售策略。当客户接受服务一种人力资源服务后必须从同一供应商手中接受几种互补服务,这些互补品是使用搭配品所必需的。一般情况下,搭配品是具有高额转换成本的人力资源服务产品。搭配销售两部分的价格要视具体情况而定,可以采用高入门费和低使用费或低入门费和高使用费两种。这种方法可以降低交叉需求的弹性,有时牺牲一种服务利润可以带来其他人力资源服务更多的销售,从而使公司的利润达到最大化。

(4) 交叉赠券策略。为了促进人力资源新服务的推广,当客户使用现有人力资源服务时给予他们一定数量的优惠券,可以刺激客户购买或消费的欲望。

（三）心理定价策略

心理定价策略，是指在分析客户消费心理的基础上，利用价格策略来调整客户的接受服务心理。心理定价策略主要包括广告宣传策略、参考价格策略和奇数或偶数策略。

（1）广告宣传策略，是指用广告来提高人力资源服务企业的形象，从而提高或降低客户对价格的敏感度。广告作为与市场、客户沟通的信息、载体，传播的时间、方式、地点、范围、密度都可以影响客户对价格是否公平的感知，从而决定客户的接受服务决策。店内广告可以提高客户的品牌价格敏感度，因为店内广告可以直接影响客户品牌的认知。由广告树立起来的公司知名度，对公司用价格作为一种推广产品工具有很大帮助。

（2）参考价格策略，是指设置参考价格影响客户对价格的感知。参考价格为客户设置一个对比效应，从心理上影响客户的接受服务意向。在公司有多种人力资源服务时，参考价格的设置就更有意义。例如，将某种人力资源服务的价格定得比较高，可以提高整个人力资源服务种类的参考价格，其余人力资源服务就显得比较便宜，牺牲这种高价人力资源服务，可以增加低价位的人力资源服务的销售，从而提高公司的总体利润。

（3）奇数或偶数策略，是指用奇数或偶数作价格尾数影响客户的选择，大量的试验证明客户对尾数为奇数的价格情有独钟。奇数尾数定价已被很多企业运用，因为客户认为奇数是企业经过精确测量的"合理"价格，并且客户往往感觉奇数结尾的价格比实际上仅高出一点的整数价格低廉很多。对于经常接受的服务应当用奇数做尾数定价，对于不经常接受的服务应当用偶数做尾数定价，因为奇数暗示着节约，偶数暗示着声望。心理学家指出：当价格以"9"结尾时，产品能吸引客户的注意；当价格以"8"结尾时，意味着对称和平缓，在中国也代表要"发"的意思；当价格以"7"结尾时，意味着笨拙和刺耳；当价格以"6"结尾时，意味着顺利和通达；当价格以"5"结尾时，意味着快乐。企业之间的竞争最终都将通过价格表现出来，只有真正掌握客户如何感知价格，才能很好地利用价格杠杆实现企业的服务目标，才能使企业在竞争中立于不败之地。企业要利用好价格敏感度这个经济原理，抓摸和研究客户的心理，制定更好的服务战略，从而影响客户的价格感知和价格敏感度，为自己的产品争取更大的市场份额，提高产品竞争力。

（四）推广产品定价策略

推广产品定价策略是指在短时期内用灵活多变的价格来吸引客户。主要包括以下六种：①牺牲品策略。用一种人力资源服务的低价来吸引客户，从而带动其他人力资源服务的消费，是捆绑策略的一种特殊形式。②特别事件策略。利用特别事件或特定时间制定特殊价格，可以吸引大量客户。③时间细分策略。不同的时间段都可以进行价格变动。④地点细分策略。服务地点对于人力资源服务业相当重要，因为有利的地理位置可以节约客户的时间或体力成本，企业可以利用这一特性收取溢价。⑤客户细分策略。根据客户的消费特征对客户分类，对每类客户收取不同的价格。⑥折扣或折让策略。可以分为现金折扣、数量折扣、季节折扣、渠道折扣。现金折扣也称付款期折扣，是对在约定付款期内以现金付款的客户给予一定的价格折扣，这种方法有利于保证企业及时收回应得收入。数量折扣在非线性定价策略中详细介绍。季节折扣是指对于非季节人力资源服务给予一定的价格折让。渠道折扣是指对于门店或相关机构给予一定的折扣，以激励他们销售本企业的人力资源服务。

（五）定价市场检验

人力资源服务企业在制定定价策略时，需要考虑客户的定价反应，常用的方法有五种：专家判断法、价格试验法、历史数据分析法、直接询问法和客户价格调查联合分析法。没有一种方法适于任何情况，五种方法各有优缺点。

（1）专家判断法。当人力资源服务面向大众市场时，对于消费个体情况分析不够透彻时，往往采用专家判断法。专家主要来自公司高级管理人员、服务人员、财务人员和服务专家；专家的挑选要有客观性、代表性。这种方法的局限性主要在于依赖公司内部信息，专家的判断可能与客户的消费心理和消费行为不一致。

（2）价格试验法，是指用不同的价格在不同地域进行试销，此时可以观察到不同价格对销售量产生的不同影响。这种方法可以直接观察到客户的实际行为，防止客户的言行不一致。人力资源服务产品的地域性消费可以有效防止类似有形产品中的串货行为发生。这种方法的成本比较高，并且要求人力资源服务产品已经存在，观察到的客户的行为是客户对产品的整体感知，而非客户对产品不同属性的感知。

（3）历史数据分析法，是指用以前记录的价格与销售量来观察客户对定价的反应。如果由于市场价格的波动导致销售量或市场份额发生变化，那么就可以用统计方法测量出客户需求价格弹性，同时对于统计方法和统计结果的应用也要仔细权衡。

（4）直接询问法，是指用问卷方式直接询问客户对价格的感知。通过调查可以画出客户价格反应曲线。客户对价格有一个弹性不敏感区。这种方法最大的优点就在于简单、易操作、费用低。

（5）联合分析法。由客户来选择服务，但由于属性组合不同，可以真实体现属性在客户心中真正的价值。

上述五种定价估计方法具有不同的优点和缺点，如表11-2所示。在实际应用中要将五种工具综合考虑，根据公司的实力、时间、竞争环境的变化等情况，从中挑选一种或数种，这样确定的价格更加真实可信。

表11-2 人力资源服务业定价工具的比较

	专家判断法	直接询问法	联合分析法	价格试验法	历史数据分析法
有效性	中	低	中—高	中—高	高
可靠性	中—高	不确定	中—高	高	低
费用	很低	低—中	中	高	低
新产品实用性	实用	不可靠	实用	实用	不实用
已有产品实用性	实用	实用	实用	实用	实用
总体评价	新产品有用	不可靠	非常有用	有用	已有产有用

思考题

1. 你了解人力资源服务企业是如何盈利的吗？人力资源服务业的利润链是什么？人力资源服务业的投入和产出如何？
2. 人力资源服务业的收益有哪些模式？如何提高人力资源服务的收益？
3. 人力资源服务产品是如何定价的？哪些因素影响人力资源服务产品定价？
4. 如何加强人力资源服务产品的定价管理？

第十二章

人力资源服务设施管理

人力资源服务与地点、时间、技术及方式有关。人力资源服务的提供和人力资源服务接触都是依托于特定的场所和设施,还要有各种辅助物品的相应支持。这些硬件资源对人力资源服务提供过程的成败发挥着至关重要的作用。

第一节 人力资源服务设施管理的理论

人力资源服务设施的设计与布局是人力资源服务企业的一个重要方面。如果设施的设计和布局合理、科学,符合组织的战略需要,那么它将能够提高人力资源服务企业的生产力,强化其竞争力,赢得客户满意和忠诚,进而实现组织的盈利和成长。人力资源服务设施设计必须同时考虑人力资源服务功能的需求,客户/员工的生理需求、心理需求和审美需求及商业方面的需求。人体工程学主要探讨如何使设施符合人体的生理特点,人的心理如何受到环境的影响,以便人能够高效、舒适地使用。视觉识别理论认为人力资源服务设施,应当塑造形象,增加客户体验。中国的风水理论在建筑设计上也有很多的应用,有它科学的一面,对设施设计具有很高的应用价值。

一、人体工程学

人体工程学也称人机工程学、人类工程学、人体工学、人间工学或人类工效学,即探讨人们劳动、工作效果、效能的规律性。人体工程学由人体测量学、生物力学、劳动生理学、环境生理学、工程心理学、时间与工作研究学六门分支学科组成。人体工程学是一门学科,研究人在某种工作环境中的解剖学、生理学和心理学等方面的各种因素;研究人和机器及环境的相互作用;研究人在工作中、家庭生活中和休假时怎样统一考虑工作效率、人的健康、安全和舒适等问题。人体工程学是探知人体的工作能力及极限,从而使人们所从事的工作趋向适应人体解剖学、生理学、心理学的各种特征。早期的人体工程学主要研究人和工程机械的关系,即人机关系。其内容有人体结构尺寸和功能尺寸、操作装置、控制盘的视觉显示,这就涉及心理学、人体解剖学和人体测量学等,继而研究人和环境的相互作用,即人—环境关系。

人体工程学还研究环境与人的行为之间相互关系,从心理学和行为的角度,探讨人与环境的最优化,即怎样使环境最符合人们的心愿。为了创造适宜的工作环境,使员工以积极的心态、良好的情绪和熟练的技术投入工作,防止发生事故,提高工作效率。遵循人的心理活动规律,充分发挥人的主观能动性和创造性,避免单调、焦虑、紧张等环境不适应性。对室内设计来说,其主要任务是组织好空间、设计好界面(包括色彩和光照等)、处理好室内环境与人的关系并使之更符合人们的心意。

人体工程学应用到设计中,是以人为主体,运用人体计测、生理计测与心理计测等手段和方法,研究人体结构功能、心理、力学等方面与环境、设施、技术之间的协调关系,以适合人的身心活动要求,取得最佳的使用效能,其目标是安全、健康、高效能和舒适。

(1) 人体构造上的尺寸。与人体工程学关系最紧密的人体构造是由运动系统中的骨骼、关节和肌肉三部分构成,这三部分在神经系统支配下,使人体各部分完成一系列的运动。人体构造上的尺寸是指静态尺寸,如头、躯干、四肢都是在静态下测量的。

(2) 人体功能上的尺寸。人体功能上的尺寸是指动态尺寸,包括在工作状态、运动状态和正常活动状态中的尺寸。人体功能上的尺寸需要考虑的因素比较复杂,与活动情景状态有关,在测量时需要对运动的过程和结果进行多次测量和比较。

(3) 人体自然生理曲线。设施形态和质地要与人体自然生理曲线相吻合。例如,在选择座椅时,要求座椅的材质和曲线最好能符合人体颈椎的自然弯曲度,这样才能使人产生舒适感。但有些茶饮休息的座椅和公共座椅,经常采用"反舒适"做法,把座椅设置成不舒适形态,以防止客户停留太长时间。在室内设计考虑人体生理因素时,应考虑在不同空间与围护的状态下人们动作和活动的安全及对大多数人的适宜尺寸,并强调以安全为前提。例如,对门洞高度、楼梯通行净高、栏杆扶手高度等,应取男性人体高度的上限,并适当加以人体动态时的余量进行设计;对踏步高度、搁板或挂钩高度等,应按女性人体的平均高度进行设计。

在人力资源服务场景中,环境因素将以整体环境的方式刺激有机体——客户和员工,客户和员工对刺激做出反应(包括认知、情感、生理),并依据反应做出相应的行动。人在室内环境中的生活、生产活动及消费活动也总是力求具有一定的生理和心理范围或领域,不被外界侵扰。私密性涉及相应空间范围内包括视线、声音等方面的隔绝要求。尽端趋向是人们的另外一种心理倾向。例如,集体办公场所先进入的人,如果允许自己挑选座位,他们总愿意挑选在房间尽端的座位,这是因为希望相对较少地受干扰。在室内空间工作的人们,从心理感受来说,并不是越开阔、越宽广越好,人们通常在大型室内空间中更愿意有所"依托",愿意适当地与人流通道保持距离。另外,人们在室内空间中走动时,具有从暗处往较明亮处走动的趋向。在工作场所设计的过程中要注意上述情况。

二、视觉识别理论

人力资源服务设施的设计肩负着传播企业形象的重要责任,企业形象识别系统理论为我们提供了企业如何树立形象的理论依据。该理论包括三个子系统:理念识别(mind identity,MI)、视觉识别(visual identity,VI)和行为识别(behavior identity,BI)。

MI 是确立企业独具特色的经营理念,是企业生产经营过程中设计、科研、生产、营销、服务、管理等经营理念的识别系统,是企业对当前和未来一个时期的经营目标、经营思想、营销方式和营销形态所作的总体规划和界定,主要包括企业精神、企业价值观、企业信条、经营宗旨、经营方针、市场定位、产品构成、组织体制、社会责任和发展规划等。属于企业文化的意识形态范畴。

BI是企业实际经营理念与创造企业文化的准则,对企业运作方式所做的统一规划而形成的动态识别形态。它是以经营理念为基本出发点,对内是建立完善的组织制度、管理规范、职员教育、行为规范和福利制度;对外则是开拓市场调查、进行产品开发,透过社会公益文化活动、公共关系、营销活动等方式来传达企业理念,以获得社会公众对企业识别认同的形式。

VI是以企业标志、标准字体、标准色彩为核心展开的完整的视觉传达体系,是将企业理念、文化特质、服务内容、企业规范等抽象语意转换为具体符号的概念,塑造出独特的企业形象。视觉识别系统分为基本要素系统应用要素系统两个方面。基本要素系统主要包括企业名称、企业标志、标准字、标准色、象征图案、宣传口语、市场报告书等。应用系统主要包括办公事务用品、生产设备、建筑环境、产品包装、广告媒体、交通工具、衣着打扮、旗帜、招牌、标识牌、橱窗、陈列展示等。VI在CI(Corporate identity)系统中最具有传播力和感染力,最容易被社会大众所接受,据有主导的地位。

企业视觉识别系统理论是建立在人的视觉感知基础之上的,它对于人力资源服务设施设计、体现商业形象方面提供了直接的理论指导。视觉识别是指通过统一的视觉表现传播企业理念、形成形象差异的静态识别方式。视觉识别设计是客户认识企业、形成综合印象的要素,也是企业识别中见效最快、最立竿见影的部分。因此,视觉识别系统设计在整个企业识别系统设计中占有重要的位置。

对于人力资源服务设施来说,外观建筑、厅堂装饰装潢、布局、企业名称、员工着装、产品陈列、技术布置等都是企业视觉识别的构成内容。但从装饰设计来说,视觉识别系统可以分为两大部分,即基础形象识别要素组合和应用形象识别要素组合。

人力资源服务设施在运用视觉识别系统时,应当做到企业标志、文字、颜色、广告、包装的统一,标志要具有独创性,避免与其他企业雷同,造成公众的错知错觉;要简洁、标志不宜太复杂,要简洁、明快,便于公众的识别和记忆;要符合公众的审美心理,能让大多数公众欣赏并接受;在运用行为识别系统时,应符合社会公德的要求。如积极参加公益活动,使企业在公众中享有良好的声誉,并使得自己的员工产生凝聚力。

人力资源服务场所设计的时候,企业管理者自己要有良好形象,员工也自觉维护企业形象,除了加强对员工的教育外,还要为员工创造良好的生活和工作条件,激发员工的工作热情,鼓励员工发挥自己的才能,切实为员工做些实事,增强企业的凝聚力。当员工自觉去维护企业的形象时,便会为企业树立良好形象打下坚实的基础。没有企业员工的配合,良好的企业形象是很难树立起来的。

人力资源服务场所设计视觉识别系统,必须体现企业理念。企业理念是企业一切行为的最高标准。所有构成企业的视觉识别要素,必须以企业理念为轴心,反映企业理念的内容和特征。在企业理念的引领下,视觉识别就会有一个统一的标准,便于认识、理解和记忆,同时要考虑宣传的方便性。

第二节　人力资源服务场所的设计

人力资源服务场所是资本密集型投资,一经确定就难以变动,因此场所定位决策需要慎重考虑。场所定位除了具有传统的设置进入障碍和创造需求的作用外,还影响到战略的弹性程度、竞争位置、需求管理和集中化等问题。本节重点阐述场所定位的一般原则、影响因素及具体的场所定位技术。

一、人力资源服务场所的定位

人力资源服务场所通常要求要靠近目标市场、交通便利、具有发展潜力、能够为组织带来竞争优势及能够稳定需求。客户为获取人力资源服务要付出交易成本,不仅是指客户的货币成本,还包括客户所付出的时间成本、精力成本、心理成本等。如果场所接近目标客户群,则可以节省客户的接受服务时间、交通费用及精力的损耗,从而可以为客户提供更多的让渡价值,对交通网络进行分析,最大限度地满足客户的需求。有些人力资源服务领域是季节性的,其所面对的市场需求随着季节的变化而大幅度波动。人力资源服务企业追求组织的利润最大化,在进行场所定位时考虑投入成本、运营成本等。定位标准不同,场所定位的结果也迥然不同。最重要的是便于地理描述和距离表示,可以更加准确地表示地理位置。人力资源服务企业在进行场所定位时,应以发展的眼光来思考和决策。不仅要看到当前场所价值,而且还要认识到其长期的发展潜力和获利能力,能够通过建立竞争障碍来使人力资源服务企业获得竞争优势。

人力资源服务企业的定位以经济效益为依据,综合考虑人力资源服务设施对利润、竞争和品牌形象等方面的影响。在选址时,要预测设施可能带来的营业额和可能的成本量,进而算出可能的利润额、利润率、投资回收期等。人力资源服务业务很多,不同类型人力资源服务业务对设施位置的要求不同,但一定要考虑以下几个因素。第一,城市或地区的经济发展水平。人力资源服务业务都对产业的发展水平有一定的要求。第二,城市或地区的风俗习惯。每个城市或地区都有自己的习俗文化和消费习惯,在用工和求职方面表现得尤其明显。第三,城市或地区的社会治安和社会风气。不良社会风气作为社会文化的部分,会反映在商业上,进而形成不良的商业环境。第四,市场潜力、竞争程度与经营费用。这三个方面直接决定着企业所开设的门店的生存能力和盈利能力。第五,交通、通信、水电等基础设施。不仅关系企业运作的难易程度,也关系到公司员工的生活条件。第六,产业关系。人力资源服务业务都处于一个产业链条的特定环节,每个企业的发展都离不开相关企业的支持,必须考虑该产业链条上的配套功能是否齐全。第七,税收政策。要考虑是单独纳税还是总部统一纳税;是一般纳税人还是小规模纳税人;征收税率多少;是增值税专用发票还是普通发票。

人力资源服务场所的定位是宏观的、战略性的抉择,不仅要考虑设施的适合性,如空间大小、基础条件、市场竞争情况、需求分布情况、人群分布情况、公共设施分布情况等,还要考虑所在地是否符合人力资源服务企业的"身份",这关系到人力资源服务企业的品牌形象。人力资源服务场所的定位意味着一次投资机会,企业希望能够投资小、风险低、利润高、回报期长。这就需要考虑投资总额、年营业额、年运营成本、年管理成本、年利润、投资回收期、投资回报期等。

人力资源服务场所的定位需要进一步确定具体的地理位置和建筑物。针对所处的核心商圈、次级商圈及边缘商圈，要考虑商圈内的潜力和机会，确定在该地点开设公司的必要性和可行性，确认新开设公司是否会造成过度竞争，是否有可行的竞争策略，是否可行的推广策略。形成比较规范的决策模式，提高服务场所定位的有效性和科学性，每个决策因素制定最低的决策标准，最后审查每个决策因素，只要发现其中某个因素不符合最低标准，即可放弃在该区域开设公司。

人力资源服务企业的核心人力资源服务和发展目标决定了对人力资源服务设施的基本需求和设计参数，不仅要考虑物理性限制、经济性限制和政策性限制，还要考虑防火要求、卫生安全、身体安全等安全性问题。同时还要考虑业务未来发展变化的要求，容易改造，以便增加适应性，包括可变化的营业面积和可增加的业务功能。人力资源服务业门类众多、业务繁杂，不同人力资源服务企业对人力资源服务设施及其位置的要求也有很大不同。人力资源服务企业定位的决策因素，如表12-1所示。

表12-1　人力资源服务企业定位的决策因素

决 策 因 素	具 体 内 容
方便＋可达性	可见性、可接近性、可停车；靠近购物和休闲区；人口数量和构成、已经建立的竞争情况
法律规定	已经颁布的人力资源管理规定、营业执照管理规定；防火要求；外部标志管理规定
物理条件	距离人力资源服务公共部门的便利性；外部轮廓和地形地貌；周边建筑和道路建设
占用成本	租金和地方税、劳动成本、保险费、电力和照明；租借安排、预期的获利能力和现金流量

二、人力资源服务场景的营造

人力资源服务企业为了吸引客户并使客户产生美好的感受，最好在人力资源服务设施建设上面投入部分资金。然而，大量失败的设施设计让我们意识到，并不是投入的钱越多效果越好，因此，如何设计人力资源服务设施一直是一件令经营者头疼的事情。事实上，人力资源服务设施设计就是为客户营造"人力资源服务场景"，通过"人力资源服务证据"使无形人力资源服务有形化，最终提高人力资源服务价值并赢得客户的满意，提高人力资源服务效率并为企业赢得更多的利润。这里涉及两个基本概念：人力资源服务证据和人力资源服务场景。

（一）人力资源服务证据

客户接受无形的人力资源服务时，往往难以获得物理特征，而是更多地依靠过去的消费经验和对人力资源服务企业的信任程度来做出判断和选择。因此，为了帮助客户判断和选择其人力资源服务，进而增加客户体验，会设法给予客户更多的能够证明其人力资源服务特征和人力资源服务价值的线索或凭证。所谓人力资源服务证据就是人力资源服务企业可以证明其人力资源服务产品特征和价值的凭证，是客户可以通过五官感知到服务产品特征和价值的线索。

在人力资源服务证据中，有一些是可以通过触觉（身体或手）触摸到的证据，被称作有形证据（或有形线索），这类属于"物证"；不能被触觉触摸到的线索被称作无形证据（或无形线索），但是可以被人们听到或感觉到，这类属于"人证"。显然，有形证据比无形证据更可靠，更值得信赖，俗话说，"耳听为虚，眼见为实"。人力资源服务线索的无形化是无法通过五官感知到的，客户只能通过"智"去思考或通过"情"去感受，然后才能搜寻到这些线索。例如，人力资源服务员工对客户的关怀和体贴有时是用五官感知不到的，只能用"智"去判断或用"情"去感受。需要用"智"和"情"才能识别的线索，虽然也具有一定的线索功能，但是人力资源服务企业已经很难使用它们作为证据向客户展示其人力资源服务。因此，在人力资源服务证据中，一般不包括这些过于无形化的线索，只包括那些可以用五官感知到的线索。这同时也提醒我们，如何把无形线索转化为有形证据，以便增加客户对人力资源服务的可识别性和可感知性，是对人力资源服务企业设计者们提出的一个挑战。

人力资源服务证据主要应用并体现在四个方面，如图12-1所示。

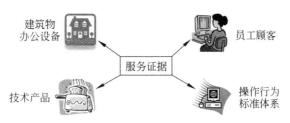

图12-1　人力资源服务证据

人力资源服务设施是显性的证据，客户可以看得见、摸得着。人力资源服务技术的现代化程度是客户评价人力资源服务水准和业务类型的直接证据。企业通过布局设计对人力资源服务设施进行有形展示，目的是创造良好的客户消费环境和一线员工的工作环境，通过适当增加和管理有形线索来增强客户的体验。人力资源服务人员、客户本人和其他客户也是显然的人力资源服务证据。人力资源服务人员和客户之间的互动接触，形成了人力资源服务活动过程；人力资源服务人员、客户、求职者、用工单位互动接触，彼此可以通过视觉、听觉、触觉等感官来感知由"众人"形成的服务证据和消费氛围。

人力资源服务活动过程本身也是一种证据，包括服务行为事件及操作步骤，人力资源服务操作技术、操作标准及灵活性。人力资源服务企业通过名片、收费单、报告、员工着装、胸卡、手册、网页等手段来有形展示其人力资源服务活动过程，目的是与客户进行良好的沟通，告诉客户：人力资源服务活动的目的是什么，可以为他们提供哪些人力资源服务，哪些人力资源服务人员可以为他们提供服务，下一个人力资源服务步骤是怎么要求的，客户如何参与等。在客户接触人力资源服务企业的过程中，人力资源服务证据无处不在。

(二)人力资源服务场景

1. 人力资源服务场景的构成要素

人力资源服务场景是指利用各种人力资源服务证据包装所形成的用于员工工作的物质环境。在人力资源服务场景中,客户与员工互动就形成了服务氛围。所以,人力资源服务场景是服务氛围的物质基础,客户与员工的互动是服务氛围的灵魂。人力资源服务场景设计只有符合人力资源服务活动的主题,才能营造恰当的服务氛围。人力资源服务场景包括所有客观的、能被该人力资源服务企业控制以强化或约束员工与客户行为的有形要素。人力资源服务场景可以分为如下三类构成要素。

第一,空间/功能因素。空间既包括空间特性,即公司空间的体量大小、空间形状和空间分割等;也包括空间布局,即技术、设施和办公家具陈设的摆放,这些东西的大小和形状,以及它们之间的空间位置关系。空间布局既要考虑人力资源服务功能、组织、秩序和效率,又要考虑美学上的灵巧性及客户和员工对人力资源服务场景的感受。

第二,周边条件。人力资源服务场景中的各种背景因素,具体包括温度、湿度、空气质量、噪声、音乐、气味、颜色等,这些因素都会影响客户和员工的感觉、反应和行为。

第三,标志、象征及制品。人力资源服务场景中的很多要素都以清楚或含蓄的信号向客户表达着人力资源服务企业的定位和个性,传达着期望和可被接受的行为标准。其中,标志是一种清楚、直接的信号,主要包括公司名称标志、指向标志、行为规范标志、其他标志物等四类。环境中其他展示物的材料以含蓄的方式表达人力资源服务企业的意图。突出主题文化的象征物可以根据需要和偏好经常发生一些变化,以增强灵活性和新鲜感。

2. 人力资源服务场景的作用

人力资源服务场景具有包装和辅助两方面的作用。人力资源服务场景是对人力资源服务的包装,通过展现美来创造舒适的服务环境,向客户传达信息并诉求情感,树立个性形象并区别于竞争对手,调整客户期望以符合人力资源服务企业的定位。人力资源服务场景的良好设计有助于置身其中的客户和员工顺利实现自己的目标。从人力资源服务场景的构成来看,外部场景的主要作用在于树立企业形象,内部场景的主要作用在于营造消费氛围。

3. 人力资源服务场景的类型

人力资源服务设施设计的目的在于构建适宜的人力资源服务场景,大致有四种分类方法。

第一,按照构成要素划分。人力资源服务设施场景可以划分为三种类型的环境:空间与功能环境、物理环境、服务环境。空间与功能环境的设计主要关注的是功能、效率和成本等方面的要求,应坚持功效最大化的原则;物理环境设计主要关注的是人(包括客户和员工)及其舒适感,坚持以人为本的原则;服务环境关注的是企业的形象、定位和促进销售,坚持面向市场的原则。

第二,按照业态划分。为了突出业态之间的区别,每一种业态的人力资源服务企业都选择并逐渐形成了适合这种业态经营需要的人力资源服务场景来包装自己。例如,咨询业、猎头行业、培训行业、劳务输出行业等。

第三,按照人力资源服务主题划分。人力资源服务企业以什么姿态、什么身份进入细分市场,以便形成区别于其他企业的特色。因此,企业设计者们在设计人力资源服务企业概念时,往往喜欢采用主题化的方法,常见的主题性服务场景种类包括大众型、专业型、私密型等。

第四,按照客户体验阶段划分。客户体验是一个升华的过程,它经历从物境到情境再到意境三个情感体验阶段。因此,人力资源服务场景应该包含三个层次:物境、情景、意境。其中,物境是基础,情景、意境是对物境的逐步升华。设计时,必须要考虑如何通过人力资源服务场景的三个层次来实现客户的三个体验阶段。

三、人力资源服务空间的设计

人力资源服务企业的空间设计主要包括功能环境、物理环境、服务环境三个方面。

第一,功能环境设计。人力资源服务企业的功能环境,是为了满足人力资源服务功能的需求而必须具备的物质空间,需要考虑技术占用的空间、员工占用的空间、客户占用的空间及人力资源服务流程对空间分割的要求等。

人力资源服务企业的房间分割与组织必须满足人力资源服务功能的要求,主要体现在房间的体量、形式和室内环境质量等方面。公共空间就是公共活动的空间,是为了满足社会交往需求和多样性用途所产生的空间。基于公共空间的共享性、综合性、多功能、人流集中等特点,要求公共空间具备足够的"量"、合适的"形"和较高的"质",并配备多种人力资源服务技术和人力资源服务人员。公共空间是指为某一特定性质的活动或特定人群设置的建筑空间。私密空间是为了满足个人独处或私密心理需求而设置的空间。在内部空间中,常常根据需要,利用围合和分割两种装饰手法,进行空间再创造和空间再组织。围合就是利用实体元素把空间"围"起来,分割就是利用实体元素将空间"分"开。围合与分割是对立统一的关系,围合也是对空间的分割,分割也是对空间的围合。为了使两个空间的衔接和过渡显得自然、有趣、有节奏感及为了增加良好体验,常常需要艺术化的装饰手法,同时还要考虑两个或多个相邻空间的性质、主题、功能、大小、距离等因素。空间的延伸和借景是通过各种装饰手法,使两个相邻的空间相互连通、相互渗透,突出空间的延展性、连续性、通透性、层次性,从而达到扩大空间感、开阔视野、协调内外空间联系等目的,使人有一种小中见大的感觉。

第二,物理环境设计。人力资源服务企业的物理环境是指构成室内环境的所有物质条件,所有对人的感觉、知觉产生影响的物质因素。声学、光学、热工学等方面的知识是设计空间物理环境的基础,对于正确使用装饰材料、选择照明光源、合理确定室内照明度、布置灯具、控制噪声、提高室内声音质量等,都是十分重要的。

人力资源服务企业的界面设计是在符合整体设计风格和满足各界面功能要求的前提下,设计各界面的形式、选择界面的材料等。地面划分需要综合考虑空间形态、家具陈设、人的活动状况与心理感受、建筑的使用性质及大小、方向对室内空间的影响等因素。在地面造型上,常运用图案进行装饰。图案不仅可以活跃空间气氛,增加生活情趣,还可以起到标示作用。在顶棚内设置照明、通风、保温、隔热、吸声或反射、防火等设施,同时遮盖顶棚内的各种线路和管道。一方面,顶面装饰设计可以明确空间关系,烘托室内环境气氛;

另一方面，可以通过顶面设计来调整室内高度。墙面装饰可以保护墙体，也可以起到美化环境、营造氛围的作用。墙面是围合室内空间的重要构件，应根据空间的使用性质和装饰风格要求，可以运用各种图案，如壁画、浮雕、挂毯等进行装饰，以便活跃空间气氛，增加生活情趣，也可以起到视觉中心和表达某种主题的作用。在线条、花饰、色彩、质感等方面，要进行科学合理的设计和搭配。

　　人力资源服务设施进行装饰照明设计时，可以对通过光线的利用和控制，增加空间层次，丰富空间内容，强化和体现室内装饰风格，渲染空间气氛。室内照明设计应该坚持实用性、安全性、美观性、经济性、统一性、低碳性等原则。

　　人力资源服务设施绿化可以美化环境，丰富室内空间色彩，增添空间的生机和情趣；改善室内环境小气候，调节温度、湿度，减少噪声，净化空气；有效组织空间，起到分割与联系空间、指示和导向、调整空间、柔化空间、填充空间等作用，还可以营造氛围、陶冶性情。通常我们可以把室内设置的山石、水景作为绿化环境的组成部分。山石是中国园林造景的主要素材，鹤立当空谓之"瘦"，多孔洞而玲珑剔透谓之"透"，轮廓丰富谓之"漏"，纹理清晰谓之"皱"。水景不仅具有动感，使空间充满生机活力，给人以生命的启迪，而且可以渲染和烘托出不同的空间气氛和情调。水景有水池、溪流、瀑布、跌水、喷泉、涌泉等各种类型，每一种类型表现出不同的形态，或奔腾而下，或蜿蜒流淌，或静如明镜，或游鱼戏水，在表现主题、烘托气氛的同时，也形成了一道令人赏心悦目的风景线。

　　第三，服务环境设计。服务环境设计是带有商业诉求的空间环境设计，它需要综合考虑产品属性、客户属性、企业人格属性、环境因素及美学形式，具体来说需要考虑：产品的功能、价值、物质特征；客户的接受服务过程、接受服务心理、消费特征；人力资源服务企业的商誉和企业文化；建筑物周边环境因素和建筑物风格等。

　　人力资源服务场所的主题需要环境设计来烘托。按照体验经济的观点，体验需要主题化，主题是体验的基础。特定的主题有益于把感觉上升到完美的精神境界。应该善于利用不同材料、光源和色彩的特征来表达主题和传递设计理念，实现人力资源服务场景从"物境"到"情景"再到"意境"的升华。通过功能简明、体量小巧、造型别致、带有意境、富有特色的小型艺术品突出环境主题，烘托人力资源服务场所的主题。此外，人力资源服务企业要突出商业特征，充分利用招牌、徽标、灯箱、海报、影像、吉祥物等商业化的装饰手段，使企业具有强烈的识别性、导向性和诱导性，充分彰显个性，创造新颖独特的外观形象。

第三节　人力资源服务设施的体验设计

一、人力资源服务的体验经济

　　"体验"（experience）是指神经系统较高级的动物由于好奇心的驱使，出于满足好奇心、学习、积累经验和娱乐等目的，在确信安全的前提下尝试性地接触和感受某种新事物。"体验经济"是一种企业以服务为舞台，以商品为道具，以顾客为中心，创造能够使顾客参与，值得顾客回忆的活动的经济形态。体验经济是继农业经济、工业经济、服务经济之后的第四个经济发展阶段。

体验就是以商品产品为媒介激活顾客的内在心理空间的积极主动性，引起顾客内心的热烈反响，创造出顾客难以忘怀的活动。于是体验经济要求经营者的首要任务是把整个企业运作过程当作一个大戏院，设置一个大舞台。这个舞台的表演者说不定就是顾客自己，吸引顾客参与，使顾客感同身受地扮演人生剧作的某个角色，沉醉于整个情感体验过程之中，从而得到满足。因此，无形的体验能创造出比产品或服务本身更有价值的经济利益。在体验的过程中，顾客珍惜的是因为参与其中而获得的感觉，当产生体验的活动结束后，这些活动所创造的价值会一直留在曾参与其中的个体的记忆里，这也是其经济价值高于产品或服务的缘故。换言之，企业在体验经济中扮演的角色已经从实体产品提供者转变成体验创造的催生者，而这种以体验为主的经济形态称为体验经济。时代发生了变化，人们的经济消费形态也就势必跟着变迁。

体验是当一个人达到情绪、体力、智力甚至是精神的某一特定水平时，其意识中所产生的美好感觉。人类有史以来的经济活动都是以谋取物质利益为直接目的，而体验经济却是以产生美好感觉为直接目的，突出了表演性，这是值得人们瞩目和思考的变化。体验经济的构成维度，如表12-2所示。

表12-2　人力资源服务体验的构成维度

体验维度		刺激目标与方式
个体体验	感官体验	感官是以视觉、听觉、嗅觉、味觉与触觉等感官为媒介产生刺激，激励顾客去区分不同的产品，引发购买动机和提升其产品价值
	情感体验	刺激顾客内在的情感及情绪。在服务期间，真正了解什么刺激能触动顾客内在的情感和情绪，并在服务行为中营造出特定情感以促使顾客的自动参与积极性
	思考体验	刺激的是顾客的思考动机，目标是创造顾客解决问题的体验。通过知觉的注意和兴趣的建立来激励顾客进行集中或分散的思考，积极参与消费过程，更好地使情感转移
共享体验	行动体验	影响身体行为的体验，强调互动性。涉及顾客身体的体验，让其参与到服务过程中并感受其行为带来的刺激
	关联体验	特定环境中的社会文化对特定的顾客产生相互的作用，包括体验的感官、情感、思考与行动等各个方面，影响不同个体的交流沟通，并结合个体的各自体验，让自我、他人或所在文化产生关联

根据参与者的背景环境，可将体验分为吸引式与浸入式。吸引式体验指的是体验活动远距离吸引他人的注意力。浸入式体验指的是人真实或虚拟地投入到体验活动中，成为体验活动的一部分。如果体验"走向"人，那么对人来说它们就是吸引式体验；如果人"走向"体验，那么它们就是浸入式体验。两种维度的结合，产生出四种体验：娱乐体验、教育体验、逃避体验和审美体验（图12-2）。

第一，娱乐体验。客户被动地通过感觉来吸收体验，娱乐提供者就是所谓的"非生产性劳动者"，娱乐提供者的演出使我们开怀大笑和忘却烦恼。

第二，教育体验。教育体验是客户从环境中吸收他们并不清楚的事件或知识，不同的是教育体验包含了客户的积极参与。人力资源服务公司提供的正常服务也包含着教育的成分，能给客户带来教育体验。如果人力资源服务公司提供的服务包含着教育体验的成

图 12-2　人力资源服务的体验类型

分,那么就会使人力资源服务增加价值。

第三,审美体验。审美体验是指置身真实环境中,但对环境和事件很少或极少产生影响,只是为了欣赏并产生舒适和美的感受。人力资源服务企业为客户创造一种自由自在、舒适、有趣的氛围,对于客户获得审美体验尤为重要。

第四,逃避现实体验。逃避现实体验和娱乐体验相反,客户不仅沉浸在环境中(而不是置身于环境之外观看,对环境没有任何影响或改变),而且还积极地参与甚至沉溺于活动,并对环境产生影响,从中获得体验。参与娱乐体验是想感觉,参与教育体验是想学习,参与审美体验是为了现场观赏,逃避现实体验就是想去做,通过加深体验、获得乐趣。

尽管许多体验主要集中在某种类型的体验,但往往同时包含其他体验的成分。最丰富的体验应当包含四个领域中的每一个部分,给客户一种完整的体验,混合了四个领域的体验。人力资源服务人员的劳动不再是体力的简单支出,而是要创造体验的机会。客户消费的是过程,而不是物品。消费过程也是客户自我实现的过程,体验将永远保留在客户的记忆中,是美好、难得、唯一、不可复制、不可转让、转瞬即逝的体验。未来的人力资源服务将会是体验式服务,都将围绕体验来进行。

二、人力资源服务流程体验

用户体验是客户在接受人力资源服务过程中建立起来的一种纯主观感受,用户体验的共性是能够经由良好设计实验来认识到,以用户为中心、以人为本越来越得到重视,用户体验也因此被称作人力资源服务 2.0 的精髓。

人力资源服务过程的流程图是一种可视性工具,用以识别那些可以提高过程效率的环节。过程流程图在概念上与服务蓝图相似,只是过程流程图关注的是员工和客户的走动距离及延迟、监督、行走和操作等行为所用的时间。重点在于以行走的时间和距离为检测手段的布局效率。可视性的过程描述有助于消除不必要行为,进而提高生产效率。

人力资源服务过程流程图所描述的是实际观察到的人力资源服务步骤,每个步骤都与表 12-3 中的某个项目对应,这五个项目则按顺序排列,把代表每个步骤的符号连接起来,就形成了人力资源服务的流程。

表 12-3　人力资源服务流程图的项目

项　　目	项目内容描述
操作	服务人员不在场或客户自助的操作,是可能的服务失败点
客户接触	服务人员和客户相互影响,是影响客户服务感受的机会
行走	指客户、服务者的移动或信息在各项操作间的流动
延迟	延迟会导致排队现象,同时还需要有等候区域
检查	通过客户或服务者的行为来检查服务质量

人力资源服务设施可以分为两部分：一部分是客户看不见的后台部分,即支持人力资源服务操作系统运作的设施部分；另一部分是客户看得见的前台部分,即支持人力资源服务传递系统和人力资源服务系统的设施部分。按照人力资源服务系统三个子系统的不同分工,支持操作系统的后台设施的设计更注重工效,支持传递系统和服务系统的前台设施的设计更注重客户的体验。人力资源服务系统是一个开放系统,客户的存在和参与决定了人力资源服务设施设计的复杂性。

人力资源服务流程类似于服务线,人力资源服务活动可以分解为一系列客户必须经历的步骤或事件,这类人力资源服务流程称作人力资源服务线。人力资源服务线是追求服务效率最大化的一种服务组织方式。服务线的关键问题是如何把作业单元合理地配置成工作站,使服务线能够平衡运作,进而使整个服务线达到最高的作业效率。人力资源服务线主要是一个时间问题,但它也是一个与规划相牵连的问题。在给定的空间内,为了保证客户流量达到计划要求,并使人力资源服务线平衡运作,必须合理地对工作站进行布局及对工作站的数量进行配置,并规划每个工作站的任务量。

人力资源服务线效率高意味着各工作单元都在忙,整体人力资源服务线平衡运作。否则,意味着存在闲置人员或闲置时间,整条人力资源服务线没有平衡运作。人力资源服务线是一个系统,客户既是输入也是输出,要经历整个人力资源服务过程,接受不同人力资源服务工作站的接待处理。客户体验包括服务给客户的体验和产品给客户的体验,客户体验包含了服务设计和产品设计,要让产品有用和友好,不容易使用的产品被创造出来也是没用的。人力资源服务就是能够让客户在感觉上受到吸引,从而创造出客户黏度。

三、人力资源服务体验的建议

客户体验是人力资源企业所创造的特定场景或流程中,亲身感受或参与服务价值的活动。帮助提升客户价值,实现价值交换。由于每个客户对体验过程的感知不尽一致,体验常常是个性化的,难以为他人所替代,主要的影响因素是客户满意度与忠诚度。

第一,员工满意。双因素理论认为,容易给员工带来不满意的因素主要与工作环境有关,包括公司政策、监督、与监督者的关系、工作条件、同事关系、地位、保障等,这类因素称为保健因素；容易对员工产生强烈激励作用的因素主要和工作本身有关,包括成就、认知、责任、晋升、成长、工作本身等,他把这类因素称作激励因素。员工满意不等于员工忠诚,但员工满意是员工忠诚的基础。

第二，员工忠诚。员工忠诚就是员工对组织的承诺，包括态度忠诚和行为忠诚。态度忠诚是指员工对企业怀有深厚的情感，愿意为企业奉献自己的聪明才智，愿意与企业同甘共苦、共同成长，对工作富有责任心和使命感。行为忠诚主要强调的是员工对企业的实际贡献和对企业利益的维护。忠诚是双向的，企业只有对员工的工作、生产和发展真诚负责，员工才可能对企业真情奉献、信守承诺、竭尽全力。

第三，客户忠诚。员工忠诚及品牌忠诚是企业通过内部培训实现客户忠诚，与外部环境中的社会因素、竞争因素、替代因素及消费因素共同形成制约客户忠诚的六大因素。客户忠诚的核心是客户对品牌的忠诚，而品牌忠诚又与企业的员工忠诚紧密关联，没有企业的员工忠诚，客户忠诚也只是空中楼阁。在人力资源服务过程中，客户既可从整体上获得体验，也可分层次获得体验，到最后再形成整体的体验。客户体验是一个由感官体验、情感体验、思维体验、行动体验、关联体验及多个亚维度所组成的多维度、多层次的复杂系统结构。因此，人力资源服务企业应学会从客户的角度来思考问题，为客户提供更加优质、高效的体验。

人力资源服务态度、人力资源服务氛围和人力资源服务技巧等需要长期坚持不懈，要求企业注重品牌塑造、品牌建设和品牌维护，让客户满意成为企业的宗旨，对客户的投诉与抱怨要认真对待，及时处理。企业要综合运用五种体验形式来提高客户的整体感知。

思考题

1. 你了解人力资源服务都在什么场所进行？你发现这些场所有什么特点？人力资源服务场所有哪些设施？这些设施是如何布置的？
2. 人力资源服务设施管理有哪些理论？
3. 人力资源服务设施是如何设计的？
4. 人力资源服务如何提高客户体验？

第十三章

人力资源服务失败管理

人力资源服务的无形性、异质性、同步性和不可储存性等特点决定了人力资源服务失败是在所难免的。针对人力资源服务失败的研究，主要是客户抱怨处理，即在客户遇到人力资源服务失败、客户不满意并且向企业抱怨后的处理对策。人力资源服务补救是围绕客户满意和客户忠诚的总目标，对人力资源服务失败进行的主动和有效的一系列管理活动，不仅包括对客户抱怨的处理和人力资源服务失败的实时弥补，还涵盖了对人力资源服务失败的事前预警与控制，是一种主动的反应，是一个系统的管理，是持续的人力资源服务质量改进过程。

第一节 人力资源服务失败

一、人力资源服务失败的原因

由于人力资源服务的异质性，即使在有质量标准的情况下，不同人员提供的人力资源服务也存在差别，这导致人力资源服务质量控制的难度加大；由于人力资源服务的生产、传递和消费大多是同时进行的，问题常常是即时出现的；由于客户或多或少参与人力资源服务的生产过程，客户本身的活动、与其他客户之间的互动及客户本身的错误等，都加大了人力资源服务失败和人力资源服务中问题出现的可能性及确定问题的困难。因此，人力资源服务质量控制的难度比有形产品质量控制的难度大得多。对人力资源服务企业来说，提供完美无缺的人力资源服务是一种理想状态，是通过长期、持续改进和不断努力才可能达到的结果。人力资源服务失败是由于各种原因造成的客户不满意状态。产品质量问题，可通过生产过程的质量控制将次品率降到很低，甚至零缺陷。即使出现问题，通常也是明确的或易寻找原因的。在人力资源服务中，由于服务的无形性，很多情况下很难制定明确的质量标准，无法进行精确的质量控制，管理者必须正确认识人力资源服务失败，了解并分析服务失败的原因、产生的影响和客户的反应。

人力资源服务质量的产生与客户和人力资源服务提供者有关，客户满意与否，取决于感知的人力资源服务与期望的人力资源服务之间的比较，这种比较形成了客户认为的人力资源服务质量，即感知的人力资源服务质量。客户期望的人力资源服务受口碑传播、个人需要、以前体验的影响，同时受人力资源服务提供者外部服务沟通的影响。由于人力资源服务提供者决策、活动及外部服务沟通、客户自身等不同原因会产生一系列的差距，这些差距是造成人力资源服务失败的主要原因。

第一，管理者感知与客户期望之间的差距。管理者不能准确地感知客户期望而造成差距。在实践中，管理者并不总是事先了解哪些特征对客户意味着高质量，一项人力资源服务为满足客户需要必须具备哪些特征，这些特征在传递高质量的人力资源服务时需要达到什么样的绩效水平等。因此，存在着管理者感知与客户期望之间的差距。产生这些差距的具体原因可能是企业没有进行市场调研或客户需求分析、需求分析不准确、信息传递中信息失真、管理层次过多造成信息阻塞或失真、管理层缺乏对人力资源服务的深刻认识等。

第二，管理者感知与人力资源服务质量规范之间的差距。管理层所感知的客户期望与所制定的人力资源服务质量规范不一致而出现差距。由于存在一系列的变化因素如资源限制、市场条件、管理差异等，会导致管理者为人力资源服务建立的实际规范和对客户期望的感知之间产生差距。具体原因包括计划失误或计划程序有问题、计划管理水平低、组织目标不明确、人力资源服务质量计划缺乏高层管理者的有力支持等。

第三，人力资源服务质量规范与人力资源服务传递之间的差距。由于人力资源服务人员在人力资源服务、传递过程中没有按照企业设定的标准来进行而造成与质量规范之间的差距，这是在实践中最容易出现问题和最难管理的环节。产生这种差距的原因是：管理与监督不力、监督控制系统与良好人力资源服务质量的要求相抵触、监督和奖励系统的建立没有与质量计划和人力资源服务规范的制定融合在一起、员工不能透彻地理解或不愿意执行人力资源服务质量规范、没有对员工进行有效的培训、员工对人力资源服务水平的理解与企业长远战略不适应、员工的态度和服务技巧不足或水平参差不齐、缺乏技术和运营方面的支持等。

第四，人力资源服务传递与外部沟通之间的差距。外部服务沟通所宣传的人力资源服务与企业实际提供的人力资源服务形成差距。产生的原因包括：市场沟通计划与人力资源服务运营未能很好地融合在一起、传统的外部服务与人力资源服务运营不够协调、没有执行市场沟通中大力宣传的人力资源服务质量规范、过度承诺等。需要注意的是，外部沟通不仅影响着客户对人力资源服务的期望，而且影响着客户对传递的人力资源服务的感知。人力资源服务传递与外部沟通之间的差距会直接影响客户对人力资源服务质量的感知。

第五，客户期望的人力资源服务与感知的人力资源服务之间的差距。客户所期望的人力资源服务与客户实际体验到的人力资源服务存在差距。首先，它受到其他差距的影响。其次，客户本身的因素也会带来差距，如客户个人需要、客户以前的人力资源服务体验、客户的偏见、客户本身对人力资源服务的错误理解等，企业或人力资源服务在市场中的口碑、形象也会影响这种差距。企业外部沟通会对期望的人力资源服务、感知的人力资源服务产生影响。

综上，人力资源服务失败的原因归纳为以下几类：人力资源服务本身造成的、人力资源服务提供者（员工）造成的、客户与人力资源服务提供者之间互动造成的、客户造成的。

二、人力资源服务失败的影响

人力资源服务提供商追求的是提供完美的人力资源服务,但现实可能不尽如人意,总是存在一些人力资源服务失败的例子。除了尽量避免人力资源服务失败外,人力资源服务提供者还应清楚地了解人力资源服务失败造成的影响和客户可能的反应,以便制定相应的对策。人力资源服务质量是客户感知的质量,这种感知包括两部分:技术/结果要素和功能/过程要素。按此分类,人力资源服务失败可能是结果没有达到客户的期望,也可能是过程没有达到客户的期望,或是结果和过程都有让客户不如意之处。无论哪种情况的人力资源服务失败,客户都没有享受到其所期望的人力资源服务。

当出现人力资源服务失败或人力资源服务问题时,客户感到不满意,这会给客户造成三种影响:经济问题、情感问题、关系问题。

第一,经济问题。人力资源服务失败对客户来说意味着经济上的损失,客户为获得人力资源服务付出了各种成本,不仅包括客户为人力资源服务所支付的费用(短期可见成本),还包括关系成本如直接关系成本、间接关系成本和心理成本等。在有些情况下,由于人力资源服务失败,客户可能还会面临一种没有选择其他人力资源服务提供者的机会损失。

第二,情感问题。出现人力资源服务失败后,客户可能会产生焦虑、挫折或懊悔的感觉,失望、愤怒等情感会影响客户的人力资源服务体验或影响对人力资源服务质量的感知,甚至会影响到客户原有对人力资源服务提供者的感知。客户对人力资源服务失败有四种不同类型的情绪反应:平静的/容忍的、敌对的/愤怒的、吃惊的/担心的、无动于衷的/没有情绪。这四种不同情绪反应的客户在对满意的判断、退出行为、抱怨的表达、口碑和忠诚意愿等方面存在明显的差别。

第三,关系问题。除了经济和精神上的影响外,人力资源服务失败还会改变客户的期望、信任、与企业之间的关系强度等。例如,通过比较客户对初始人力资源服务和人力资源服务补救的期望,人力资源服务失败会使客户对适当人力资源服务的预期提高,造成容忍区域变窄甚至消失。

综上,在面对人力资源服务失败时,人力资源服务管理人员不仅要考虑人力资源服务失败给客户带来的经济损失,还应重视给客户造成的精神或心理损失,后者对客户后续行为的影响不可忽视。

三、人力资源服务失败的反响

在人力资源服务失败的情况下,不同的客户可能会有不同的反应。面对人力资源服务失败,不同客户群对满意的认知、后续行为等方面都有显著差异。平静的/容忍的客户比其他类型的客户更可能满意、最可能保持忠诚、最不可能离开企业和产生负面口碑;无动于衷的/没有情绪反应的客户与吃惊的/担心的客户虽然在满意的认知上不同,但在退出企业、表达和负面口碑上没有显著差异;而愤怒的/敌对的客户比任何一类客户都更有可能退出企业、向企业表达或传播负面口碑等。遇到人力资源服务失败时,客户可能的反应包括:直接向企业抱怨、向家人或朋友抱怨、向第三方抱怨、离开企业、继续接受服务等。人力资源服务失败之后客户的各种反应如图 13-1 所示。

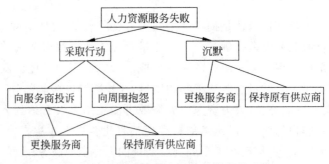

图 13-1　人力资源服务失败后客户的反应

根据客户对人力资源服务失败的反应,可以划分为消极者、发言者、发怒者、行动者。

第一类是消极者。这类客户极少采取行动,他们经常怀疑抱怨的有效性,认为抱怨的结果与所花费的时间和努力相比不值得。所以,他们不对人力资源服务人员说任何事情,也不向第三方进行抱怨。企业很难注意到这些客户,他们经常在无声无息中存在或离去。

第二类是发言者。这类客户乐于向人力资源服务人员抱怨,但他们不传播负面消息、改变供应商或向第三方抱怨。他们认为抱怨对社会有益,所以说出自己感觉时从不犹豫。他们认为向人力资源服务人员抱怨的结果非常积极,并且不太相信另外两种抱怨形式即传播负面消息、向第三方诉说。这类客户应该算是人力资源服务提供者最好的朋友,他们主动、友好地抱怨,给企业提供了改正的机会。

第三类是发怒者。这类客户与其他类型客户相比更有可能极力向朋友、亲戚传播负面消息并改变供应商。他们的普遍嗜好是向供应商愤怒地抱怨,但不向第三方抱怨。虽然他们确实相信向供应商抱怨带来的社会利益,但他们不可能给人力资源服务供应商第二次机会,取而代之的是转向原供应商的竞争对手,并且一直向朋友、亲戚传播负面消息。这类客户是企业负面口碑的主张者。

第四类是行动者。这类客户的特点是在各方面更加具有抱怨的习性,他们向供应商抱怨,还会告诉其他人,并且比其他类型更可能向第三方抱怨。他们对所有类型抱怨的潜在正面结果都感到非常乐观,比较倾向于极端行为。

第二节　客户抱怨行为

一、人力资源服务承诺

人力资源服务承诺是建立规范的服务体系,高度重视客户利益,保证自己的服务质量,不发布虚假信息,无欺诈客户的行为,同时具备完善的商家信誉评估体系和健全的用户信息安全保证措施,最大可能保证客户的利益。人力资源服务承诺是为赢得客户的信任而设计,作为一种服务手段而出现在客户面前。

人力资源服务产品是非物质的、无形的,无法维修和退换。因此,许多人认为,人力资源服务企业无法向客户承诺其人力资源服务质量,在他们看来,企业能向客户承诺什么,有什么办法承诺,在什么情况下承诺等对此都应持怀疑态度。然而,随着一些人力资源服务企业通过服务承诺并取得了优秀的业绩后,人们才开始发现,服务承诺不仅能够做到,而且能为企业带来意想不到的效果。人力资源服务承诺不仅是一种服务工具,同时也是在企业内对质量进行定义、培养、维护和提高的一种方法。

第一,促使公司关注客户。让承诺发挥作用,达到企业预想的目标,那么必须了解客户,即对客户来说,什么是最有价值的,什么是他们期待的。

第二,为公司设立了清晰的目标。它促使公司明晰自己的目标,并以此与员工沟通,为员工树立努力工作的方向。

第三,从客户那里得到快速反馈。它可以通过奖励或补偿来激发客户提出他们的抱怨或意见。抱怨是金,它比赞美重要得多,因为它让企业知道了自己的不足之处,带来了改进的机会。

第四,降低客户的风险感并建立他们对企业的信任感。人力资源服务是无形的,客户依据经验和信任特性来接受服务人力资源服务,因此建立客户的信任感对于提高客户的忠诚度至关重要。

第五,提高员工的士气和忠诚度。它为员工树立了明确的努力方向和工作目标,减少员工受到挫折的可能性;对员工提出了挑战,激发了员工的士气,它促进了员工通过合作获得工作成就,增加了员工的集体荣誉感。

从承诺的对象来看,人力资源服务承诺可以分为满意承诺和人力资源服务属性承诺。满意承诺是保证客户满意的承诺,如客户不满意,便给予客户补偿。满意承诺是无条件的。人力资源服务属性承诺是公司仅对那些对客户重要的人力资源服务内容提供承诺。人力资源服务承诺还可以分为外部承诺和内部承诺。内部承诺就是将承诺引入内部服务,即公司内部各相关部门之间的人力资源服务关系。外部承诺是针对人力资源服务流程为降低客户认知风险而做出的承诺。

人力资源服务承诺必须讲求承诺的有效性,因此并不是在任何时候都可以实施人力资源服务承诺策略的。在一些情况下,人力资源服务承诺是行不通的。①公司现有人力资源服务质量低劣。人力资源服务水平是实施人力资源服务承诺的基础,如果在低质量水平实施人力资源服务承诺,企业不仅会因赔偿客户导致经济的损失,而且会使自己的低质量形象愈加彰显。②承诺与公司形象不符。质量声誉很好的公司,其声誉本身就是一种承诺,如果利用广告做一般的、形式上的承诺,反而会使客户感到困惑。③人力资源服务质量无法控制。如果人力资源服务质量低劣,企业将得不偿失。④承诺的成本超过承诺带来的利润。任何一次质量活动,都需要考虑投入产出的效果。⑤客户在人力资源服务中感觉不到风险。客户感觉不到风险,承诺就失去了有效性。客户接受人力资源服务遇到的风险一般分为四类:①经济性风险,如出乎意料的收费和持续性成本;②社会性风险,如可能受到不符合身份地位的待遇或自尊心受到伤害;③生理性风险,如可能产生的身体伤害;④制度性风险,有些人力资源服务活动可能会触及法律法规或相关政策,客户可能会受到无谓的牵连。

人力资源服务承诺是否有效,除了考虑到客户感受到的风险外,还应当站在客户角度来考虑问题。只有被客户认可了,承诺才有效。人力资源服务承诺应该具有以下几个特征。①无条件。对于客户,承诺不应该附带任何条件。②容易理解和沟通。客户应能以可测的方式明确知道他们能从保证中得到什么。③有意义。金钱上和人力资源服务上的保证是重要的。④容易实行。不应为实施承诺赔偿而要求客户填表格或写信。⑤容易得到。最好的保证是当场兑现。

二、客户抱怨行为类型

客户抱怨是指客户对人力资源服务品质不满意的一种反应,当客户感到不满意时,就会产生抱怨行为。客户抱怨行为是一系列的多重反应,其全部或部分由某次接受服务中感知的不满意引发。客户对人力资源服务失败的反应中,只有向企业抱怨、投诉是企业能及时感觉到的。很多不满意的客户选择向亲友抱怨、向第三方抱怨(包括客户权益组织、政府机构等)、保持或离开人力资源服务提供者。这说明向企业抱怨的客户弥足珍贵。

国际上将客户抱怨行为分为行为性抱怨行为和非行为性抱怨行为。前者包括客户表达不满的各种行动,如退出、表达或采取第三方行动;后者是不采取行动,忘掉不满意、保持忠诚。在区分行为与非行为的基础上,客户抱怨行为进一步分为公开的和私下的抱怨行为。公开的抱怨包括客户直接向企业寻求赔偿、采取法律行动以获得赔偿、向政府机构或民间机构申诉等;客户还可能会采取个人行动,诸如停止接受服务该产品或品牌、抵制企业或警告其亲戚朋友等。这种分类的优点在于其直观性,公开的抱怨是企业及时或以后能感觉或察觉到的,而客户无抱怨行为及私下行为企业很难察觉,但影响力有时却是很大的。

按照抱怨对象是否在客户圈子内与抱怨对象是否与不满意的接受服务直接相关两个维度划分,客户抱怨行为分为四种类型:直接抱怨是客户向自己圈子之外、与不满意接受服务直接相关的对象(企业)进行抱怨;第三方抱怨是客户向自己圈子以外、与不满意购买没有直接关系的对象(客户协会或法院)进行抱怨;负面口碑是客户向自己圈子内、与不满意接受服务没有直接关系的对象(亲戚、朋友)进行抱怨;沉默抵制是客户向自己圈子内、与不满意接受服务直接相关的对象(自身)进行抱怨。

从以上对客户抱怨的划分可以看出,人力资源服务中的客户抱怨与平时人们所指的抱怨是有一定区别的,一般意义上的抱怨大多指公开的抱怨,按照这种理解,很容易忽视客户私下的抱怨和非行为性抱怨,造成客户抱怨管理的盲区。

三、客户抱怨行为因素

客户抱怨行为是由不满意的感觉或情感触发的。也就是说,如果客户感知的人力资源服务没有达到客户期望的人力资源服务将直接引起客户抱怨行为。既然不满意引起客户抱怨行为,为什么在有些情况下客户会产生行为性抱怨行为?例如,直接向人力资源服务提供者进行抱怨等。而有些情况下客户选择非行为性抱怨行为,如沉默。在几乎相同的情况下,为什么有些客户进行行为性抱怨,而有些客户没有行为性抱怨等。有关研究表明,尽管不满意是产生抱怨的一个必要条件,但是,还有其他一些因素影响着客户抱怨行为,它们影响着客户,是进行行为性抱怨,还是非行为性抱怨;是公开抱怨,还是私下抱怨;是向企业抱怨,还是向亲友诉说、向第三方申诉等。

影响客户抱怨行为的因素包括以下几个方面。

（1）不满意的强度。在人力资源服务失败时，人力资源服务失败的严重程度或服务的重要程度将直接影响客户付诸抱怨行为的可能。人力资源服务失败严重程度高或服务重要时，客户诉诸行为性抱怨的可能性较高；人力资源服务失败严重程度低或服务不是很重要时，客户诉诸行为性抱怨的可能要低一些。服务的价格、问题的严重性等与抱怨行为有较高的相关性。但是，不满意的程度只表现出与诉诸直接抱怨可能性有限的关联。

（2）客户的特征。客户抱怨行为与客户的特征有关，包括人口统计特征及包含价值观、个性、意见和态度在内的心理特征，如公开抱怨的通常是年轻的、受过良好教育的和高收入的客户，抱怨行为与自信的程度相关，态度与实际抱怨行为之间也有相关性。

（3）企业因素。企业因素同样对客户的抱怨行为施加着影响，这些因素包括企业在质量和人力资源服务上的声誉、对抱怨的响应程度、施加的销售压力的大小等。一般情况下，人力资源服务上的高声誉和高质量会鼓励客户在遇到问题时寻求赔偿。感知做出响应的可能性越大，期望的回报与付出的努力的比值就越高，客户就越愿意抱怨。

（4）情景因素。一些情景因素也造成对客户抱怨行为的影响，如对客户抱怨的提示物、现场有关抱怨的提示会促使和加快客户抱怨行为。鼓励客户抱怨、合适的抱怨承诺有助于客户意见的有效反馈。另外，企业对抱怨的响应速度和抱怨的方便程度，也会影响客户的抱怨行为。抱怨的方便程度和企业响应的声誉等与抱怨行为有较高的相关。

（5）文化因素。不同文化背景的客户抱怨行为可找出许多共同之处，但是，作为一个大的背景因素，文化因素在一些方面表现出对客户抱怨行为的影响不容忽视。公开抱怨的客户大多具有良好教育背景、高收入的特点。除此之外，还有其他一些因素会对客户的抱怨行为产生影响，比如行业的市场结构，在完全竞争市场结构和寡头垄断市场结构下，不同客户的抱怨行为会表现出差异。

第三节　人力资源服务补救

在人力资源服务企业经营过程中，一旦发现了人力资源服务失败，企业应该如何来处理？人力资源服务补救的含义等同于客户抱怨管理，企业对待人力资源服务失败的态度，反映了企业对待人力资源服务质量的态度和对待客户的态度，不仅局限在解决具体人力资源服务问题的反应，而且能够重新赢得一批忠诚的客户，增强企业的盈利能力和竞争能力。

一、人力资源服务补救的内涵

人力资源服务补救具有补偿、挽救、恢复等含义，是在质量出现问题后企业所采取的降低客户不满的措施，是在人力资源服务没能达到期望时，将受到不公平待遇的客户重返满意状态的过程。人力资源服务补救是一种不同于以前的管理哲学，赢得客户满意的评价方法由成本面转为价值面。这种定义似乎比较抽象，但实际它反映了人力资源服务补救的深刻内涵，强调通过人力资源服务补救来提高客户的满意度。

综合以上定义，对人力资源服务补救的认识包括以下六个方面：第一，完全不同于传统抱怨处理的管理哲学。人力资源服务补救是从关系服务的层次认识的,而不是交易服务的层次。它强调赢得客户的评价方法由成本面转为价值面,关注外部效率,而不是内部效率。第二,持续的质量改进过程。人力资源服务补救不是仅停留在对一次人力资源服务问题或人力资源服务失败的纠正上,更重要的是找出问题或失败原因,对人力资源服务程序或相关方面进行重新设计和改善。第三,赢得客户的服务策略。通过有效的人力资源服务补救,企业能够重新使客户满意,提高客户的满意度和重购意愿。第四,管理过程。人力资源服务补救应纳入企业整个管理过程,而不是临时的举措。它是企业整体人力资源服务质量管理过程的一个重要环节,同时,人力资源服务补救本身的运作也应符合管理程序的要求。第五,主动的反应机制。人力资源服务补救不是被动的临时处理。这种反应机制应能在人力资源服务过程中随时反映人力资源服务问题或错误,并能及时采取适当的人力资源服务补救策略。第六,补救系统。这个系统涉及人力资源服务提供者的部门、人员及外部客户、机构等,包括监测问题、解决问题、重新设计等部分,它应该能自动地、有效地运转。

有效的人力资源服务补救对人力资源服务质量、客户、员工等有着多方面的影响,它使得人力资源服务更为完善,能够提高客户的满意度、忠诚度,同时对员工的满意和忠诚也有着正向的影响。没有人力资源服务补救或没能实施有效的人力资源服务补救会有相当大的副作用,反复的人力资源服务失败甚至会激怒最好的客户,使员工丧失信心、使企业陷入困境。

第一,人力资源服务补救对客户的影响。①对客户重购、客户忠诚度有着积极的影响。尽管遭遇了人力资源服务失败,但如果成功地进行人力资源服务补救,反而会提高客户重购的可能和客户的忠诚度。②有利于改善与客户的关系。成功的人力资源服务补救将会加强人力资源服务提供者与客户的关系,使其有机会获得持续的利益,进而加强客户与人力资源服务提供者之间的关系。③有利于改善客户感知的公司形象。成功的人力资源服务补救能增强客户对已经接受服务的产品或人力资源服务的认同,同时,有效的人力资源服务补救策略也能增强客户对公司形象的认知。

第二,人力资源服务补救对质量改进的影响。人力资源服务补救对人力资源服务企业改进质量的主动性有着潜在的影响,包括全面质量管理(total quality management,TQM)和持续的质量改进两大方面。客户不满意意味着人力资源服务中存在问题,这些问题可能是日常程序所导致的,人力资源服务补救为企业提供了与客户进行深度交流的机会。企业可从中获取有价值的信息以便对存在问题的人力资源服务进行改进或制定新的服务、新的标准等。另外,人力资源服务失败事件不但能够使企业发现引发问题的原因,而且能够为企业提供其他潜在的有价值的信息,这些信息可以用来发现问题、帮助企业改进人力资源服务流程。持续进行的人力资源服务补救将不断改进质量,达到持续质量改进的效果。

第三,人力资源服务补救对员工的影响。满意的人力资源服务补救和企业有效的人力资源服务补救激励政策,能够增强员工人力资源服务补救的信心,同时使他们在客户满意中得到自豪感、成就感,使员工更愿意为客户提供满意的人力资源服务和人力资源服务补救,进入员工满意、客户满意的正循环;反之,失败的人力资源服务补救或缺乏人力资源服务补救激励政策,有可能导致员工士气低落或回避客户的抱怨,甚至有意激化矛盾,最终结果是陷入恶性循环。

二、人力资源服务补救的管理

人力资源服务企业难以全面防范问题的发生,如何建立有效的人力资源服务补救机制。完善的人力资源服务补救管理体系应包括四大模块:预应机制、启动机制、执行机制和反馈机制,这四大模块形成有机的人力资源服务补救管理体系。

(一)人力资源服务补救预应机制

"预应"是在结果尚未发生之前就采取行动。预应的主要功能有两个方面:一是促使或限制有利或不利结果的发生;二是为正确、及时地采取应对措施准备条件。人力资源服务补救的预应机制就是对可能发生的人力资源服务失败进行事先预测,在判断和分类的基础上,认真分析人力资源服务失败的特点及影响,并有针对性地采取预防措施。①对可能发生的人力资源服务失败进行识别和分类。人力资源服务失败可以划分为三类:第一类为人力资源服务传递过程所造成的失败,如人力资源服务延迟、无法提供人力资源服务等;第二类为客户与一线员工之间互动造成的失败,如客户提出额外的要求、客户自身的偏好、客户自身造成的失败及其他客户的干扰等;第三类为一线员工所造成的失败,如对客户的疏忽、员工行为异常、文化观念的差异及受上司责备后的反应等。企业应结合自身人力资源服务的具体特点,对各种业已发生的人力资源服务失败进行逐项剖析,对潜在的人力资源服务失败进行识别以便预测和判断有可能发生的人力资源服务失败。②对各类人力资源服务失败所造成的客户影响进行判断。在对可能发生的人力资源服务失败进行识别和分类的基础上,企业应进一步判断各种人力资源服务失败对客户造成的影响,包括这些影响的性质和程度等。人力资源服务失败及其补救,可被视为一个包括实用维度和表征维度的复合式交换。实用维度与经济资源有关,如金钱、时间等,表征维度与心理或社会资源相关,如状态、信念、同情等;客户因人力资源服务失败的发生而遭受经济和心理上的损失,会因人力资源服务补救的实施而得到补偿性收益。因此,在进行人力资源服务补救之前,企业应对客户遭受损失的性质和程度有一个初步判断,这样才能保证人力资源服务补救工作的针对性与公平合理性。③采取积极有效的预防措施。为有效预防人力资源服务失败,企业可采取以下措施:借助故障树分析找出潜在人力资源服务失败的根源;通过人力资源服务设计改进来稳定地消除人力资源服务失败根源;将内部人力资源服务补救将人力资源服务失败消灭于给客户造成损失之前。

(二)人力资源服务补救启动机制

发现人力资源服务失败是启动人力资源服务补救措施的必要前提,这包括依据什么标准来判断是否出现人力资源服务失败和通过什么途径来发现人力资源服务失败两大问题。因此,人力资源服务补救启动机制由以下四个主要环节构成:①人力资源服务质量标准的设定。明确的、高质量的人力资源服务质量标准,对内可作为作业标准来规范员工行为和让员工明确努力方向,对外可作为人力资源服务质量保证来降低客户感知风险并使客户对于测量与监督人力资源服务企业表现的行为有据可依；而含糊的、低质量的人力资源服务标准，可能成为束缚员工主观能动性和客户需求偏好的枷锁，成为人力资源服务失败频频出现的导火索。因此，企业在制定人力资源服务质量标准时，应认真遵守以下原则：从客户角度出发，坚持客户导向；力求人力资源服务标准具体、明确；标准力争简明扼要、重点突出；人力资源服务标准要兼具可行性与挑战性；标准应兼具稳定性与动态性。②人力资源服务保证的设计与实施。在企业进行人力资源服务保证设计时，应对其所涵盖的质量承诺与赔偿承诺具体化和明确化，即明确质量承诺的范围、明确质量承诺的水平与标准、明确赔偿承诺的赔偿形式、明确赔偿的力度等。对制定的人力资源服务保证，企业应无条件地履行承诺。否则，难以赢得客户的满意和信赖，后果甚至不堪设想。因此，企业在制定人力资源服务保证时，要综合考虑企业声誉、人力资源服务特征和客户等因素，确保人力资源服务保证能够履行。③客户抱怨的鼓励与收集。客户抱怨是启动人力资源服务补救措施的最清晰、明确的信号，但正如前面反复提到的，主动向企业抱怨的客户毕竟占少数。为有效地得到客户抱怨的信息，企业还应做好鼓励客户抱怨、丰富和完善抱怨渠道、降低客户抱怨难度、提升抱怨沟通质量等工作。④员工观察与调查。员工通常是客户抱怨信息最先的发现者、接触者和处理者，最清楚企业经营中哪些环节容易出现问题、哪些是潜在的问题点。从员工那里发现客户不满意信息并非易事。鼓励员工发现客户不满意信息，除了在企业形成以客户满意为导向的文化和管理层的积极倡导及支持外，注意在员工中树立"从客户抱怨中学习"的理念和建立相应的学习机制，要求员工不仅要正确认识客户抱怨，还要从客户抱怨中体会、学习，改进工作流程和人力资源服务方式等；鼓励员工在工作流程中对各种客户不满意信息进行记录，并对一线员工充分授权，提高他们的工作积极性和热情，提高其对工作改进的参与。同时，对员工提出的有价值信息进行适当的精神奖励或物质奖励。

（三）人力资源服务补救执行机制

执行机制的目的是消除人力资源服务失败给客户造成的不利影响，以防止其转化为促使客户采取不利于企业行为的动机。人力资源服务补救策略和方案的具体执行受到组织资源状况和资源投入情况的影响，包括企业文化、员工技能、组织政策和价值网络等资源的影响，因此，人力资源服务补救执行机制的首要环节是建立补救工作执行的基础。其次，具体的人力资源服务失败和具体的客户，对人力资源服务补救会有个性化的补救需求。因此，应提炼出一定的补救原则、策略，并让员工知晓、理解，这样才能增强员工的应变能力。最后，实施人力资源服务补救时，企业应制定出相应的步骤或程序，以提高员工人力资源服务补救的效率。

（四）人力资源服务补救反馈机制

人力资源服务补救是一个反思失败教训的过程，是一个与客户深度交流的过程。在人力资源服务补救过程中充斥着大量有价值的信息，投诉管理定义为"传播信息以便发现和消除客户不满意的原因"，补救某种程度上可以看作是客户不满意信息的收集、传递、处理和利用的过程。人力资源服务补救反馈机制要解决的是关于企业如何有效地接收、处理和运用反馈信息的问题。随着网络和通信技术的迅速发展,"信息与信息技术的影响将遍布整个人力资源服务业,人力资源服务行业的每一个角落都将被信息技术涉足"。目前,信息和数据收集、处理、存储的能力已大大提高,人类面临的主要问题是如何利用信息,企业应通过建立客户抱怨的渠道、确立员工服务补救的安全边界,通过道歉争取理解、缩短服务补救的时间等方式充分发挥人力资源服务补救信息的作用。

作为人力资源服务管理的重要环节,人力资源服务补救必须通过实施才能显现其效果。在人力资源服务补救的实施中,尽管由于各种失败、问题的严重程度不同,对一些问题处理的轻重缓急略有差别,但是人力资源服务提供者仍应根据既定的策略,按照规范的程序或步骤实施确保人力资源服务补救活动的顺利进行。

三、人力资源服务补救的策略

人力资源服务补救作为企业整体经营管理中的一种策略,是围绕与客户关系建立过程中对人力资源服务失败和人力资源服务问题的处理而进行的。人力资源服务补救的复杂状况在于,不同的人力资源服务失败或问题的严重程度可能不同,而人力资源服务提供者面临的客户的类型、心理、情绪等也各不相同。

人力资源服务补救中策略"链"包括:避免人力资源服务失败,争取在第一次时做对;欢迎并鼓励客户投诉;出现人力资源服务失败或问题时快速行动;人力资源服务补救中,公平地对待客户;从人力资源服务补救的经历中学习;从失去的客户身上学习。人力资源服务补救的六种策略方可能是整合进行的。①被动补救策略。对人力资源服务补救不做整体的规划,采取"一事一议"的解决方法。②系统的响应策略。建立制度化的人力资源服务补救机制,事先模拟可能出现的抱怨种类,并分别制定标准的作业程序。③早期预警机制。在人力资源服务失败发生之前,采取预防措施。④零缺陷人力资源服务系统。尽可能消除人力资源服务过程中出现失败的可能。⑤逆向操作策略。有意造成人力资源服务失败,然后展现人力资源服务提供者的人力资源服务补救能力。⑥正向证明方式。当竞争者出现人力资源服务失败时,积极争取为客户人力资源服务的机会。

有效的人力资源服务补救是:给予未来人力资源服务的优先权、赔偿、VIP卡、提升道歉层次等方法,并认为首先应考虑人力资源服务补救的需求、行动要快速、注意员工的培训、一线员工授权等。人力资源服务补救的实施共有四个步骤,前两个步骤是针对个别客户的问题确认和解决,后两个步骤则是将人力资源服务补救资料与公司内部其他资料一起分类、整合,以确定收益最高的人力资源服务改进投资。①确认客户的不满意和人力资源服务失败的原因;②客户一旦抱怨,就期望得到人力资源服务提供者及时和具体的响应,希望问题尽快得到解决。他们不仅希望得到有形的补偿,更重要的是恢复他们的公平感,包括结果的公平、程序的公平和交往的公平;③将人力资源服务失败或问题的相关原因进行整理、分类,并分送到相关的部门、人员;④将人力资源服务补救中的相关信息作为改进人力资源服务的重要信息,确定对企业有最高收益的改进措施,不断循环、持续改进。

综合上述研究,实施人力资源服务补救的基本步骤包括:一是倾听和判断。确认客户不满意和人力资源服务失败的原因,判断客户对人力资源服务补救的期望。二是移情和道歉。站在客户的立场上,理解客户的抱怨,道歉并展现企业解决问题的诚意。三是赔偿和增值。给予客户公平的补偿,并通过心理的和有形的补偿让客户感到增值。四是追踪和关心。对人力资源服务补救的效果进行追踪,并进一步表现出对客户的关心,提升人力资源服务补救的长期效果。

犯错误并不可怕,可怕的是在同一个地方不断地犯错误。中国人用"记吃不记打"来形容经常犯同类错误的人,实际上很多企业也犯着同样的毛病,直至倒闭高层管理人员也不知道自己错在哪里。因此,从补救经历中学习,特别是从失去的客户身上学习,是人力资源服务企业进步的重要策略。从补救经历中学习的具体做法是,首先要不断积累补救案例;其次分类整理,研究共同特点;最后考虑解决方案,最好的办法当然是从人力资源服务系统上进行"根治",如果从系统方法根治,那么就制定一些规范性的补救措施。从失去的客户身上学习的具体做法是,重点关注那些能够了解客户期望目标的方面,以便提高学习的有效性。

思考题

1. 如果人力资源服务没有得到客户的认可怎么办?人力资源服务得不到认可会产生什么影响?什么原因造成了人力资源服务没有被认可?
2. 举例说明人力资源服务失败的影响。
3. 客户对人力资源服务的抱怨是如何产生的?都有哪些抱怨?
4. 人力资源服务失败后如何补救?

第十四章

人力资源服务创新管理

第一节　人力资源业务创新

一、人力资源服务创新的内涵

目前,发达国家人力资源服务对象开始分化,主要分为对小型企业、中型企业和大型企业或跨国企业三类服务。不同类型的组织,对服务的要求也不同。从需求上讲,小型企业使用人力资源服务,主要在于解决能力的约束;中型企业则希望人力资源服务商提供程序性的解决方案;大型企业或跨国企业,则更加希望外部的服务供应商提供战略变革的专业智慧和建议。这种服务对象的分化,也要求提供服务时在服务类型上加快专业化的进程。目前,许多人力资源服务供应商是根据服务对象的不同,按照定制化和复杂化两个维度开展服务,即为规模较小的中小型企业提供"高定制化、低复杂化"的服务;为较大规模的中小企业提供"低定制化、低复杂化"的服务;为大型企业提供"低定制化、高复杂化"的服务;为更大型企业或跨国企业提供"高定制化、高复杂化"的服务。

人力资源服务业包括商业/管理咨询服务、薪酬福利、教育、培训、员工关系与沟通、人力资源咨询服务、人力资源外包服务、人力资源信息系统、计算机软件、法律事务/就业法律/税收、养老金/退休计划/保险、心理/测评工具、期刊、招募/选择/高层管理人员搜寻、再配置等。如此精细划分服务内容,其主要原因在于要帮助企业在激烈的市场竞争中,凸显出其各具特色的竞争优势,更好地满足日益差异化的需求。一般而言,成功的人力资源服务供应者,不仅擅长共通性的服务内容或项目,而且在差异化、个性化的服务内容或项目上也独树一帜,可谓"一招鲜,吃遍天",求大求全的发展策略逐渐让位于专业化的策略。

进入 21 世纪后,人力资源服务业出现了一系列新的变化。主导产业发展的利润增长点从初级岗位逐渐转向为企业提供符合需求的具有战略性的高层次、专业化管理和技术人才。在人力资源服务外包日益兴盛的背景下,企业之所以将内部人力资源服务外包出去,不仅是因为人力资源服务提供商具备规模经济效应,可以大幅度降低企业人力资源管理的成本,更重要的是,可以通过人力资源服务机构获得专业智慧及其基于大量实践、案例基础上对于专业领域获得深切的洞察力。当前,企业的需求已经从提供信息、建议阶段向提供综合解决方案阶段转变,这对服务提供者的核心能力提出了新的要求,即要他们从信息和知识的拥有者转变为信息和知识的变现者,从而以合适的方式帮助客户提高效率和效益。人力资源服务业属于投入资本要求较少、门槛较低的产业,众多企业纷纷参与其中。但要在激烈的市场竞争中立于不败之地,必须具备独特的竞争优势,掌握不易被复制的专有技术。

任何组织在具有共通性人力资源服务需求的同时,都有其不同于别人的特殊的需求。这就要求人力资源服务企业更加侧重客户导向,更加突出具有细致的专业分工,更多地提供"专、精、深"的服务产品。以此在确保服务质量的同时,尽可能地降低客户的使用成本。

现代服务业是基于高度发达的信息技术基础上的。在信息网络高度发展的今天,服务的传递已经力求突破时空的限制。变得越发数字化、网络化。在这种背景下,人力资源服务也日益呈现信息化的特征。人力资源服务信息化能有效地提高服务效率、降低交易成本,同时,为终端用户提供更为精准的信息和个性化的服务。通过网络提升客户自我服务的能力,以此提升服务质量、强化客户关系、扩大市场份额,成为人力资源服务业发展的重要方面。

随着服务贸易自由化进程的加快,人力资源服务的跨境贸易,也渐成趋势。人力资源服务的国际贸易主要表现为商业存在、自然人流动等,根据世界贸易组织《服务贸易总协定》(General Agreement on Trade in Services,GATS),澳大利亚全面开放人力资源服务市场,欧盟、日本虽然有一定的限制,但对外国机构参与本国人力资源服务的竞争与发展也持开放态度。因此,人才资源服务的进出口贸易额将在未来一个阶段呈现上升的趋势。

大力开发新产品,已经成为人力资源服务企业的共识。没有对于产业的深刻理解、对客户的透彻把握及胜人一筹的智慧和创新能力,将难以形成强大的竞争力。

人力资源服务创新就是使潜在用户感受到不同于从前的崭新内容。人力资源服务创新为用户提供以前没有能实现的新颖服务,这种人力资源服务在以前由于技术等限制因素不能提供,现在因突破了限制能提供。人力资源服务创新具有四个维度:供应商以什么概念吸引新老客户、供应商与客户端交互平台、供应商和客户间有效传递所共创或获取的价值途径、如何开发新技术并应用于人力资源服务系统中,推出新人力资源服务概念,设计更先进的客户接口、建立更有效的传递系统。

从经济角度看,人力资源服务创新是指通过非物质制造手段所进行的增加有形或无形"产品"之附加价值的经济活动。

从技术角度看,人力资源服务创新是以满足组织、求职者、用工单位等需求为目的的软技术创新活动。这种活动是围绕产业、社会、管理、组织、设计、文化等人力资源服务的创新活动,是围绕智力的软技术创新。

从社会角度看,人力资源服务创新是开发自身价值,提高和完善服务质量,改善产业环境的活动。人力资源服务创新通过满足物质需求、精神和心理需求,并提供解决问题的能力,保障客户的精神和心理上的健康,从而使客户获得满足感和成就感。

从方法论角度看,人力资源服务创新是指发明、创造或开发、应用新的人力资源服务方法、人力资源服务途径、人力资源服务对象、人力资源服务市场的活动。

人力资源服务创新具有激进式和渐进式两种:激进式是对世人和市场都是全新的,通过新人力资源服务周期中的某些步骤开发出来,包括重大创新、创新人力资源服务、新人力资源服务。渐进式创新通常是对现有人力资源服务组成的微小调整,包括人力资源服务延伸、人力资源服务改善、风格转变。

二、人力资源服务创新的途径

人力资源服务业是一个以向客户提供无形人力资源服务为主的行业,客户的需求是多种多样的,这就要求一线员工能对客户需求的变化做出及时和灵活的反应,在每一个"真诚瞬间"为客户提供优质的人力资源服务。而传统组织结构固有的弱点,在现代人力资源服务业的经营过程中,会导致诸多问题的产生:管理环节多、延迟多、效率流失;信息传递迟缓、信号失真度大;上下级沟通联络距离远、易出问题、关系脆弱、官僚主义产生;对市场反应速度慢、应变能力差,削弱企业竞争力;组织僵化、缺乏创新机制、相互协调配合差,把人的积极性、主动性和创造性束缚于等级森严的"金字塔"中;当企业发展到世界级公司时,可能会出现权力过分集中、官僚主义盛行、机构臃肿、信息不畅、决策缓慢的"巨人综合征"。

人力资源服务创新有以下五种途径:①全面创新,借助技术的重大突破和人力资源服务理念的变革,创造全新的整体人力资源服务。其比例最低,却常常是人力资源服务观念革新的动力。②局部革新,利用人力资源服务技术的小发明、小创新或通过构思精巧的人力资源服务概念,使原有的人力资源服务得到改善或具备与竞争者存在差异的特色人力资源服务。③形象再造,是人力资源服务企业通过改变人力资源服务环境、伸缩人力资源服务系列、命名新品牌来重新塑造新的人力资源服务形象。④改型变异,通过市场再定位,创造出在质量、档次、价格方面有别于原有人力资源服务的新的人力资源服务项目,但人力资源服务核心技术和形式不发生根本变化。⑤外部引入,通过购买人力资源服务设备、聘用专业人员或特许经营等方式将现成的标准化的人力资源服务引入到本企业中。

人力资源服务创新需要跨学科的交流和合作,它是一种技术创新、业务模式创新、社会组织创新和用户、需求创新的综合。最有意义的人力资源服务创新来自对人力资源服务对象的深入了解。

第一,把注意力集中在对顾客期望的把握上。在竞争对手云集的市场中,不必轻易改变产品本身,而应该把注意力集中在对顾客期望的把握上,认真听取顾客的反映及修改的建议,一般80%的人力资源服务概念来源于顾客。

第二,善待顾客的抱怨。顾客的抱怨往往表明人力资源服务有缺陷或人力资源服务方式应当改进,这正是人力资源服务创新的机会。对待顾客的抱怨,均应立即妥善处理,设法改善。以耐心、关怀的态度来巧妙解决顾客的问题,这是人力资源服务创新的基本策略。

第三,人力资源服务要有弹性。人力资源服务的对象相当广泛,有不同期望及需要,因此,良好人力资源服务需要保持一种弹性。人力资源服务有许多难以衡量的东西,一味追求精确,非但难以做到,反而易作茧自缚。

第四,企业员工比规则更重要。创新就是打破一种格局以创造一种新的格局,最有效的策略就是向现有的规则挑战,挑战的主体是人。通常,顾客对人力资源服务品质好坏的评价根据他们同人力资源服务人员打交道的经验来判断。

第五,用超前的眼光进行推测创新。人力资源服务是靠顾客推动的。当人们生活水平低于或等于生存线时,其需求模式是比较统一的。随着富裕程度的提高,消费需求由低层次向高层次递进,由简单稳定向复杂多变转化。这种消费需求的多样化意味着人的价值观念在转变。

第六,建立"一揽子"人力资源服务体系。在产品设计中体现人力资源服务,是一种未雨绸缪的创新策略。要使顾客满意,企业必须建立售前、售中、售后的人力资源服务体系,并对体系中的人力资源服务项目不断更新。人力资源服务的品质是一个动态的变量,只有不断地更新才能使其品质不下降。售前的咨询、售中的指导、售后的培训等内容会随着时间的推移使其性质发生变化,原来属于人力资源服务的部分被产品吸收,创新的部分才是人力资源服务。所以,企业不创新,就没有人力资源服务。

第七,把"有求必应"与主动人力资源服务结合起来。人力资源服务企业要在竞争中取胜,仅做到"有求必应"是不够的,应不断地创新人力资源服务,由被动地适应变为主动地关心、主动地探求顾客的期望。

第八,把无条件人力资源服务的宗旨与合理约束顾客期望的策略结合起来。人力资源服务企业不遗余力地满足顾客的需要,是达到一流人力资源服务水平的基本原则。但在策略上必须灵活,合理约束顾客的期望常常是必要的。要严格控制对顾客的承诺,以免顾客产生过高的期望。而在实际服务时应尽可能超出顾客的期望。

第九,把企业硬件建设与企业文化结合起来。人力资源服务行业应用现代科技,对基础设施进行投资,扩大人力资源服务种类、提高人力资源服务效率,形成竞争优势。

三、人力资源服务创新的源泉

人力资源服务创新来源于人力资源服务企业对产品的构思,是人力资源服务企业可以进一步加以研究、开发,并向目标市场推出的可能服务的构想。一般来说,人力资源服务创新应该根据企业人力资源服务开发计划的研究重点和市场方向来进行,客户需求和需要是创新搜寻的起点,其他的创新来源还包括员工、竞争者产品、中介部门、高层管理人员等。一般来说,企业在具体的市场服务活动中,可以发现客户的偏好及兴趣,发现客户需求与企业现有人力资源服务之间的差距,这往往就成为企业人力资源服务开发的起点。源于企业市场服务活动的人力资源服务创新可分为需求拉动型、竞争推动型和技术驱动型三大类。

第一,需求拉动型的人力资源服务创新。它以目标客户的内在需求为依据,通过市场调查了解客户的需求和欲望,并将有关信息反馈给人力资源服务设计部门,然后人力资源服务设计部门根据客户的需求特征,设计出相应的人力资源服务。从客户身上找到人力资源服务创新点,应当尽可能地向客户询问现有服务所存在的问题,而不是直截了当地询问他们有什么好的人力资源服务创新。

第二,竞争推动型的人力资源服务创新。它以竞争对手的人力资源服务为标杆,通过对竞争对手的人力资源服务进行监视来发现新的人力资源服务创新。通过研究竞争对手所提供的人力资源服务的优势和劣势,发现其内在的问题,然后提出改进的方案,这也是人力资源服务创新的一种典型形成过程。

第三,技术驱动型的人力资源服务创新。它以企业内部员工的智慧为依托,包括高层管理者、服务人员、人力资源服务人员、市场调研人员等企业内部员工，通过建立员工建议制度来鼓励大家提出各种各样的人力资源服务创新。

人力资源服务创新的产生和发展一般要经过三个具体步骤：①可能出现的人力资源服务产品形成最初的模糊的概念，这种概念也许是人力资源服务的具体形式，也许只是某一技术的实际应用，也许只是客户需求的一种表达；②对人力资源服务概念进行初步的评价，通过概念测试，使人力资源服务产品概念得到扩大、提炼，使原先模糊的概念逐渐变得清晰起来，以接受全面的筛选；③对不同的人力资源服务创新进行有效的筛选，以确定较为可行的人力资源服务创新。通过筛选，大部分的创新被淘汰，这样就避免了资金的浪费，减少了人力资源服务的开发费用。值得强调的是，人力资源服务创新筛选阶段涉及许多人员，因为它需要从技术和市场的角度对创新进行反复的分析和论证，以增强创新的实际操作性和可行性。一般来说，人力资源服务企业在开发人力资源服务创新时，经常采用的方法主要有属性分析法、需要（问题）分析法和头脑风暴法等。

人力资源服务创新的思路，其实就是人力资源服务企业进行创新开发，形成人力资源服务概念的思路，人力资源服务产品开发的框架，包括六种模式。①开拓全新的市场，为尚未界定和确定规模的市场提供新的人力资源服务产品。②在已经明确现有客户需求的基础上，为他们的同一需求提供更多可选择的人力资源服务范围。③为现有客户开发的新人力资源服务，是指人力资源服务企业向客户提供能满足他们其他需求的人力资源服务产品，可以利用客户的交叉销售来提升总体销售业绩。④产品线延伸，是指企业在现有人力资源服务范围基础上，为客户增加新的人力资源服务或人力资源服务方式。⑤改进产品，是指企业对现有人力资源服务的特点进行改变或改善。⑥改变风格，是指改变环境装饰和改变人力资源服务产品的实体要素，它是最低限度的人力资源服务创新。

人力资源服务组合是在人力资源服务观念基础上建立起来的包括围绕核心服务产品的信息、订单处理、开账单、付款、咨询在内的人力资源服务项目，它是人力资源服务概念的具体体现，由一系列有形和无形的人力资源服务要素组成，也就是能够满足目标客户需求的一系列人力资源服务。对人力资源服务企业来说，企业市场服务组合决策的首要任务就是如何向市场提供符合客户需要的产品，它是满足客户需求的载体。人力资源服务产品由于其无形性、不可触摸性，客户接受人力资源服务的过程实质上就是客户感知人力资源服务的过程。因此，在人力资源服务概念形成的过程中，人力资源服务企业必须识别客户的真正需求和所追求的利益满足，尽量使企业提供的人力资源服务与客户的感知相一致。

第二节 人力资源内部服务创新

人力资源服务企业要想赢得客户满意，首先必须让员工满意。换言之，满意的员工产生满意的客户，这也是内部服务兴起和发展的前提。

一、内部人力资源服务的内涵

人力资源服务利润链理论认为，企业的获利能力主要是由客户忠诚度决定的；客户忠诚度是由客户满意度决定;客户满意度是由所获得的价值大小决定的;价值大小最终要靠富有工作效率且对公司忠诚的员工来创造;而员工对公司的忠诚取决于其对公司是否满意;员工满意与否取决于企业内部是否提供了高质量的内在人力资源服务。因此,建立人力资源服务优势的根本之道就是:为员工提供完善良好的内部人力资源服务。只有这样,企业所制定的人力资源服务措施才能够得到真正的落实,从而使那些与客户接触的员工能更加积极主动,富有创造性地为客户提供优势人力资源服务。管理者提供的内部人力资源服务质量越高,员工的满意度越高,最终会赢得越高的客户忠诚度。人力资源管理提供了组织运作所必需的合格人员,而内部服务则是将对待外部客户的服务手段用于内部员工,提升了现有人员满意度,使人力资源开发的效用趋于最大化,更重要的是这种效用直接指向客户人力资源服务。内部服务对人力资源起着整合的作用,对外直接表现为企业整体形象的提升。

  人力资源服务利润链强调链条各环节之间的这种相互联系,虽然没有说明它们之间有必然的因果关系,但链条的前一个环节对后一个环节肯定存在驱使作用。将服务利润链的管理思想和技术运用到企业内部,实现企业内部员工的满意,最终实现外部客户满意目标的过程,意味着让员工产生满意是内部服务的基本前提;内部服务的对象是企业内部员工,目的是通过满意的员工来实现企业外部客户满意,从而获得企业竞争优势。企业内部的招聘、培养、配置、使用、爱护、保全组织成员,应当有助于建立企业与其成员之间良好的关系,促使企业成员的潜能被充分挖掘,积极性、自觉性、创造性得以被调动,从而实现企业目标。为了建立一支以客户为导向,以人力资源服务为理念的员工队伍,企业必须聘任正确的人员;进行人员开发,保证人力资源服务质量;提供所需的支持系统;保留最好的人员。为了进一步说明如何做好内部服务,缩小人力资源服务设计标准与人力资源服务传递之间的差距。

  内部人力资源服务针对的是内部顾客,即指企业的每一个雇员。每位员工或员工群体都构成了对外部顾客供给循环的一部分。在企业内部,下一道工序是上一道工序的"顾客"。基层员工是基层管理人员的"顾客",基层管理人员是中层管理人员的"顾客",中层管理人员是高层管理人员的"顾客",形成了一条"内部顾客关系链"。如果内部顾客没有适宜的服务水平,使他们以最大的效率进行工作,那么外部顾客所接受的服务便会受到不良影响,必然会引起外部顾客的不满甚至丧失外部顾客的忠诚。如果企业对这一问题不给予足够的重视,势必会导致较低的顾客忠诚度和较高的顾客流失率,最终导致企业盈利能力降低。内部顾客按照相互关系的不同,分为三类:①职级顾客:由组织内部的职务和权力演变而来的顾客关系;②职能顾客:职能部门之间存在相互提供服务而构成的顾客关系;③工序顾客:在工作或作业中存在着产品加工或服务的提供与被提供关系,构成工序顾客。

  外部顾客的不满意,是没有太多的机会来弥补的。以外部顾客满意为标准,促使内部员工积极参与,努力工作,从各方面提高工作质量,促进整体素质的提高。有满意的员工,才有满意的产品和服务;有满意的产品和服务,才有满意的顾客;有满意的顾客,才有满意的效益;有满意的效益,就能拥有更满意的员工。

  企业与员工的服务关系是长期的合作关系,双方都具有长期合作的愿望。这就使得企业内部服务在出现问题时,更容易采取补救措施来解决问题,这也为企业内部服务管理工作提供了机会。所以,企业内部服务工作的开展,既要体现服务的一面,又要体现管理的过程,服务是为了让员工获得需要的工作条件和工作能力,而管理过程可以实现员工个人目标和企业目标的一致性问题。

二、内部人力资源服务的过程

内部人力资源服务把市场概念引入企业内部,认为只有首先在内部市场开展积极的人力资源服务,企业才能更好地在外部市场提供人力资源服务。内部人力资源服务一方要求是管理者把员工看作是自己的客户,重视员工需求,积极地与员工沟通,并通过互相协调的方法促使企业内部员工为客户更好地提供人力资源服务。虽然不同人力资源服务企业的创新过程不尽相同,但是存在一些共同的内部要素影响其创新,这些要素包括企业良好的组织创新氛围、与顾客和商业伙伴合作的能力、知识整合机制及员工的合作。

第一,组织创新氛围。为了建立自由、宽松、鼓励冒险与试错的创新软环境,营造创新氛围是人力资源服务企业的较好选择。组织创新氛围是组织成员感知到的工作环境中支持创造力和创新的程度。这种氛围促使管理人员充分授权,并相信员工会在一定的自由度内为顾客提供最大的利益,因此它不仅可以维持竞争优势和股东利益,而且可以提高顾客和员工的满意感。创新氛围包括环境自由、组织支持、团队合作、学习成长、能力发挥等内容。即组织要营造这样一种氛围,员工所处的工作气氛和谐、自由,可以自主设定工作目标与进度,不受干扰地独立工作;组织鼓励员工创新性思考和试错,并提供专业技术、信息与设备等方面的支持;团队成员拥有共同目标,在工作过程中经常交换心得、相互协助,并以沟通协调的方式解决问题与冲突;组织为员工提供良好的教育机会,鼓励员工参与学习活动;以及员工所从事的工作具有挑战性,工作内容给了员工发挥的空间,主管能够适当授权以支持员工创新。

第二,与顾客和商业伙伴合作的能力。人力资源服务主导逻辑认为顾客总是价值的共同创造者,企业不能传递价值,只能提出价值主张。这也暗示了在人力资源服务创新过程中,顾客扮演着非常重要的角色。他们更多的是知识的提供者,而非创新任务的直接执行者。人力资源服务企业可以通过访谈、焦点小组和团队讨论等方式对用户进行广泛咨询,获得顾客对特定问题的信息和反馈。在人力资源服务开发过程中,与顾客合作的能力可以将其转化为企业的操作性资源,更好地定制人力资源服务,增强新人力资源服务市场成功的可能性;减少开发时间,促进人力资源服务创新的快速扩散。基于此,人力资源服务企业可以促进创新,增强竞争力。与商业伙伴合作是人力资源服务创新的又一潜在知识来源,尤其是当人力资源服务企业属于并依赖于一个供应商网络或者其他商业伙伴时。将商业伙伴纳入创新过程,并将其作为促进变革的能力,已经成为有效进行人力资源服务创新的核心。

第三,知识整合机制。当组织缺乏信息整合和共享机制时,即使可以从组织外部(如顾客和商业合作伙伴)和员工处获得知识,这些知识也无法用于人力资源服务创新。知识整合机制是一种促进各类知识的获取、分析和整合,以及在不同部门间传播的正式流程和结构。它可以促进企业能力和市场知识的结合,进而创造成功的新人力资源服务;降低创新过程中的低效率,并能帮企业进一步开发所获取的知识来赢得竞争优势。关于组织学习的研究表明,诸如知识整合机制之类的正式流程对于组织开发复杂的隐性知识的潜能十分重要,因此人力资源服务企业有必要建立知识整合机制,加强组织学习。

第四,员工的合作。在人力资源服务领域,与顾客直接接触的一线员工通常被认为是外部知识转化为内部知识最为重要的接口,因此员工成为一种有价值的内部驱动力。尽管一些学者认为一线员工参与新人力资源服务开发可以帮助识别顾客需求,促进创新的实施,防止用流程—效率取代顾客需求,但是这也意味着他们的工作量增加了。员工合作对于人力资源服务创新会产生促进作用。进一步的,员工还能根据自身的知识和经验提供有价值的创新思想,并作为企业内部创新者推动人力资源服务创新的出现和实施。

综上,内部人力资源服务是一次人力资源服务理念的革命,它突破了那种传统的把企业员工视为经营发展的工具、忽略员工需求的观念与管理方式,把提高内部顾客满意度作为企业经营的基础。认识到内部客户满意到外部客户满意的价值链是内部人力资源服务理论的重要贡献。实施内部人力资源服务的最终目的是更好地满足外部客户的需求。内部人力资源服务是外部人力资源服务的基础。实施内部人力资源服务能使员工对企业各项经营活动有更高的参与度,并且其影响员工参与的作用力是"拉"式的,这和未实行内部人力资源服务的"推"式的员工参与有着很大的不同。在这种模式中,员工的参与能最大限度地与企业高层对企业整体改善的专注保持一致,因而有利于企业战略的推行;而"推"式的员工参与往往是被动的,与企业战略缺少整合,并且由于仅专注于参与活动本身,而不是专注于客户的满意,在创新管理中容易和企业目标发生冲突。创新成功的关键在于组织开发新服务的能力,这种能力由聚焦于新服务开发的流程市场敏锐度、新服务开发策略、新服务开发文化、信息技术、经验五个维度组成,它们同时具备时将产生互补效应。

三、内部人力资源服务的内容

内部人力资源服务是企业的员工及部门之间建立、保持和发展关系的过程,并且这个过程建立在相互满意的价值交换基础上,这和企业与客户发展关系的原则是一样的。实施内部人力资源服务要求管理者应首先考虑如何增加员工的让渡价值,不能仅考虑从员工的工作中获取更多利益。从服务哲学、服务职能和宏观服务这三个维度出发,广义的内部服务应涉及以下三个方面的内容:一是与服务哲学相关的内部服务,它是指在企业内部传播市场导向观念,包括旨在建立市场导向组织的所有内部活动。二是与服务职能相关的内部服务,它是指在企业内部管理中使用类服务方法。三是与宏观服务思想相关的内部服务,它是指解决企业内部生产者与客户之间的矛盾及处理服务与企业微观环境之间的关系。

第一,基于服务理念的内部服务。建立市场导向型组织的全部内部活动。市场导向的核心是客户导向,内部服务分为战略和战术两个层面,而战略层面的内部服务就是创建一个支持客户导向的内部环境。内部服务是一种能激励企业雇员去发现自己的作用和采纳客户导向和人力资源服务导向观念以满足外部客户需求的管理方法。内部服务是发展客户导向型组织的一系列活动,其基本目的是发展内部和外部客户意识并消除影响效率的障碍。因此,企业发展市场导向的全部内部活动纳入内部服务的理论框架中,无论这些活动是否使用服务方法。事实上,内部服务的非服务技术包括参与性管理、雇员授权、以行为为基础的报酬体系设计等其他管理方法。

第二,基于服务职能的内部服务。与服务职能相关的内部服务活动是指在企业内部管理中使用服务方法。在现有的内部服务思想中,涉及最多的是作为人力资源管理工具的内部服务。人力资源管理涉及组织吸引、招聘、激励、奖励和发展的雇员的一系列决策和政策,内部服务战略可以使用外部服务技术中的工具去处理内部员工中的问题。内部服务是人力资源管理方面的一种新思想,讨论了在人力资源管理中如何使用市场调研、STP[市场细分(segmentation),目标市场选择(targeting),市场定位(positioning)]模型及4P组合等服务方法。企业作为营利性组织,应当有能力根据它们从雇员满意中获得的收益来判断对雇员满意的投入水平。这一点也决定了内部服务的局限性,即对不同类型的企业的重要程度应当是不一致的。在人力资源服务业,雇员对客户满意的影响作用较大,而他们的行为却更难监督。内部服务可以通过三种途径来促进企业任何战略的实施,即加强与员工的双向交流、消除部门冲突和消除变革障碍,内部服务可以通过建立市场导向组织这一间接途径来加强部门间的合作,从而推动战略实施。作为人力资源管理工具的内部服务,其目的是促进雇员激励和雇员满意,而并不仅仅是促进双向交流。

第三,基于宏观服务的内部服务。宏观服务首先强调供给与需求的匹配,宏观服务职能通过创造时间效用、地点效用和获得效用,解决了生产者与客户之间的七大矛盾,即空间分离、时间分离、信息分离、价值分离、所有权分离、数量不一致和种类不一致。尽管在企业内部的微观经济层面上,内部供应者与内部客户之间的这些矛盾也许并不明显,对于一些大型企业,内部供应者与内部客户之间的矛盾往往更为突出。企业的全部利益相关者构成企业的微观社会,他们之间的相互影响则可以纳入内部服务体系。

企业要真正做到对客户需求及时反映,就必须授权给一线员工,使其能对客户的需求做出灵活的反应,并在出现差错时及时进行补救。

第三节 人力资源服务文化创新

在人力资源服务业中,快速提供可靠、负责、称职和富有感情的人力资源服务,创造和支持一个以客户为中心的企业文化,并且具有工作所需的必要的各种工具和资源,会影响企业人力资源服务传递系统的质量和客户对企业人力资源服务成效的评价。

一、人力资源服务文化及其功能

服务文化是企业文化的组成部分之一,是体现企业的服务特色、服务水平和服务质量的物质和精神因素的总和。企业提供服务的目的是满足消费者的需要,消费者的需要得到满足的程度是衡量服务水平和服务质量的最终标准。因此,服务文化就体现在为了满足消费者的需要而提供的服务设施、方式、手段、环境和贯穿于实际服务过程中的各种观念上。

企业文化是企业在长期的生产经营活动中形成的并得到全体成员信奉和遵守的价值观、信念、行为规范、传统风俗和礼仪等内容组成的有机整体。企业文化作为企业成员共同遵循的信仰或共同理想,它成为有力地约束企业中个体或群体行为的准则;企业文化是一个企业区别于其他企业的传统和信仰,它赋予企业活力;企业文化是能够产生凝聚力并赋予企业鲜明个性的共有的导向系统。

人力资源服务文化实际上是一种以人力资源服务为导向的企业文化。人力资源服务业中客户和员工在最上层,而中层管理和高层管理都要为他们提供人力资源服务。实施人力资源服务战略要求所有的员工都提供支持。高层管理者、中层经理、与客户接触的员工和支持人员都要参与。经理们和其他员工对人力资源服务的兴趣和对优质人力资源服务的认同很重要。因此,人力资源服务文化是一种鼓励优质人力资源服务的文化,拥有这种文化的组织可以为内部客户、外部客户提供相同的优质人力资源服务,组织中的每个人都将为外部客户提供优质人力资源服务视为最基本的工作方式和生活中最重要的价值之一。

在组织中建立人力资源服务文化并不意味着其他价值失去意义。例如,关注内部效率和成本控制向来是非常重要的,鼓励销售和争取新客户也同样有意义。但是人力资源服务导向的价值应该在组织中占主导地位,组织不能将它视为次要的、边缘的东西,而要将它看作战略层面上的东西,它必须用于对企业的日常经营活动的指导和对员工业绩的衡量。人力资源服务文化意味着组织中的员工都有人力资源服务导向的特性。人力资源服务导向可以被描述为影响组织成员的共享价值和态度,这样,员工在彼此接触中和与客户及其他方面代表的接触中会以高度的人力资源服务意识为对方提供优质服务。在组织内部,人力资源服务导向可以增强内部氛围,改善内部人力资源服务质量。从外部来看,人力资源服务导向可以为客户或其他方面的代表创造优质的人力资源服务质量感知,并强化组织与他们的关系。

第一,人力资源服务文化的导向功能。人力资源服务文化是影响组织成员同其客户相互交流的水准的一整套态度和行为,可以增加客户对人力资源服务质量的功能性立体感。人力资源服务导向给组织提供了一个重要的建设性的努力方向,员工对客户有兴趣,为客户做得更多,行动中更加谦恭,更加灵活,并努力尝试去寻找满足客户期望的恰当的办法,以便能有效应付尴尬的或未曾想到的情境。人力资源服务导向观念指导了客户心目中的人力资源服务质量,企业获得良好的收益又为员工保持和进一步提高人力资源服务导向的态度提供了方法。

第二,人力资源服务文化的约束功能。文化对每个企业成员的思想和行为具有约束力和规范作用。规章制度等"硬管理"无法顾及人的复杂情况及多方面的需要,它的调节范围和功能是有限的。企业文化注重的是管理中企业的精神、价值观、传统等"软因素"。通过企业文化的塑造,企业在组织群体中培养与制度等"硬因素"相协调相对应的环境氛围,包括群体意识、社会舆论、共同礼仪和习俗等内容,形成强大的心理压力,对企业成员的行为进行自我控制。

第三,人力资源服务文化的凝聚功能。企业文化可以产生一种巨大的向心力和凝聚力,把企业成员团结起来。企业文化是全体成员共同创造的群体意识,寄托了企业成员的理想、希望和要求,因而企业成员对这种意识产生了"认同感"。这就促使企业成员参与企业事务,为企业发展贡献自身的力量,逐渐形成对企业的"归属感"。企业文化的凝聚功能还表现在企业文化的排他性上。对外的排他性在某种意义上是对内的凝聚力,外部排斥和压力的存在,使个体产生了对群体内部的依赖,促使个体凝聚于群体中,形成"命运共同体"。

第四,人力资源服务文化的激励功能。企业文化具有引发企业成员产生一种高昂的情绪、奋发进取精神的效力。企业文化所起的激励作用不是消极被动地满足人们的心理需求,而是通过文化的塑造,使每个成员从内心深处自觉产生奉献精神、积极向上的思想观念及行为准则,形成强烈的使命感、持久的驱策力,成为职工自我激励的一把标尺。倡导企业文化的过程,也就是帮助职工寻求工作意义,建立行为的社会动机,从而调动积极性的过程。所以,企业文化能够在组织成员行为心理中持久地发挥作用,避免了传统激励方法引起的各种短期行为和非集体主义行为的不良后果。

在人力资源服务企业文化的四大功能中,导向作用是最基本的。这四大功能也不是单独发挥作用,它们同时互相影响地起作用,形成企业文化的功能体系。

二、人力资源服务文化的结构

人力资源服务文化与社会地域文化共振共鸣,包括精神文化、制度文化和物质文化三个层次及企业使命、共同价值观、工作作风、规章制度、物质载体五个方面的内容。

第一,精神文化层面:包括服务意识、服务理念等,这是服务文化的核心。服务意识是对服务性质、服务质量、服务重要性的直觉反应和理性思考。优秀的服务意识要做到:①意识第一,标准第二;②制度第一,领导第二;③顾客第一,企业第二;④满意第一,利润第二。服务理念指导服务文化的实施,有什么样的服务理念,就有什么样的服务态度和行为。围绕"以人为本"的服务理念,实现客户至上、诚信至上、真诚贴心、全员参与等。

第二,物质文化层面:包括企业的服务形象、硬件设施及服务品牌等,这是服务文化的基础内容。企业形象是服务文化的外在表现,包括员工形象和企业标识。硬件设施包括服务机构的设置、服务设施的完善、消费环境的优化等。服务品牌建设是推进服务文化深入的重点,它建立在顾客的高度信任和忠诚的基础上。

第三,制度文化层面:包括服务机制、服务手段等,这是服务文化建设的重要保障。企业将优秀的服务文化用制度的方式规定下来,形成科学的管理体系和服务机制,将抽象的服务概念和要求变为具体的服务指标,渗透到企业的经营管理当中。现代化服务手段的应用和创新有助于提升服务管理的水平和效率。

从人力资源服务文化的内容来看,它主要包括五个方面:①企业使命。企业文化是如何发挥对企业的影响力和内推力?共同愿景和使命是企业中各个成员发自内心的共同目标,通过建立全体员工共同为之奋斗的目标,形成企业的凝聚力和向心力,激发员工的热情、干劲,调节员工之间的关系,使之形成风雨同舟、和衷共济、戮力同心的坚强集体,为企业的生存和发展提供长久的动力。②共同价值观。共同价值观是企业文化的核心和基石,为所有的员工提供了共同的思想意识、信仰和日常行为准则,包括向客户提供一流的产品和人力资源服务,客户至上,企业要以人为中心,充分尊重和发挥员工的主人翁精神,发挥员工的主动性、积极性和创造性;强调加强团结协作和团队精神;提倡和鼓励创新,谋求企业发展;追求卓越的精神,诚实和守信等。③工作作风。作风和传统习惯是为达到企业最高目标的价值观念服务的,这种群体意识与企业长期形成的传统的作风关系极大。④规章制度。行为规范和规章制度就是企业文化中的硬件部分,在企业文化中要配合软件,使企业文化得以在企业内部贯彻。⑤物质载体。主要包括标识、环境、包装、纪念物等,这是企业文化硬件的另一重要组成部分。

人力资源服务管理的最终目的是通过满足客户需求,实现客户满意,形成忠诚的客户基础,进而提高人力资源服务效率和企业盈利能力。然而,人力资源服务管理的成功不仅取决于一线员工的人力资源服务接触,而且还依赖后台员工的积极配合,内部服务在人力资源服务管理中也发挥着重要作用。

三、人力资源服务文化的塑造

由于行业的特点,人力资源服务企业文化的塑造有着不同于一般企业文化塑造的地方。总的来说,包括以下一些必不可少的步骤。

(1) 挖掘历史传统。人力资源服务文化是企业在长期生产经营活动中形成的。没有足够的时间的延续,难以形成稳定的文化积淀。因而只有认识本企业的历史和现状,才能对未来的文化建设进行规划。人力资源服务企业要追溯本企业的历史传统,考察历史上的重大事件、兴衰历程、崇高的精神、礼仪习俗、惯用的思维方式、英雄人物等。对企业的历史进行总结和归纳是必不可少的步骤。

(2) 系统分析现状。首先,诊断内部环境,分析管理人员和普通员工的素质构成,分析企业的管理体制,分析企业的特色。其次,诊断外部环境。企业本身无法控制企业的外部环境,需要企业考虑市场状况,适应市场变动的趋势;分析人力资源服务技术的新发展,因为每一次新的人力资源服务技术的出现,都会给企业带来新的机遇和挑战。最后,规划文化建设。包括总体思想、实施重点、实施方法和时间表等,其中总体思想是核心,企业文化建设及其他规划都要围绕这一总体思想展开。

(3) 优化规章制度。检查哪些规章制度与服务文化有矛盾,进行必要的修正。组织调整规章制度要比调整企业文化容易得多。在调整的过程中,应当考虑人们的既得利益和心理承受能力,采取慎重稳妥的方式。

(4) 提高员工素质。企业职工的素质是企业素质的基础,是企业文化建设的基础。对全面提高职工的素质,采取多种形式培养全员的企业文化行为,制定企业员工行为规范,印发员工手册,培育客户导向意识与行为,奠定服务文化建设的基础。

(5) 设计各种仪式。根据企业实际,设计相应的企业庆典、每月升旗等定期与非定期仪式,通过这些仪式和活动强化提升企业文化的认同度。

(6) 树立英雄人物。将那些对企业做出重大贡献的员工树立为企业的英雄人物,将之作为企业文化宣传的活生生的实例,使之成为企业员工学习的榜样,使企业文化人性化、形象化。例如,借助电视片、VCD、图片展等形式,及时宣传企业文化建设中的先进人物和典型事迹。在企业外部,举办诸如媒体宣传、公共关系等塑造企业形象的专题活动,使企业核心经营理念得到社会公众和客户得认同,进而提高企业的认知度和美誉度。

人力资源服务是一个开放的系统,客户直接参与人力资源服务和传递过程,客户对人力资源服务质量和人力资源服务价值的评价主要取决于客户的主观感知,而人力资源服务接触对客户感知的影响十分关键,建设服务文化对人力资源服务效率水平具有重大影响。

思考题

1. 人力资源服务创新包括哪些方面？如何推动人力资源服务创新？什么原因促使人力资源服务创新？
2. 举例说明人力资源内部服务创新。
3. 技术进步如何影响人力资源服务创新？
4. 如何营造人力资源服务创新的文化环境？

参考文献

[1] 王克良. 中国人力资源服务业发展报告[M]. 北京：中国人事出版社, 2014.
[2] 萧鸣政, 郭丽娟, 顾家栋. 中国人力资源服务业白皮书[M]. 北京：人民出版社, 2008.
[3] 刘世锦. 中国经济增长十年展望[M]. 北京：中信出版社, 2013.
[4] 任兴洲, 刘涛. 发展生产性服务业 促进产业转型升级[N]. 经济日报, 2014-09-06(007).
[5] 毕雪融. 在江苏省加快人力资源服务业发展工作座谈会的讲话, 2012-7.
[6] 上海人才服务行业协会. 上海人才服务行业发展白皮书[R]. 2012.
[7] 中国就业促进会. 赴欧洲考察团考察报告[R]. 2007.
[8] 朱晓莉. ISO9000质量管理标准在北京人才服务业的运用初探[C]//北京人才服务行业协会2003, 2004, 2005年获奖优秀学术成果汇编——人才市场的发展与创新(第二集). 2006.
[9] 昆山人力资源开发研究中心. 人力资源服务业发展战略和政策研究课题调研材料汇编[R]. 2012.
[10] 冯俊. 服务企业管理[M]. 北京：科学出版社, 2007.
[11] 韩顺平. 服务企业竞争战略研究[M]. 南京：南京大学出版社, 2004.
[12] 韩小芸. 服务性企业顾客满意感与忠诚感关系[M]. 北京：清华大学出版社, 2003.
[13] 黄桐城. 运筹学基础教程[M]. 上海：上海人民出版社, 2004.
[14] 克里斯托弗·H.洛夫洛克, 陆雄文, 等. 服务营销[M]. 北京：中国人民大学出版社, 2001.
[15] 雷金纳德·托马斯·李瑜, 李瑜. 产能管理精要[M]. 北京：中国人民大学出版社, 2004.
[16] 李军, 徐玖平. 运筹学：非线性系统优化[M]. 北京：科学出版社, 2003.
[17] 李钦明. 饭店客房管理实务[M]. 沈阳：辽宁科学技术出版社, 2001.
[18] 理查德·B.蔡斯. 运营管理[M]. 北京：机械工业出版社, 2004.
[19] 林立千. 设施规划与物流中心设计[M]. 北京：清华大学出版社, 2003.
[20] 刘丽文. 服务运营管理[M]. 北京：清华大学出版社, 2004.
[21] 吕一林. 美国沃尔玛[M]. 北京：中国人民大学出版社, 2000.
[22] 马克·戴维斯, 贾内尔·海内克. 服务管理：利用技术创造价值[M]. 北京：人民邮电出版社, 2006.
[23] 马雷克·科尔钦斯基. 服务业人力资源管理[M]. 北京：人民邮电出版社, 2004.
[24] 奥马拉. 战略与选点[M]. 北京：人民邮电出版社, 2004.
[25] 迈克尔·E.波特. 竞争优势[M]. 北京：华夏出版社, 1997.
[26] 曼弗雷德·布鲁恩. 服务营销[M]. 北京：化学工业出版社, 2009.
[27] 奈杰尔·希尔. 客户满意度和忠诚度测评手册[M]. 北京：机械工业出版社, 2004.
[28] 尼跃红. 室内设计基础[M]. 北京：中国纺织出版社, 2004.
[29] 森吉兹·哈克塞弗. 服务经营管理学[M]. 北京：中国人民大学出版社, 2005.
[30] 孙荣恒. 排队论基础[M]. 北京：科学出版社, 2002.
[31] 温碧燕. 服务质量管理[M]. 广州：暨南大学出版社, 2010.
[32] 焦杨, 杨冬. 服务外包概论[M]. 北京：中国商务出版社, 2011.

后　　记

近年来，我国人力资源服务业发展迅速，初步形成了多层次、多元化的服务体系，服务功能逐步完善，服务能力明显提升，市场管理日趋加强，在实施科教与人才强省战略和就业优先战略中发挥了重要作用。但要看到，我国人力资源服务业也存在整体实力不强、行业规模偏小、竞争力较弱、服务体系不完善、区域分割现象明显、市场秩序有待进一步规范等问题，难以满足新时期经济社会发展的新要求。仅人才中介机构而言，我国数量不到日本的1/4，新加坡的1/5，美国的1/3。如何基于我国人口基数大的特点，建成专业化、信息化、产业化、国际化的现代人力资源服务业体系，构筑全球人力资源服务业高地，坚持民生为本、人才优先，完善服务功能，拓宽服务领域，规范市场秩序，充分发挥人力资源服务业在科教兴国与人才强国战略中的基础性作用及在促进经济发展方式转变中的先导作用，引导资本、技术、人才等要素集聚，重点打造一批有核心产品、技术含量高的人力资源服务业骨干企业。我们联合高校、人力资源服务机构共同编写了本书，希望对有志于进入该行业的人力资源管理专业毕业生有所帮助，对人力资源服务从业者有所帮助。其中，高霞（河南农业大学副教授）负责全书设计与统稿，孙兆刚（郑州航空工业管理学院教授）、张永生（河南科技学院副教授）、吴杰（郑州工业应用技术学院副教授）、樊慈（郑州工业应用技术学院副教授）等高校教师负责了章节的撰写工作。陈冠君（才永联控股有限公司董事局主席）、李城伟（郑州人力资源协会秘书长）、朱杰华（天建设集团有限公司第九建设公司人力资源部经理）、夏友胜（河南省就业促进会人力资源经理专委会理事长）、庞东（TCL人力资源服务有限公司总经理）、田发波（金划算集团董事长）、郝耘琦（58魔方CEO）、闫伟（职多多CEO）、王喻晓（精益6SIGMA黑带大师）、刘向阳（河南增长力企业服务集团董事长）、衣景春（北京万古恒信科技有限公司董事长兼CEO）、郭大庆（江苏省人力资源行业领军人才）、杨明宇（HRO企业家俱乐部联合初创人）、杨银芝（乌鲁木齐就业促进会副会长）等提供了案例资料，并参与了全书的审订。

编著者于郑州
2023年5月

教师服务

感谢您选用清华大学出版社的教材！为了更好地服务教学，我们为授课教师提供本书的教学辅助资源，以及本学科重点教材信息。请您扫码获取。

▶▶ 教辅获取

本书教辅资源，授课教师扫码获取

▶▶ 样书赠送

人力资源类重点教材，教师扫码获取样书

 清华大学出版社

E-mail: tupfuwu@163.com
电话：010-83470332 / 83470142
地址：北京市海淀区双清路学研大厦 B 座 509

网址：http://www.tup.com.cn/
传真：8610-83470107
邮编：100084